U0115365

廖中和————著

腳踏中西，依稀猶學術續編

一位自由人的政治文化評論

少年有心學術，經歷橫跨中西，所見所感所思，猶是向學實錄。

目次

藝術勝過一切

索忍尼辛著

廖中和譯

按語：一九七〇年諾具爾文學獎得主索忍尼辛，因為恐怕他如到斯德哥爾摩領獎的話，蘇俄當局會禁止他返國，所以這位當今蘇俄首屆一指的小說家，便留在國內。上星期，諾貝爾基金會出版了這位作家原擬發表的受獎詞。據說，這篇演講在這兩年間，曾予以改寫並使文氣更為強硬，雖然如此，但是講詞中，對文藝檢查制度，以及自以為是的「革命同志」所做的酷行，提出了嚴厲而猛烈的攻擊，看來克里姆林宮當局，對於這位作家，的確是會禁止他返國的。這篇演講首先提到史達林當政期間，索忍尼辛和其他的蘇俄藝術家，被迫服勞役和被放逐到西伯利亞的那幾年苦難日子。以下是筆者翻譯的幾則摘要：

（被放逐到西伯利亞的那幾年），其他人都已消逝，這些人也許比我更有天才，身體比我更為強壯，而我竟能生存下來，這是我的命。……有些人在沉入死亡的深淵時，已經頗具文名，這些人至少還為世人所知；但是有些人自從沉入死亡的深淵後，即不再被人認識，再也不會被人公開提及，這種人當有多少呢？實際上，根本沒有人想到還能重生。整個國家的文學便丟在那兒，被人遺忘，不僅沒有墳墓，甚至連內衣也沒有，全身赤裸，只有腳鐐上的號碼。……

文學能把整個國家的人生經驗，傳達給另一個國家。……而且，上一代人所凝結的無可辯駁的經驗，也藉著文學傳給下一代人。因此，它變成為國家的活生生的記憶。因此，它保存並引燃了過去歷史

的火花，使其不會變形，無從捏造。文學連同語言，便是用這種方式維護國家的靈魂。但是，一國的文學如受權力的干擾，則該國將有大禍。因為這樣做，不僅違犯了「出版自由」，而且關閉了國家的心臟，把它的記憶撕為粉碎。國家從此不再意識到它自己，精神的統一被剝奪了，雖然人們想必仍然使用著共同的語言，但彼此不再能互相瞭解。……沉默的一代一代人，逐漸衰老終至於死亡，但從未談到他們自己。……作家們被判定必須在沉默中創造，直到死亡。……

幾百年來，法律曾為暴力訂下了許多限制，但是暴力卻越來越不在乎，現在它揚揚得意地以勝利的姿態橫掃整個世界，雖然歷史曾經一再地證明暴力是毫無結果的，它卻根本不放在心上。權力無所不能、正義一無是處……這個揚揚自得的信念正汩沒著全世界。杜斯妥也夫斯基筆下的魔鬼，就在我們眼前橫行一世，騷擾著做夢也沒想到的國家。近年來，到處發生搶劫、綁票、爆炸、開槍的事件，這不啻是魔鬼在揚言，他們決心要搖撼及摧毀文明！而他們極有可能得逞。

慕尼黑精神（慕尼黑是希特勒發跡的地方）……盛行於廿世紀。人類那不顧羞恥的野蠻性，在廿世紀突告復甦，面對著它的突擊，膽怯的文明世界，除了讓步和微笑之外，竟找不出與它對抗的東西。慕尼黑精神，乃是成功的人民在意志上的病態，這些人民為求繁榮，不惜任何代價，生死以之。……他們認為，如此一來，他們所常見的生命，或許可以拖長一些……到了明天，你會看到，一切又都如常了。但絕不可能一切如常。懦弱的代價，只是罪惡而已。唯有當我們敢於犧牲時，我們才會獲得勇氣和勝利。

壓制地球上各地區間的消息溝通，另外還有一個危險，一發輒不可收拾。壓制消息的溝通，使得國際間簽訂的條約和協定，變成空幻。在一個嘴巴被封起來的地區，不費一分一毫，即可對任何協定另作解釋，或者更簡單些，乾脆把它忘掉，好像根本沒有簽訂過一

樣。……人們的嘴巴被封起來的地區，並不是地球上的居民住的，而是戰神麾下的傑出部隊所住的，過去如此，現在也如此：這些人對地球上的其餘地方，一無所知，而且秉持著一個神聖的信念，即他們是「解放者」，他們準備前去踩碎這些地方。

聯合國在一個不道德的世界裡誕生，不幸，它也已發展成為不道德的組織。……聯合國對某些國家的自由，刻意保衛，令人嫉妒；而對其他國家的自由，卻不聞不問。對於私人性的控訴，亦即卑微的、個別的、平凡的人所做的呻吟、嘶喊、懇求，聯合國不去調查。……因此，它把這些人出賣給他們所未選擇的政府，置諸政府的意志下。

那麼，在這個冷酷、分崩離析、瀕臨毀滅邊緣的世界裏，作家的地位和角色是什麼呢？一名作家，並不是超然地對同胞和同時代做一判決的法官，凡是在他祖國或他的國人所犯的罪惡，他都是共犯。如果他祖國的坦克車，狂風暴雨似地輾進外國京城的瀝青路面，染以血跡，那麼，血和瀝青凝成的綠色斑點，便永遠掌摑在作家的臉上。……世界文學已不再是一部抽象的選集……無寧說，它是一個共同體和共同精神，一個有生命的真誠實在的統一體，反映著人類的日趨統一。

國與國間的邊界，仍然旋滾著焰紅的顏色，由電線和機槍射出的火星焚燒著。各國的內政部，仍然認為，文學也是他們管轄之下的內政事務……然而，在我們這個擁擠的地球上，根本沒有內政事務可言！解救人類的唯一大道，乃是在於使每個人將每件事都看作是自己的本分：東方的人民，對西方人的所思所想，表示切身的關懷；而西方的人民，對東方人的所作所為，也表示切身的關懷。

我深信，世界文學有權幫助人類看清自己的真相。……除了作家而外，還有誰來下判斷呢？他們不僅要判斷他們那未能成功的政府……而且也要判斷他們的人民本身。人們會告訴我們說：面對著公

開暴力所做的殘酷攻擊，文學能做些什麼以抵抗它呢？然則，暴力唯有以虛妄為其託身之處，虛妄是暴力的唯一支持。……而作家和藝術家們，卻能夠征服虛妄。在與虛妄相鬥爭的場合，藝術始終是得勝的！揭示真理比之整個世界更為重要。

附註：譯自一九七二年九月四日出版的《新聞週刊》，括弧內的字是譯者添加的。

——《幼獅文藝》，一九七二年十月一日

大學及其功能

懷海德（Alfred N. Whitehead）著

廖中和 譯

在現代的社會生活中，大學的擴展，乃是很明顯的現象之一。這種情形各國皆然，但其中以美國較為顯著，值得人們敬佩。然而，即使是天賜的好運，也可能使人樂極生悲；大學不論就數目、範圍和內部的複雜組織而言，都在成長中，如果人們對大學該為國家做出的主要貢獻，沒有一個普遍的了解，那麼這種成長，隱約地顯示某種危險，足以摧毀大學之所以有用的基本原由。我們重新思考大學的功能，上面的認識是有必要的，並且適用於一切較為先進的國家。不過特別適用於美國，因為它正領頭進行著一項發展，如果予以明智的導引，這項發展將可證明為文明進化中最幸運的前進措施。

雖然大學個別系科的特殊問題，多得不可計數，但是我在這裡將只討論最一般性的原理。不過一般原理必須舉例才能明瞭，所以我選商學院作為例子。我所以這麼做，乃是由於商學院代表了大學活動較新的發展之一。同時，商學院和現代國家主要的社會活動，具有比較切近的關係，就此而論，談到大學動態應該如何影響國民的生活，商學院可以說是一個很好的例子。此外，我任教的哈佛大學新設的頗具規模的商學院，恰好最近才完成。

哈佛是世界上少數幾所具有領導地位的大學之一，在這樣一個大學裡成立了頗具規模的商學院，的確是一件新穎的事。過去許多年來，人們推行著一項運動，使得美國各地的大學設立類似的系科，商學院的成立，乃是這項運動的頂點。這是大學界的一件新事實，單憑

這點，我們便有理由對大學教育的目的，及該目的在增進社會有機體的福利上所佔的重要性——其重要性早經證實，做某些一般性的反省。

商學院的新穎，不可過分加以誇大。在人類歷史上，沒有任何時代是把大學侷限在純抽象的學問上的。義大利的薩勒諾（Salerno）大學，是歐洲最早的一間大學，即致力於醫學的研究。英國的劍橋大學，為要培養「替國王陛下服務的教士」，特別在一三一六年成立了一個學院。大學曾經訓練過教士、醫生、律師、工程師。經商目前已經成為需要高度知識的行業，由大學來訓練商人，乃是順理成章的事。不過，商學院的課程應該如何安排才恰當，以及學院內種種不同的活動方式，仍然處於實驗的階段，這是商學院新穎的地方。我們重新思考與這類學院有關的一般原理，其重要性也在此。如果我進而談論細節問題，甚至去討論影響整個訓練的教學政策，那未免太不自量力。我對這些問題沒有任何專門知識，因此也就無可奉告。

大學是施教的學校，也是從事研究的學校。傳授學生知識，或為教授提供研究機會，二者皆不足以成為大學之所以存在的基本理由。

我們若只是從事這兩項功能，那麼根本不必花這麼多錢來設立大學機構。書籍是很便宜的，學徒制度早已行之有年，人人都知道。若純就傳授知識來說，自從十五世紀印刷術普及化以後，根本沒有一間大學有存在的理由。然而，人們之感到創設大學的必要，重要的推動力卻在十五世紀以後，近來更是覺得迫切。

大學之所以存在的理由，乃是在於：它把青年人和老年人結合在一起，用想像力來探討學問，藉此而使知識和人對生命的熱愛，維持了連結的關係。大學把知識傳授給學生，但這傳授是想像性的。至少這是大學應該為社會而做的一項功能。一間大學如果做不到這點，它便沒有理由存在。「從想像性的探討中，產生了激越的氣氛，從而轉化了知識。一件事實不再是一件赤裸的事實，它賦有一切可能性。它

不再是記性上的一大負擔，而成為有生命力的動能，有如描述我們夢境的詩人，也彷彿是深得我心的建築師」。

想像力不應與事實脫離，它是啟發事實的一種方法。首先，它從事實當中抽出一般原理，然後運用智慧，查考合乎這些原理的各種可能情況。它使人能建立一種知識的眼光，來看待新世界，並提出達成目標的方法，而維持了對生命的熱愛。

青年人富於想像力，如果藉著訓練而加強他的想像力，那麼他的想像能源，大體上可以保持終生。具有想像力的人卻只有微不足道的經驗，充滿經驗的人卻只有疲乏的想像力，這是人間的悲劇。愚人有想像力而無知識，腐儒有知識而無想像力。大學的職責便是結合想像力與經驗。

我們若想在充滿青春活力的期間，從事初步的想像力訓練，那麼便需免除立刻行動的責任。當你每天都要努力工作，以維持某一機關的業務，那麼你便不可能獲得不偏不倚的思考習慣，而只有這種習慣，才能使你看出從一般原理中衍生出的種種不同的實例。你必須自由地思考，對也好，錯也好，並且自由地領會宇宙的繁富多異，而不受宇宙危機的干擾。

上面對大學的一般功能做的反省，可立刻轉用到商學院的特殊功能上。我們不必羞於啟口，而可以坦誠斷言，商學院的基本功能，乃是在培養更熱衷於商業的人。認為對生命之熱愛，乃是追求狹隘的物質享受此種庸俗目標的產物，這是對人性的一大侮辱。人類天生的拓荒本能，以及許多其他方面，皆可宣告上述謊言之為虛假不實。

生活在現代複雜的社會有機體內，生命的探索不能跟知識的探索相分離。處於比較簡單的環境下，拓荒者可依循他的本能衝動而前進，沿著他在山頂上看到的景色為導引。但處於現代商業的複雜機構下，你要成功地重新組合你的知識，必須先已在知識上有過分析，以

及運用想像力重新建構的知識探索。在一個比較簡單的世界裡，商業關係也比較簡單，因為它基於人與人間的當下接觸，及與一切相干的物質情況的當下照面。今天的商業機構，對從事不同行業的人，分佈在城市、山區、平原的人，在海上、礦場、森林工作的人，你需要運用想像力，以了解到這些人的心理狀態。你需要運用想像力，以了解熱帶地區的狀況和溫帶地區的狀況。你需要運用想像力，以了解各大機構間利益糾結的情況，並且了解：其中如有任何要素發生變化，會產生怎樣的整個連鎖反應。你需要運用想像力，以了解政治經濟學的法則，不僅要了解抽象的法則，並且要能根據某行業的特殊情況，來分析這些法則。你對政府的作業習慣，以及處於相異的狀況下，這些習慣會如何變化，多少要了解。你必需運用想像力，以便明察任何由人組成的機構，其策動力為何，對於人性的限制，對於引起人們忠於所業的條件，你要有同情的眼光。你必需多少了解健康、疲倦、可靠持續工作時間的法則。你必需運用想像力，以了解工廠狀況對社會產生的影響。你必需相當了解應用科學在現代社會中的職能。你需要一種個性訓練，使你能對其他人說「是」或「否」，這不是出於盲目的固執，而是對有關的方策，自覺地予以評價後，所得到的堅定見解。

大學曾經訓練了我們文明中知識上的拓荒人，諸如傳教士、律師、政治家、醫生、科學家、文學家。這些人孕育了許多理想，領導人們，去面對他們當時的各種混亂情況。美國那一批具有朝聖精神的祖先們，離開了英國，而去創立一個符合他們宗教信仰的理想的社會，在劍橋成立哈佛大學，就是他們早期的功業之一。劍橋這個地名，承襲自英國那所孕育理想的古老大學，這些人當中，有許多就是該校培養出來的。商業上的作為，現已需要知識上的想像力，猶之乎往昔各行業所需要者然。大學就是曾經提供此種心態的機構，對歐洲各民族的進步，很有貢獻。

大學的起源如何，在早期的中古歷史中，甚為曖昧，而且幾乎難以指認。他們是循序漸進，自然成長起來的。但是歐洲人的生活，所以能在許多方面持續而快速的進步，大學的存在乃是原因。透過大學的策動，行動上的探索，才能與思想的探索會合。在大學尚未出現以前，我們不可能預測這種機構會有所成就。即使到了現在，人世依然充滿了不完美的事物，有時候我們也很難明白，大學是如何達到它的成就的。大學所從事的工作當中，自然有很多失敗的地方。但是，如果我們採取一種較為寬廣的歷史眼光，則他們的成就至為明顯，而且幾乎始終如此。參閱義大利、法國、德國、荷蘭、蘇格蘭、英格蘭、美國等的文化史，即可見證到大學所發揮的影響力。我說的「文化史」，主要指的並不是學者們的生活史。我們知道，有些人的功業，賦予法國、德國和其他國家某種人類成就的印記，他們的成就加上人對生命的熱愛，形成了我們愛國精神的基礎，我說的「文化史」，指的就是這些人的生命的發皇。能夠達成這些成就的社會，我們便想成為其中的一分子。

人類在致力於達成更高的成就時，都會遭遇到一大難題。在現代，這個難題為害的可能性更大。在任何一個大機構中，新進的青年人，必然分配到某些職位上，而這些職位，無非就是按照規定去做某些刻板的工作。沒有一位大公司的董事長，會將公司最重大的責任，賦予最年輕的雇員的。青年人被分配去做那些刻板的例行工作，偶而可以看到董事長出入公司大廈。這樣一種工作，就是一大訓練。它能授與知識，它會產生可靠的個性。年輕人初進公司的階段，這是唯一適合的工作，也是他們所以被雇用來做的工作。我們對這項慣例無可批評，但它可能會產生不幸的後果——冗長的例行工作，鈍化了人的想像力。

它造成了下述的結果，亦即在事業的後期階段所不可或缺的才

能，遠在初進公司的時候，就被斲喪了。要達到工藝上的高超技巧，只能經過一種訓練，而種訓練極可能損害人腦的各種動能，這些腦的動能理應指導工藝技巧的。上面所言，不過是這一普遍事實的例子而已。這是教育上具有關鍵性的事實，教育上的大多數難題，也都肇因於此。

若要造就某種需要知識的行業的從業員，例如商業或任何其他較古老的行業，則大學必須增進學生對該業奉行的各種一般原理，從事想像性的思考。由於學生學會了運用想像力，以把枝節與一般原理連繫起來，他們遂藉此而進入了技術上的學徒階段。例行工作因此便有了意義，同時也闡明了賦予其意義的一般原理。因此，一個受過適當訓練的人，便不會把例行工作當成一種無奈的苦役，經過枝節事實和必需習慣的訓練以後，他們還有希望獲得一種想像力。

因此，一間大學的正當功能，乃是在於運用想像力，以取得知識。如非為了想像力有其重要性，商人或其他行業的人，何不乾脆點點滴滴的隨機擷取事實，以應需要呢？大學是充滿想像力的，否則便等如無物，至少是一無用處。

想像力是有感染性的疾病。它不能以斤兩或尺碼來衡量，然後論斤論碼的由教授遞交給學生。唯有教授本身能以想像力罩住學問，才能把想像力傳授給學生。我這樣說，只不過是把最古老的發現之一，予以重說罷了。二千多年前，古人以火炬相傳來象徵學問的承襲，那發光的火炬，就是我所謂的想像力。組織一間大學的全部要訣，即是在提供其學問由想像力的引燃而發光的教授。這是大學教育問題中的問題，如果我們對這個問題處理不當，那麼近年來我們引以為榮的現象，諸如學生人數和課程的大量擴張，便不可能產生預期中的良好結果，我們不能不小心。

想像力與學問的結合，在正常的情況下，需要閑暇、無拘無束、

無所操心，需要五花八門的經驗之激盪，也需要其見解相異、所學不同的心靈來刺激。同時，也需要好奇心的振奮，以及自信心，如果你生活的社會，在知識的推展上，有引以為傲的成就，你便可得到這份自信心。想像力並非一朝到手，即可永生享用，然後毫無限制的貯存到冰箱內，按所定數量定期製造。有學問和充滿想像力的生命，乃是一種生活方式，而不是一件商品。

要使教授發揮才能，便得提供並運用這些條件，而教育與研究這兩項功能，便在這方面匯集到大學中。你想使你的教員充滿想像力嗎？那麼鼓勵他們做研究去。你想使你的研究員具有想像力嗎？那麼叫他們跟青年人一道過知識生活，這些青年人，正處於生命中最熱衷、最具有想像力的時期，他們的智力剛剛進入了成熟的訓練。讓研究員向充沛而可塑的年輕心靈，解說自己的見解，偉大的世界正呈現在這些心靈的眼前；使你的青年學子接觸那已有知識探索經驗的心靈，讓他們的求知期間，滿佈光彩。教育是為人生的探索而做的訓練，研究則是知識上的探索，大學應該是老少咸宜的探索之家。若要教育成功，必須恆常有新知等待探討。這個知識或者本身是新的，或者是新時代新世界的新應用。知識跟魚一段，經不住久藏。你討論的也許是某些古老的知識、古老的真理，但傳述給學生時，卻必須像是剛從海上撈起的鮮魚，並且對學生而言，其當下重要性是新鮮的。

學者的功能是在喚醒人生的智慧與美，如果不是他那不可思議的悟力，這些東西必仍遺失在茫茫的過去。一個進步的社會靠的是它含容有這三種人 —— 學人、發現者、發明者。同時也基於下面這項事實，即該社會中受過教育的大眾，乃是由分別具有學者氣質、發現氣質與發明氣質的人構成的。此地我用「發現」一詞，指的是在某種高度通性的真理這一方面，知識上的進步；「發明」一詞，指的是應用一般真理以解決目前需要的這一方面的知識之進步。很顯然的，這三

種人彼此相互吸收，同時，參與實際事務的人，若有助於社會的進步，則稱之為發明者，也是恰當的。但是任何一個人都有他的功能限制，也都有他的個別需要。重要的是，一國之內所有各型的進步要素間，應有密切的關係，俾使研究室可以影響市場、市場可以影響研究室。把這些進步活動溶化為有效的進步工具，大學乃是重要的溶化機構。當然，大學並不是唯一的此種機構，但是在今天，凡是進步的國家，都是大學教育興盛的國家，這也是事實。

我們千萬不可認為，僅就刊印的論文和書籍，即可衡量大學產出了多少原創觀念。人類的產出模式極富於個別性，猶如人類的思想內容然。有些人的頭腦極富創見，但是對寫作或類似於寫作的工作，卻有無從著手的遺憾。在每個大學的教授團中，你都會發現，有些非常高明的教師，根本沒有出版著作。他們必需在講課時與學生直接接觸，或與學生個別談話，才能把他的創意表達出來。這種人發揮了巨大的影響力，然而一旦他所教的那一代學生過世以後，固然他們對人類貢獻良多，但卻沉睡在過去而沒有人感謝他們，這種人不可勝數，幸好其中有一位已經永垂不朽，他就是蘇格拉底。

由此看來，以出版的著作來評定每位教授的價值，乃是一大錯誤。目前頗有陷入此一錯誤的趨勢。而學校當局那種有損於教學效果，且對無私的教學熱誠不公平的態度，必須予以反對。

我們承認上述的種種，但是若要考驗某一教授團的一般效能，仍得要把他們對思想所做的貢獻多寡，刊印出版，我們不以字數的多少，而是以思想的輕重，來估計其貢獻的多寡。

上面的概述，說明了一個大學教授團之管理，不得比擬為一個商業組織。教授團的公共輿論，以及共同為達成大學目標的熱誠，乃是大學得以獲致高度成就的唯一有效的保證。教授團應該是由一群學者組成，彼此相互激發，而可自由地決定他們各自有別的活動。你可以

規定一些形式上的要求，諸如按規定時間講授，教員與學生均須上課等等。但教育的精神遠非一切規章所能就範。

至於善待教師，也無關痛癢。在合法的工作時間和待遇的條件下，聘用某一個人從事某項合法業務，這是全然正當合理的。沒有人必須接受該職位，除非他願意接受。

唯一的問題是：那一類的狀況才會產生使大學教育成功的這型教授團？危險的是，要產生全然不勝任的教授團——諸如專擅於引經據典的腐儒和笨蛋，卻是一件相當相當容易的事。大學誤人子弟要經過十年後，一般人才會發現它造成的偏差。

現代主要民主國家內的大學制度，若要成功，則唯有求最高當局執行下述唯一的限制，即千萬記住，切莫以管理普通公司行號的法規和政策，加諸大學。這是大學生活的法則，商學院也不例外。美國有許多位大學校長，最近曾對這問題發表公開言論，其見解之卓越，我們的確很難再加贊一詞。但美國或其他國家的一般民眾，是否將遵照他們的諍言，看來頗可懷疑。從教育的觀點講，大學教育的整個要義乃是：把青年人置諸具有想像力的一群學者的學術影響之下去求知。正如經驗所顯示的，我們必須妥當地注意何種狀況始能產生這樣的一群人，這是我們不能避免的課題。

巴黎大學和牛津大學，不論就校齡或校譽來說，都是歐洲數一數二的大學。我只提我本國的牛津大學，因為我對它了解最深。牛津大學或許在許多方面都犯了錯誤，但是幾百年來，在它成立以後的歲月裡，卻保持了一項最崇高的偉業，即產生了一群一群能用想像力去看待學問的學者，其他一切枝枝節節的失敗，相形之下，便像是天平上無足輕重的微塵一樣。光是這項貢獻，已足夠使任何寶愛文化的人，一想到它便充溢著感情。

其實我大可不必橫越大西洋到歐洲找例證，美國本土就可找到實

例。《獨立宣言》的作者傑佛遜先生，可以算是最偉大的一位美國人，他那多采多姿的成就，亦足可列為古往今來的少數偉人之一。他具有多方面的天才，而把其中的一面用來創立一所大學，校園建築之美，地理位置之好，以及激發人心的設備和組織規格，在在皆能刺激人的想像力。

美國還有許多大學值得稱引，不過我最後要舉的例子則是哈佛，這是代表清教運動精神的一間大學。十七和十八世紀的新英格蘭清教徒，雖然在外在表現上頗受拘束，並且對肉體美的象徵有所戒懼，卻是最具有強烈想像力的人民，但他們以致知方式想像得到的宗教真理所具備之強烈性，也繭縛著他們。幾百年來的清教徒教授，必然極富於想像力，而且造就了名聞全球的偉大人物。到了後來，清教精神軟化了，在新英格蘭的文學黃金年代裡，愛默森、羅威爾、郎費羅，都是哈佛出身的。隨後，現代的科學世紀逐漸介入，我們再度從威廉詹姆士身上，找到了具有想像力的學者典型。

今天，商業進入了哈佛，這間大學所能奉獻的，仍然是那古老的禮物——想像力，從上一代手中傳給下一代手中那發光的火炬。這是一件危險的禮物，曾經造成了許多大火災。如果我們害怕這項危險，最好的辦法是關閉我們的大學。想像力常與偉大的商業民族有關——希臘人、佛羅侖斯人、威尼斯人、荷蘭人的學問、英國人的詩章。想像力和商業是共存共榮的。雅典人曾經獲致相當持久的偉大功業：

> 她的公民，泱泱大國的精神，
> 從往昔輾轉發揚到如今。

凡有志於此者，請為國家祈求這一禮物——想像力。
請勿妄自菲薄，美國教育所應滿足的理想，不能比這再小了。

附註：譯自懷海德（Alfred N. Whitehead）著 *The Aims of Education* 第七章。原係一九二八年於哈佛大學商學院所做演講，曾於同年刊登於《大西洋月刊》（*The Atlantic Monthly*），後收入一九二九年麥克米倫公司出版 *The Aims of Education*。

——《幼獅月刊》第四十卷第五期，一九七四年十一月一日

從碼頭工人到思想家

　　艾瑞克・霍佛爾（Eric Hoffer）之為國人所知，當是從他的名著 *The True Believer* 譯成中文後開始的（今日世界社譯為《群眾運動》，坊間亦有譯作《真實信徒》者）。此後，他的名字似乎就與群眾運動連在一起。不過霍佛爾一生思考的範圍並不以群眾運動為限，這是應予指出的。

　　霍佛爾的一生頗富傳奇。他於一九○二年在紐約市出生，是德國籍移民的後裔。幼年時因故失明，到十餘歲時竟又奇蹟似地恢復視力，由於失明而喪失了接受正式學校教育的機會，或許出於補償作用，復明後便大量閱讀，如飢似渴，各類書刊都涉獵，甚至連租房子也得離圖書館近些，為的是借書方便。從一九二○年到一九四三年，他沒有固定的職業，在加利福尼亞州四處打工。一九四三年以後則到舊金山港當碼頭工人，直到退休。由於生活環境使然，霍佛爾乃有機會從人類最困阨流離的處境中，來觀察人生世相，進而參照他從閱讀得來的思考訓練與心得，對人類社會生活提出獨到而深入的分析。自一九五一年出版《群眾運動》以後，聲名漸著，其後仍寫作不輟，以迄於今。

　　平心而論，霍佛爾並沒有受過所謂的學院訓練。他的著作，嚴格講不是學術性的論文，而是極為精到濃縮的思與感。行文之際，往往把思考或推理的歷程略去，只將要點、關鍵或結論予以托出。其表達方式相當精簡有力，想像特豐，類似我國文學史上傑出的詞話，與《菜根譚》一類著述相近，只不過霍佛爾所論述者偏重在社會現象而已。這種寫作方式，其實乃是經過嚴格的自我訓練後的自由發揮。因為曾經有過嚴格的訓練，所以不濫情；因為能夠或敢於自由發揮，所

以思想才有生命力和創造性。簡單說，霍佛爾不是一名哲學教授，而是哲學教授可能去研究的對象——思想家。

不過，霍佛爾這種思考與表達方式，就思想的結構言，在體系上便顯得零亂鬆散，間有跳躍式的斷落，也顯然比較缺乏實證的基礎。但從另一個角度看，社會生活是一種續進不已的流程，知識上的研究，即使就當時而言達到了百分之百的完美，也無從或不該去控制這一流程，更確切地說，知識或學術標準絕對不應該成為阻止社會生活向前續進的工具。換句話講，凡能使人對社會現象有所感發及啟示者，即便不合當時認定的學術研究上的要求，依然有其價值在。就此而言，霍佛爾的所思所感所言，便彌足珍貴了。此外尚須指出一點，霍佛爾的思想固然頗為一貫，但形諸於文字，卻也不時出現自我作註的情形，也就是說，其思想的來源往往來自本身，而後期的表達，有時僅係就其前期的表達予以更換一個方式而已。這種現象恐怕是學術上自我訓練者不易衝破的一項限制。

對群眾運動具有先導性的探究，自是霍佛爾成名的主因，但他是把群眾運動視為社會變遷過程中的一個現象，也可以說是一種工具。因此連帶地使他進而探討人的本性、文化的起源、文明的演展、人在社會變遷中的處境，以及人類在現代科技的巨大影響下心頭所生的陰影、人類的未來前景等，均曾涉及。有時其觀察不僅入微，而且頗能得其旨要。對於東西文化的異趣，也有極其敏銳的比照，雖則他幾乎都是站在西方人的立場，而且常把蘇聯和共產主義習慣性地劃入東方，這點以國人的立場言，實在是值得商榷的。

從事政治、社會現象的思考，幾乎毫不例外的都必須從人性的思考為起點。霍佛爾對人性的理解，也有其獨到的地方。試以本書所述者為例，他認為人是未完成的，人性的優點缺點，遂肇因於此，但與一般的觀念相異，他以為人性的醜惡不是出於人的獸性，而是源自人

所本自的先於人的生物。霍佛爾頗為讚美遊戲，視之為人類創造力的搖籃，唯有本著遊戲的態度，才能成就偉大的事功。他也歌頌同情心，以為這是人性之中值得寶愛的一面。對於個人的私生活持維護的態度，對自由的理解亦相當深入，發人深省。

人生世相中的種種，在霍佛爾的筆下，有時真是雋永而耐人尋味。例如：

「最大的噪音是由寂寞造成的。狗如此，人亦然。」
「一具空洞的腦子並非真正空洞，而是填滿了垃圾，因此再要把東西擠入空洞的腦子，便有困難。」
「要能真正自私，需要一些才智。沒有才智的人，只能自以為是。」
「無所事事並無害處。但忙於無所事事則不然。」

然而就現代人而言，他對現代社會的一些觀察和評論，往往一語中的，或者是令人聳然一驚，頓然而悟，更有切身之感。

例如霍佛爾對共產社會的分析：

「在共產世界，時間是靜止的，其間有自封的革命分子，而無革命。」
「在共產主義國家，秘密的商人才是真正的革命分子。」

至於現代社會盲目崇拜青年的現象，霍佛爾指出：

「目前，多數國家的威脅來自內部少年者多，來自外部敵人者少。」

「青年人忙著教導我們，以致沒有餘暇去學習，這是我們時代的病症。」

對政治上持異見者的冷靜觀察：

「被壓迫者是否曾經為自由而戰，殊可懷疑。他們是為自尊與權力——壓迫他人的權力——而戰。」

「反對派文獻最令人動怒的地方，乃是它缺乏猶豫與驚疑。」

「有人認為持不同意見的少數人，仍然有其施展的餘地，只有這樣，才是一個自由的社會。事實上，持不同意見的少數人，唯有在它能將其意志強加於多數人時，才會感到自由：它最痛恨的，乃是多數人的不同意見。」

以上所引，當然不過是見其一斑而已。但是如果拿來與目前國內社會所呈現的政治現象相比照，霍佛爾所言固然是不時髦的，但應該具有清醒的作用。從事政治或社會運動的人，總自以為是勞苦大眾的心聲，是進步的象徵，是真理的代表。筆者衷心希望霍佛爾這位真正勞苦大眾出身的思想者，這位終其一生都位居社會最底層，始終保持刻苦純樸的本色，一向視自己為勞工的一分子而不妄自尊大想去「代表」他們的人，其所思所感所言，或能廓清某些摩登而動人的迷障，進而使國人對民主社會產生深一層的理解，或者至少提供了另外一種解釋或選擇。

霍佛爾說：「在一個劇變的時代裡，學習者繼承未來」。謹以此語獻給讀者。

——本文收錄於艾瑞克・霍佛爾著，廖中和譯：《人生反思錄》（臺北：時報文化出版公司），一九八四年二月廿日

歷史的終結？

法蘭西斯·福山（Francis Fukuyama）著

廖中和摘譯

在世界歷史已經發生巨大根本性改變的時刻，區分何者為根源問題，
何者為偶發性事件，實為歷史討論的重要議題。

　　綜覽過去十餘年來的世局，難免令人感受到：世界歷史已經發生
了某種根本性的變化。去年（一九八八），有許多文章歡呼冷戰的結
束，以及「和平」似已在全球不少地區破土而出。這些分析，大都缺
少一個比較寬廣的概念性架構，以及區分世界史上何者為根本何者為
臨時性或偶發性的事件，因此而流於膚淺，自可想見。如果戈巴契夫
被克里姆林宮掃地出門，或是中東某國首都出現了一個新教主，宣佈
回教真主將君臨天下，這一批評論家自必又急忙宣告一個新的衝突時
代業已誕生。

　　話雖如此，但這些人全都隱隱約約地感覺到，世局正起嬗遞，而
將每日所見的頭條新聞貫串統一起來。廿世紀，我們見到全球均淪入
意識型態的激烈衝突，首先自由主義與專制主義的殘餘相對抗，其次
是布爾什維克和法西斯主義，最後是馬克思主義威脅世界走向核子戰
爭的全盤毀滅。本世紀初開始時，大家充滿自信，以為西方的自由民
主終將獲得最後勝利，現在已經到了世紀末，彷彿繞了一圈又回到原
來的起點，非如早先所預測的是「意識型態的終結」，或資本主義與
社會主義的混合，而是當之無愧的經濟與政治自由主義的勝利。

　　西方和西方觀念的勝利，至屬明顯。首先，根本已無任何體系可

以取代西方的自由主義。過去十年，全球最大的兩個共產國家，其學術思想氣候大起變化，且都開始進行重大的改革運動。而這個現象不僅波及高層政治，也見之於消費式西方文化之擴散，所向披靡。中國大陸到處都有農民市場和彩色電視，莫斯科去年開了許多合作餐廳和服裝店，日本的百貨公司放送貝多芬的曲子，而搖滾音樂，不論是在捷克的布拉格、緬甸的仰光或是伊朗的德黑蘭，同樣使人陶醉。

我們目前所見證的不僅是冷戰的終止，不僅是二次大戰後某段期間的終結，而是此種歷史的終結：意即人類意識型態演進的終止點，以及西方自由民主作為人類政府的最後形式之普遍化。這並不是說，今後《外交季刊》在編年度大事紀時，找不到國際關係的事件來填足。因為，自由主義的勝利，主要是發生在觀念或自覺意識的領域，以此之故，在實際或物質世界乃是不完全的。但我們有堅強的理由相信，今後在長期間支配物質世界的正就是此一理想。歷史的終結這一理念並非新創。卡爾‧馬克思便是這一理念最出名的宣傳家，他相信歷史發展的方向是有目的的，由各種物質力的交應而決定之，唯有達致共產主義的烏托邦，將前此所有種種矛盾予以解決，才會走向終結。但把歷史看作是一個辯證歷程，有起點、中間和終點，則是馬克思從德國先行者黑格爾借用的概念。

不管是好是壞，黑格爾的歷史主義，有一大部分已經納入我們當代學術思想的行囊。人類在通往現在的途徑中，歷經一系列原始的階段而前進，而這些階段與具體的社會組織形式相應，諸如部落社會、蓄奴社會、神權社會以及最後民主平等的社會，這一理念，與現代對人之理解乃是不可分的。人是他的具體的歷史與社會環境之產物，而非如早期天賦權利理論家所以為的，人是其多少已被固定的「天然」屬性之綜合，就此而言，黑格爾乃是使用現代社會科學語言的第一位哲學家。利用科學與技術來征服和改造人的天然環境，原本是黑格爾

而非馬克思的概念。跟後來的歷史主義者不同，這些人的歷史相對論墮落成純粹相對論，黑格爾相信，歷史在某一個絕對時刻達其高潮——在此一時刻，一個最後的、理性的社會與國家形式獲得勝利。

現在大家都視黑格爾為馬克思的先覺者，誠屬黑格爾的不幸；而我們之所以對黑格爾有所知悉，大都是透過馬克思扭曲的鏡片來過濾，沒有幾個人直接去研讀黑格爾的著作，這是我們的不幸。然而，在法國，卻有人致力於把黑格爾從馬克思派詮釋者手中解救出來，使他復甦，視之為最正確地向我們時代訴說的哲學家。這批當代的法國詮釋者當中，最傑出的必定是科耶夫（Alexandre Kojève）。他是俄國移民，一九三〇年代在巴黎的高等研究實用學院講授一系列極具影響力的課程。科耶夫在美國雖然不太出名，但對歐洲大陸的學術思想卻影響深遠。他的門徒名人不少，左派有沙特，右派有艾杭。戰後的存在主義，其基本內容多借用自黑格爾，就是透過科氏為之的。

科耶夫所想復甦的，乃是寫心之現象學的黑格爾，宣稱歷史於一八〇六年終結的黑格爾。拿破崙於耶拿之役打垮普魯士王朝，黑格爾早於此中見出法國革命諸理想的勝利，以及國家將自由與平等原則納入，其普遍化已迫在眉睫。此後一百五十年，歷史事件風起雲湧，科耶夫不但未據以排斥黑格爾，反而堅持認為黑氏基本上是正確的。耶拿之役標誌著歷史的終結，因為就在那個時刻，人性的先鋒（馬克思主義者相當熟悉的名詞），體現了法國革命的原則。一八〇六年以後，待做的工作固然可觀，如廢止奴隸和奴隸交易，將選舉權擴及工人、婦女、黑人和其他少數民族等等，但自由民主國家的基本原則卻無從再加以改進了。本世紀爆發的兩次世界大戰，以及伴之而起的革命與騷亂，無非是把這些原則在空間上予以擴大，從而使人類文明的諸領域邁入最進步的前哨，迫使作為文明前鋒的歐洲與北美社會，更充分地去體現其自由主義。

　　於歷史的終結所出現的國家，只要它透過一套法律系統，承認並且保護人之普遍自由權，則它便是自由的；只要它是依恃被統治者的同意而存在，它便是民主的。

　　就黑格爾而言，物質世界的所有人類行為，從而也就是所有人類歷史，係植根於某一先在意識狀態——這個觀念類似凱因斯的看法。凱氏說過，處理實務的人，其觀點通常得自已逝經濟學家和前幾代的二、三流學者。此種意識或許並不明顯，甚至並無自覺，猶之乎現代的政治學說，但它可能以宗教、簡單的文化習慣或道德習慣的形式出現。然而這種意識領域，長期而言，必然於物質世界顯現，的確以它自身的形相締造了物質世界。意識乃是因而非果，可以自物質世界獨自發展出來。因此之故，在當前事件表面上的繁複之下，其根基乃是意識型態之歷史。

　　我們事實上是否已抵達歷史的終結？換言之，在現代自由主義之下，有任何根本性「矛盾」無從解決，而必須由另一套政治經濟結構才能解決嗎？如果我們接受前述唯心論的基本假設，則這個問題的答案須向意識型態與意識領域去尋求。我們的任務，不是就全球各地的空想家對自由主義提出的挑戰去一一答覆，而是就體現於重要的社會或政治力和政治運動，亦即世界史的部分，去設法解答，就我們的目的而言，阿爾巴尼亞的人們有什麼奇思妙想，無關緊要，因為我們關切的乃是可稱之為人類共同的意識型態遺產。

　　過去一百年，向自由主義挑戰的主要有二：法西斯主義和共產主義。法西斯主義認為，政治衰頹，物質主義、變態以及西方之缺少共同體，乃是自由社會的根本矛盾，唯有強大的國家才能解決之，以民族的唯我獨尊為基礎，來鑄造新「人民」。作為一個意識型態，法西斯主義已於第二次世界大戰被摧毀。當然，這是在非常物質層次上的失敗，但相當於觀念的失敗。摧毀法西斯主義的不是普遍的道德反

感，只要它看來像是未來的潮流，還是會有許多人去附從的；摧毀它的是它之缺少成功。

共產主義對自由主義在意識型態上的挑戰，則遠較嚴重。馬克思利用黑格爾的語言，聲稱自由社會含有一項基本矛盾，靠自己內部是無法解決的，這個矛盾就是資本與勞工間的矛盾，此後即成為控訴自由主義的主要理由。但階級問題在西方確定已被解決。正如科耶夫（還有其他人）所指出的，現代美國的平等主義，正是馬克思心目中無產階級社會已有成就的代表。這不是說美國已無富人窮人，或貧富之間的差距近年來並未擴大。但經濟不平等的根本原因，與我們社會基本的法律與社會結構較無關係，我們的社會基本上還是平等的，將財富溫和地重行分配的；而與國內各構成團體的文化與社會特性更較有關，這些又是前現代條件的歷史遺留。因此，黑人的貧窮不是自由主義的內在產物，而是「奴隸制度與種族主義的遺跡」，奴隸制度在形式上雖早被廢止，遺跡卻持續下來。

由於階級問題漸告消退的結果，共產主義在已開發的西方社會的吸引力，今天遠低於第一次世界大戰結束以來的任何時間。

也許有人會辯說，以社會主義為替代，向來不適用於北大西洋地區，過去幾十年來之所以還能支撐下去，主要是靠它在這個地區以外的地方有所成就。但就是在歐洲以外的地區，我們見到最觸目的意識型態的轉化，其中最可觀的變化發生在亞洲。

就國際關係而言，歷史的終結其含義為何？第三世界的國家，顯然大多數還是陷在歷史的泥沼中，今後多年還會有許多衝突。但暫且讓我們以世界上較大且較開發的國家為焦點，這些國家畢竟佔據了世界政治的較大部分。在可預見的將來，蘇聯與中國不可能以自由社會的身分加入已開發的西方國家，不過姑且暫時假定，馬克思主義、列寧主義不再是這兩國外交政策的主導因素，這種展望即使目前尚未出

現，但證諸過去幾年的情況，則確有可能。那麼，非意識型態化之後的世界，與我們素所熟悉的世界，處於此一假設性的關頭，其整個性質將有什麼不同？

最常見的答案是——差別不多。在觀察國際關係的人士之間，有一個非常普及的信仰，認為在意識型態的表皮之下，乃是以強國的國家利益為核心，國與國之間保證會有相當高水平的競爭及衝突。根據學術界流行的一個國際關係理論的學派，此種國際體系內在具有衝突，為了對衝突的前景有所理解，必須去探討該體系的形貌如何——例如究係兩極或多極體系，而不是去探討構成該體系的國家與政權其特性如何。這一學派實際上是把霍布斯的政治觀點應用到國際關係，並且認為，侵略與不安全感係人類社會的普遍特性，而不是特殊的歷史狀況下的產物。

這一思想路線的信徒，把古典的十九世紀歐洲權力平衡各參與國家間的關係，當作一個模式，以為當今世界解除意識型態以後也將循此模式。

事實上，以為意識型態是一個超級結構，架在永恆的強國利益的下層基礎上，這一理念本身就很值得懷疑。任何一個國家界定自己的利益，均奠基於某種先在的意識型態基礎，並沒有一個普遍的方式，猶之乎經濟行為係被先在的意識型態所左右。在本世紀，不少國家採納高度理論化的學說，有其明定的外交政策方案將擴張主義合法化，比如馬克思主義、列寧主義或民族社會主義。

蘇聯如排除其擴張性的共產主義意識型態，理應重拾布爾什維克革命前沙皇的蹤跡，這種自動的設想是很奇特的。它假定人類意識的演進在這段期間是靜止不動的，蘇聯於經濟方面拾取目前流行的觀念，在外交政策上卻又回到比歐洲其他的地方落伍一百年的觀念。中共開始進行改革以後，它的發展確然不是如此。在全球局面上，中共

的競爭性與擴張主義實際上是消失了：北京已不再支持毛派叛軍，也不去遙遠的非洲厚植影響力，如同一九六〇年代然。這不是說當前中共的外交政策已無可訾議：中共悍然將導彈技術賣給中東，繼續採行傳統的大國行為，支持紅色高棉對抗越南即為一例。但前者可從商業動機加以解釋，後者則是早期意識型態對抗的遺跡。新中國比較類似戴高樂的法國，而不像第一次大戰前的德國。

然而，將來的真正問題是：希特勒以後歐洲發展出來的普遍同質國家之意識，蘇聯的精英能消化到什麼程度。從他們的著作，以及我個人跟他們的來往，我心中一無懷疑，圍繞在戈巴契夫身邊的蘇聯自由派知識分子，在非常短的時間內已臻致歷史的終結的觀點，自布里茲涅夫主政以來，他們與古歐洲文明接觸不斷，功不在小。他們的觀點總稱之為「新政治思考」，其所描述的世界，以經濟上的關心為主力，其間已無意識型態的基礎可據以產生國家間的重大衝突，因此，武力的使用已較少合法性。

先是中共，然後是蘇聯，馬克思主義、列寧主義的消逝，將會意味著，它作為一個具有世界歷史重要性的活意識型態，業已死亡。雖則可能在尼加拉瓜京城馬納瓜市，平壤，或麻州劍橋，還會有一些殘存的真實信徒，但沒有一個大國以它來繼續經營，這件事實，全然粉碎了它之冒充係人類歷史的先鋒。這個意識型態的死亡，意味了國際關係的「共同市場化」，以及國家間大規模衝突的減低。

這絕不是意含國際衝突的終止。因為在那一點上，世界會區分成歷史的部分和後歷史的部分。還在歷史的階段之國家間的衝突，歷史的國家和歷史的終結上的國家間有所衝突，依舊是可能的。仍然會有高水平甚至於日益高漲的種族與民族主義的暴力，因為即使是在後歷史的世界那一部分，這些衝動迄未盡數洩光。巴勒斯坦人與庫德人，錫克族與靼米爾族，愛爾蘭天主教徒與華隆人，阿美尼亞人與阿札里

斯人，他們那無從解決的苦痛仍將繼續。這意含著，恐怖主義和民族解放戰爭，仍將繼續成為國際會談的重要項目。但大規模的衝突，一定會把仍受歷史掌握的大國予以捲入，但這樣的大國看來正在從場景中消失。

　　歷史的終結將是一個很悲哀的時代。為了爭取人家的承認而做的奮鬥，為了一個純然抽象的目標而願意冒一己生命的危險，全球意識型態的鬥爭所喚起的膽氣、勇敢、想像力以及理想主義，所有這些都會被取代，繼之而起的將是經濟上的精打細算，永無止境的去解決技術問題，關懷環境，優雅的消費需求獲得滿足。在後歷史的時期，既沒有藝術，也沒有哲學，唯有永不間斷地去照料人類歷史博物館。我自己可以感受到，從我身邊的人也可以見出，大家對歷史仍存在的時代思念得很。事實上，這種想念，即使是在後歷史的世界，仍將會在一段時間內繼續引發競爭與衝突。雖則我認識到它是不可避免的，但我對一九四五年以來，歐洲所創造的文明，及其北大西洋和亞洲分枝，我有最強烈地愛恨交加的感受。或許，歷史的終結會導致數百年的煩悶無聊，這一展望，又將使歷史再度起動。

附註：原文刊載於《國家利益》（*National Interest*）一九八九年夏季號。本譯應係中文世界最早介紹法蘭西斯·福山（Francis Fukuyama）所撰 *The End of History* 者，其後作者擴充成書，行銷全球。

　　　　　　　　　　　　　——《時報周刊》，一九九〇年元月廿日

省籍是檢驗真理的唯一標準？

　　今年（民國八十四年）元月七日，李總統登輝先生宴請中央研究院的人文學者。席間副院長張光直表示：「他回國以來，感覺到臺灣政治民主化、經濟自由化的同時，有關文化價值取向的本土化，卻有排拒中國文化的壓力存在，似乎過於激進。」（照錄《中央日報‧國際版》元月九日的頭條新聞報導，文句結構頗為奇特。）

　　張光直任教哈佛大學多年，是國際知名的考古人類學家。他說出這番話，語氣雖然力求婉轉，但含義可是相當明確，而且也道出了目前國內學術界人文與社會科學研究方面的重大問題。不僅值得海內外的國人關切，某些現象且令人憂心不已。

　　臺灣學術界泛政治化的現象，也有可能是受到美國方面的影響。最近幾年來，美國大學校園與學術界流行所謂「政治正確」論（用共產黨的術語講，則是「政治掛帥」），引起相當激烈而廣泛的論辯，正反雙方的議論，為數不少，有些人文與社會科學學者，深恐此一趨勢會嚴重損害學術自由。最近連高齡八十餘聞名全球的管理學家彼得‧杜拉克，也忍不住寫了一篇長文〈政治正確與美國學界〉（見《社會》，一九九四年十一至十二月份，頁五十八～六十三），除了回顧一九四〇年代類似的情況外，也指斥「政治正確」這種偏狹且不寬容的心態。

　　民國八十二年十二月十一日中央研究院評議會選舉院長，院士余英時在此一時機說了一段重話。他一方面批評臺灣的人文與社會科學研究，並未隨著經濟和科技的發展而提升，另一方面則嚴詞批評國內學術泛政治化的傾向。次日，余院士接受《中國時報》的訪問，進一步說明他的觀點。他認為，政治是政治，學術應該歸學術，政治上可以談獨立或其他問題，但學術應該不要受泛政治化的影響。他又表

示，如果要搞政治，就坦坦白白的，不要曲解；用迂迴的方式，反而是有害而無益。用政治掛帥寫出的作品，只是短期的宣傳品，經不起時間的考驗。

針對余英時的談話與訪問，中研院民族所的徐正光等十二位研究人員（其中本省籍、外省籍均有），有十二月十四日發表了一份連署聲明，就余院士所指人類學與社會學對臺灣本土的研究無法超越西方，唯有回歸中國文化母體行事研究，才有超越西方的可能，聲明中持不同意見。這十二位學界人士固然同意學術不要泛政治化，但似乎更強調余院士應尊重臺灣兩千萬人在這塊土地上所創造和賦予的歷史經驗。

如果筆者的理解離事實不遠，這正就是學術研究「本土化」理念的表白。其實，國內學術界的「政治正確」，與實際政治上本土意識的興起有共生的關係。

不久前，民進黨籍的陳水扁當選為臺北市長。陳市長就職以後，不論是高級主管的選任，或一般性的行政措施，以及他個人的言行，均有尊重既存體制的傾向。中研院研究人員如陳儀深和臺大歷史系教授李永熾等人，就頗有微詞，認為陳市長未免有負選民所托，在政治意理上不啻是一項「退步」。這個事例似可說明：「政治正確」的時潮，方興未艾。

大體上講，本土化是可以強調，但不宜拿來當作限定的標準。舉例說，歷史地理的研究，過去如果不夠重視有關臺灣本土的部分，這當然是一大疏失，自可大聲疾呼，強調應該加重這方面的教學與研究；但如果把研究本土作為標準，限定只有與本土有關的研究才是對的有價值的，其他研究是不對的無價值的，或更技巧地說，其他研究會剝奪了本土研究應得的資源，則流弊極大，對學術生機的潛在傷害尤其可怕，不能不辯。

學術「本土化」的流弊，基本上可分為兩方面：一是研究者的身分，二是研究對象或題材。就研究者的身分講，假定「政治正確」的標準是省籍的話，則在臺灣就是臺灣籍者才正確，非臺灣籍者不正確；如其標準是所謂階級成分的話，則在共產社會就是無產階級者正確，非無產階級者不正確；當然還可以進一步細分，就如在非臺灣籍者之中，肯認同臺灣者正確，不肯認同臺灣者不正認；或只認同臺灣者正確，非只認同臺灣者不夠正確；餘可類推。以研究對象或題材而言，再舉臺灣為例，研究與臺灣有關者正確，與臺灣無關者不正確，當然也可再細分如上述。此外，亦可把對象或題材對立起來，就如把臺灣歷史與中國歷史、臺灣文化與中國文化，依「政治正確」的方式，兩相對立，甚或把這種對立塑造成有你無我、有我無你的零和論式，拿來當作據以評斷的標準。此處為了行文方便，當然是已經做了一番高度的化約，彷彿社會科學上的理型，在實踐上或實際運用時，一般是不會這樣露骨的。

臺灣獨立運動在美國發展時，曾經堂而皇之的聲明，只要是關心和熱愛臺灣的人士，不論其來臺的先後梯次，均可視為獨立後臺灣國的公民。某君以極富鄉土味的筆名經常為文批評臺獨運動，後來臺獨聯盟理論素養頗深的一位副主席，發現某君是東北籍的外省人士，此時這位副主席及臺獨刊物近乎得意忘形，完全以對方不是「真正的臺灣人」為攻擊口實，早就忘了白紙黑字不容抵賴的堂皇聲明。這個事例，略可說明前段所述理型與實踐之間的微妙關係。

另外值得注意的是：在本土化的理念下，對本土語言所持的態度，往往一方面認定本土語言是被壓迫的語言，但另一方面卻又反過來堅持唯有其所認定的語言才正統、才高明。臺大法律系李鴻禧教授擅長以臺灣話從事群眾演講，他為了標榜臺灣話的古雅，曾舉臺語的「隨便」（讀音ㄑㄧㄥˋㄘㄞˋ）為例，據他的解釋，其原根即為「請

裁」，如三朋五友到飯館小聚，主人請客人點菜，客人應之曰ㄑㄧㄥ
ㄟㄘㄞ丶，即請主人裁奪之意，李教授的說法頗能言之成理。但回頭
一想，臺灣話勸勉人要舉止莊重行為端正，經常說做人不可「ㄑㄧㄥ
ㄟㄘㄞ丶」，此處可絕無「請裁」之意，而是回到「隨便」的意思。
也曾經聽人振振有辭地說明臺語語音之豐富，「香港的香真香」，用臺
灣話唸，三個「香」字讀音各有不同，且唸起來很有韻律，但筆者馬
上也可以想到國語的類似情況，「你和ㄏㄢ丶伯和ㄏㄜ丶出去不要跟
人亂和ㄏㄨㄛ丶」，三個「和」字讀音各自有別。更極端的例子，則
是中研院某位數學研究員，曾在文字媒體上公開表示，凡是不會講臺
灣話的人，他絕不與之交往。似乎為了對抗官方推行北京話的壓迫，
藉此作為臺灣人身分的最佳寫照。這頂多只能充作個人的偏癖而已。
不但有劃地自限之嫌，而且若參加國際會議可怎麼辦呢？

　　本文如此說明，本意當然不在反對本土語言（但不能只強調某一
語系，否則壓迫一樣存在），而是藉以指出在「政治正確」的方式下，
對語言的堅持，有的變成相當幼稚且危險的盲點。語言必須與其他語
言相交才會更形豐富，劃地自限、坐井觀天式的堅持，對所寶愛的本
土語言乃是嚴重的傷害——妨礙了它的發展。

　　學者、教授、科學家、研究者，平日不是以客觀自居嗎？何況受
過這麼多年的訓練，讀了這麼多書，難道還會不明理嗎？其實，學者
專家也是人，一般人可能會患的錯誤，他們並沒有免疫的能力。廿世
紀上半，全球知識分子大都被社會主義左傾思潮所左右或席捲，大家
應該記憶猶新。諾貝爾經濟獎得主佛里曼不只一次說過，即使像芝加
哥大學這樣的高等研究學府，在美國大學中向以極其開放而出名，不
同且敵對的意見不僅多方包容，連選任教授時也予以充分代表，但即
使如此，芝大所在地的海德公園選區，在芝加哥市各選舉區當中，其
投票行為卻最容易預測——因為它最一面倒。佛里曼和芝大另一位經

濟獎得主斯蒂格勒，都曾經慨然道及，學術界的知識分子雖以獨立思考而自鳴得意，但真正面臨新觀念時，反而是成功的商人比知識分子心靈更為開放。保羅‧約翰遜在一九八八年論知識分子的專著中，不是舉出許多望重全球的學者，在公共議題上不時出現「逃離理性」的現象，而使他們的政治立場呈現至屬荒謬的偏差嗎？

學者、科學家與研究人員，以發現和了解真相進而追求真理為職志，但在公共議題上，如果以真理的化身或代言人自居，則危險殊甚。學術的自由與獨立，一方面要對抗外力──諸如政治、社會、商業等──的侵襲，另一方面對來自內部的腐蝕也要有預警的能力──個人如此，學術界亦然，這樣才能維持自由而獨立的學術發展。近年來臺灣學術界本土化的趨向，以及挾之以俱來的省籍因素，令人引以為憂者，以此。去年十二月，杜克大學教授霍洛維茨訪臺時，曾提出警告：若臺灣的省籍問題漫無節制的被惡化，一定會成為民主的障礙，「當一群人認為自己是土生土長的，而視另外的人是移民，則極端分子即會出現。」一位美國教授輕易即可看出的問題，我們的學術界難道全無自省的能力嗎？

所幸最高學術機構中央研究院的負責人李遠哲院長、張光直副院長，都是聞名世界極富國際視野的傑出學者，況且又是臺籍人士（提出這點，也是迫於現實，情非得已），且讓我們衷心期待，在他們卓越的領導下，能夠盡量消弭「省籍是檢驗真理的唯一標準」的潛在威脅，則學術幸甚。

──《美中新聞》，一九九五年三月廿三日

《章法要義》歷百年而不衰
—— 老師因學生而得以傳世的「一本小書」

一　引言

　　英文《章法要義》（*The Elements of Style*）一書，於一九一八年，由原始作者康乃爾大學英文教授施川克自行刊印，並擁有版權以來，這本當時長僅四十三頁的小書，到今年二〇一八年，居然歷一世紀而不衰。就一本旨在教導大學生如何作文的講義而言，其生命何等強韌！不但已對四個世代的青年學生發生影響，同時也被一代又一代有志寫作，或以書寫為工作者如新聞界人士，視為指導寫作的必備參考書。牛津英文大字典的一名美國編輯謝德羅爾（Jessie Sheidlower），在美國國家公共廣播公司的訪談中，甚至提到有一位新聞系教授，在開學後的頭兩個星期，竟強迫他的學生要把這本書背起來。談到暢銷狀況，這本小書也不遑多讓，尤其自一九五九年修訂、增刪和改版以來，根據書商比較保守的估計，總銷售量至少在一千萬本以上，既暢銷又長銷。美國家長往往趁子弟初上大學之際，買這本書送給兒女當禮物。這本小書的成就，何等可觀！

二　版本與作者

　　《章法要義》的原始作者施川克（William Strunk Jr., 1869-1946），乃是一位個性有些突出與詼諧的教授，極為堅持自己所主張的文章作法。且在言行中，頗以自己所編著的「一本小書」而自豪，重點尤其放在「小」之上，每當提到「小」這個字時，雙眼便炯炯有神。但施

川克似乎還不算是才華橫溢的人物。照他學生的追述——由於堅守簡潔扼要的原則，他在課堂上講授常常會剩下不少時間，而他的對應之道，無非就是把重要的原則，用他特有的姿態及表情，重複三遍：「第十三條原理，刪除不需要的字詞！刪除不需要的字詞！刪除不需要的字詞！」旁觀者看來，不無作法自斃的諷刺。此書曾於一九三五年出修訂版。但在他身前，似乎這本小書只在康乃爾大學校園內，才為人所知。

平心而論，《章法要義》之所以能夠風行全美國甚至整個英語世界，最大的原因還是由於施川克的學生伊・碧・懷特（E. B. White，1899-1985）的介入。懷特就讀康乃爾大學時，曾於一九一九年選修施川克所開的「英語八」課程。懷特後來長期任職於美國著名的《紐約客》雙週刊，且成為該刊臺柱，也是最重要的一支健筆。他一向被認為是美國廿世紀的散文大師，地位崇高無比。他在這方面的成就，臺灣文壇與學術界並不陌生。吳魯芹先生在他逝世後出版的《文人相重》（臺北：洪範，一九七二年十月）書中，載有〈傑姆斯・瑟帛與伊・碧・懷特〉一篇長文，談這兩位散文大家的來歷、交往及彼此惺惺相惜的友情。懷特的散文傑作，依個人至屬有限的見聞，至少有王立德先生所譯的伊・碧・懷特小品二則（散文）：一、〈鵝〉（The Goose）；二、〈歸〉（Home Coming）（見《中外文學》一九九〇年八月）。以及同一譯者所譯〈重遊舊湖〉（Once More to The Lake，《中外文學》一九九一年一月）。這三篇散文均收入懷特晚年自編選集（*Essays of E. B. White*，Harper Perennial，一九七七。此書再版多次，印數甚夥。）尤其是〈重遊舊湖〉，大概是最常被選入大學英文散文寫作教科書的一篇名文。此文今昔交感、人天（大自然）匯通，實在是英語世界的不朽篇章。

除了散文方面的至高成就外，懷特還有其他領域的成就，一樣值

得國人品味並重視。一是他的兒童文學創作，依發表順序，他出版過 *Stuart Little*、*Charlotte's Web*、*The Trumpet of the Swan* 三部名作。第一部篇幅稍短，其他兩部都頗長，而同樣又是屬於既暢銷又長銷的出版品，至今都還受小朋友歡迎，而且容易買到。尤其是 *Charlotte's Web*，一再被文評家認為是最純淨英文寫作的典範。其次就是本文所要談的《章法要義》的貢獻和影響。

一九五七年初夏，懷特收到綺色佳（康乃爾大學所在地，紐約州）友人寄來的《章法要義》一書，勾起了他大學時代的回憶，於是寫了一篇文章追念介乎師友之間的施川克教授，而文中所談則以這本「小書」為主。此文經《紐約客》雜誌刊出後不久，大出版商麥克米倫公司便聯繫上懷特，邀他為這本書增刪修訂。據他自述，本以為此事只需一個月即可完工，沒料到居然費了一年之久才成事，甚至認為這項工作超出他能力之外，畢竟自己並非修辭學專家。何況原書討論的是「對與錯」，恰與時代潮流相違。懷特在補記中特別提到，韋伯斯特國際大字典總編輯高夫（Dr. Gove）所言，可說是當時主流觀念的體現。高夫表示：字典「應與人為的對錯或優劣概念無關。字典必當是描述性而非規範性的。」而在許多人看來，這種概念勢必造成混亂和破壞。懷特則明確承認，老師和他都屬於基本教義派，都相信對錯之分，若非有人發願守住優劣高下有別的理念，否則英文必告解體。

改版後的《章法要義》，把施川克原書第五章談英文單字正確拼寫法的部分刪掉，改由懷特新撰「章法之道（含廿一項提示）。」他於《紐約客》所登文章稍做刪削後成為此書〈引論〉，且出現於此後所有各版中，但每版也都各有增損。（原文則收入前述懷特自編選集內）當然，全書經懷特費心修訂，在各方面均比原著更佳。麥克米倫公司一九五九年推出《章法要義》新版，作者改由施川克與懷特共同具名，被視為施·懷本第一版。上市後暢銷之至，短期內重印許多次。一九

七二年再次修訂出第二版，一九七九年出第三版，加列〈索引〉。一九八五年，懷特逝世後，改由另一家以出版教科書為主的Allyn & Bacon（A Pearson Education Company），於二〇〇〇年推出第四版，除保留〈索引〉外，又添加〈術語解釋〉。二〇〇五年，企鵝圖書（Penguin由Maira Kalman所編）出插圖版。為了紀念施・懷本問世五十週年，由第四版出版商的母公司於二〇〇九年印行精裝「五十週年紀念版」，主要內容與第四版雷同。必須指出，即便是增幅最大的最新版本，《章法要義》此書正文也只有八十五頁，依然是「一本小書」。

前述施・懷本以後所有各版，筆者手頭皆有。遺憾的是一直未能見到施川克一九一八年和一九三五年版。比較施・懷本近六十年來的各版，每版均略見增損刪節，但更動的情況不外乎：一、舉以為例的作家及作品有所變化；二、隨著時代和書寫科技的進步，而添加有關文字處理機與電腦文字處理功能方面的內容。換句話說，《章法要義》之所以能夠經久不衰，而為一代又一代的青年學子、文藝青年等所接受，與時俱進這一因素或精神不容忽視。但此地務必嚴正指出：版本固有不同，但全書主要內容，連同其表達方式、文字、句法、句型與基本觀念等，則確實保持一貫而罕見媚俗阿世之處。變化不動搖主體，主體因變化而更堅實。

施・懷本《章法要義》，全書計分五章：第一章——英文用法基本規則；第二章——作文基本原理；第三章——略談格式；第四章——常見字詞誤用舉隅；第五章——章法之道（含廿一項提示）。因為中英語文差異甚大，第一、三、四章對華文讀者來說，實在不很相關。因此，以下針對本書內容的討論，將聚焦於二、五兩章。雖然僅只摘取其關鍵內容，還是希望能達到中英語文相互交流參照，而收「他山之石可以攻錯」的功效。

三　作文基本原理

一、選妥一個恰當的構思並貫徹之

任何寫作，背後都得有一個結構性的設計。作文的第一條原理就是預見或決定作品將告出現的模樣，至少有個骨架，然後賦予血肉。

二、使段落成為作文的單位

無論是哪一種文學形式，段落——或短或長——都是很便利的單位。一般而言，要寫出好的一段文字，眼光須銳利，頭腦要合邏輯。堆積太多文字，讀者往往望而生畏，句子太長，不妨把它一分為二。但若一大串短句連續發射出來，則只會令人分心。此時，節制與秩序感，便應該成為寫作段落的主要考量。

三、用主動語氣

主動語氣通常比被動語氣直接而有力。當然，這條原則並不是要把被動語氣完全棄而不用，被動語氣往往也很方便，而且有時候非用不可。大體上講，一個句子一旦予以強化，它常常就變成短句，所以簡單乃是有力的副產品。

四、以正面方式呈現陳述

以正面方式來陳述的主要理由乃是：無論自覺或不自覺，讀者不會滿意作者只告訴他「不是什麼」，讀者希望你告訴他「是什麼」。

此處且容筆者添加一段：曾任美國雷根總統演講撰稿人的名作家佩姬・努楠（Peggy Noonan）提到：如果原稿你寫「我絕對不會忘記」（I will never forget），他一定改成「我一定會記得」（I will always

remember）。雷根素以最擅長溝通的總統著稱於世，有他的道理。

五、使用確定、特指、具體的語言

　　研究寫作藝術的各方人士，如果有一個大家都同意的見解，那就是：若要引起並維持讀者的注意力，一定得確定、特指而具體。古今中外的名作家及其作品，莫不如此。

六、刪除不需要的字詞

　　這是《章法要義》最最有名而傳世不朽的一段經典，屢被引用。茲將全段試譯如次：

　　　　有力的寫作乃是精簡。一個句子不應含不需要的字詞，一段話無不需要的句子。其道理正如一幅畫不應有不需要的線條，一部機器無不需要的零件。這不是要求作者把每個句子都寫短，或避開所有細節，或只用大綱來處理主題，而是字字受用。
　　　　Vigorous writing is concise. A sentence should contain no unnecessary words, a paragraph no unnecessary sentences, for the same reason that a drawing should have no unnecessary lines and a machine no unnecessary parts. This reguires not that the writer make all（his）sentence short, or（that he）avoids all detail and treat（his）subject only in outline, but that every word tell.

此處所以把英文全文列出，並在三處加上括弧號，是想說明一個事實：筆者比對施．懷本《章法要義》自一九五九年到二〇〇九年的各種版本，發現第一、二、三版都把括弧內共四個字，列入本文印出，而且懷特還著重點明：這六十三個字（指英文），乃是足以改變世界

的一篇簡短而有價值的文章，何況在施川克教授的緻密世界裡，六十三個字已經是很多字了！但從二○○○年第四版開始，則把括弧內的四個字全部刪掉，而於說明本文中將「六十三個字」改成「五十九個字」。筆者算是老實讀書的人，一看到「五十九個字」，心中起疑，只好取出版本來比對，發現事有蹊蹺。但新版本文義、文法均合乎舊版本。進一步追查資料並探究原委，才明白廿一世紀的第四版，改由教科書圖書公司發行，而女性主義的理念與堅持，已深入一般人的思考中，為求避免不必要的誤會及法律上的糾纏，遂將he, his只具男性意涵的字刪除，而仍然無損於原義。況且也實際體現了施川克教授盡量刪字的要求！但在試譯過程中卻又發現，中文較少這方面的問題，即使有，也是近代學西方文字代名詞有性別之分的結果。筆者絕非中文至上主義者，但古老的文字在現今的時代可能會有新生命，舊命維新，又有誰人能夠或膽敢否認其可能性？

七、避免鬆散文句接二連三

　　偶有鬆散的句子，可防止章法變成太正經，給讀者一個喘息的機會。因此之故，在輕鬆而不很講究的作品中，鬆散句子頗為常見。但危險在於鬆散句子可能太多。

八、互為表裡的觀念，以相似語句出之

　　書中舉《新約聖經》英文本中的「登山寶訓」為例，其句式皆以Blessed are⋯⋯開頭，但中文譯本在文字的先後順序上不相符。要點是在句式的相似，易於讓讀者認識內容與功能的相似。

九、將相關文字放在一道

　　單字在句子中的位置，乃是顯示單字彼此間的關係之主要手段。

單字放錯地方，容易造成混淆與文義的模稜兩可。把思想上相關的字放在一起，而與思想上不相關的字詞隔開，可防止類此困惑或毛病。中文有無類此狀況，宜由專家來探討。

十、作摘要宜保持同一時態

中文與此一原理較少關係，筆者並非這方面的專家，從略。

十一、強調性字詞宜置於句尾

在一個句子中，作者有意加以強調的字詞，通常宜置於句尾。這點可能與英文基本文法相關。因為擁有這種顯要地位的字詞，常常就是邏輯上的述詞，也就是句子所添加的新元素。

中文可能也類似，但並不全受其限制。試隨機舉個例：我要你回家──句子所要強調的是回家，置諸句尾。

四　章法之道（含廿一項提示）

這一部分可算是《章法要義》一書的精華，也是懷特對本書最大的貢獻。並且與中文相通或可借鏡之處甚多。許多已成名的大作家，也不時回頭參考本章所做的提示及建議。

本章一開頭，懷特便稱：廣義而言，「章法意思是指什麼是文章出眾之處，以及其何以出眾。」（筆者把style譯成「章法」，而非常見的「風格」或「文品」，源自於此。）當然，談到這裡，便多少脫離具體實況而進入抽象意境。作家從他運用語言的方式，而揭露自身的精神、習慣、能耐和偏見。所有的寫作都是溝通，創造性寫作乃是透過揭露而來溝通──這正是自我逃入公開。從來沒有一位作家能長久而不被人認出來的。

　　章法有它神秘的地方，如你對這點稍有質疑，只要改寫一些著名的句子，便能有所體會。懷特舉美國開國元勳湯瑪士・潘恩（Thomas Paine）的名句為例：

These are the times that try men's souls.

　　將它試為改寫成：

Times like these try men's souls.

How trying it is to live in these times ！

These are trying times for men's souls.

Soul wise, these are trying times.

改寫的四句，文法無誤，意思明白，但沒有一句會流傳後世。而佩恩的句子則已進入第三個世紀。

　　請容筆者隨機舉中文為例，讀者或許更能理解。

例一：關山難越，誰悲失路之人？（〔唐〕王勃〈滕王閣序〉）
改寫：

難越關山，誰悲失路之人？

難越關山，失路之人誰悲？

關山難越，失路之人誰悲？

例二：但使龍城飛將在，不教胡馬渡陰山。（〔唐〕王昌齡〈出塞〉）
改寫：

龍城但使飛將在，胡馬不教渡陰山。

飛將但使在龍城，陰山不教胡馬渡。

例三：誰識浮雲知進退，才成霖雨便歸山。（〔宋〕王安石〈雨過偶書〉）

改寫：

浮雲誰識知進退，霖雨才成便歸山。

浮雲知進退，誰識？霖雨便歸山，才成！（頗具現代意味）

中文的例子，原句與改寫連字數都完全一樣，這點英文辦不到。意義也無差別，只是字的順序略予更動罷了。但原句卻歷千百年而傳誦至今！

　　茲將懷特的廿一項提示列舉簡述如下：

一、把自己納入背景中

　　寫作時，讓讀者去注意作品的意義與內容，而不是作者的情緒和脾氣。因此，第一條建議便是先別管什麼章法不章法，把自己置諸背景內。一旦你的語文運用愈來愈順手，則章法自現。

二、行文順其自然

　　絕不刻意模仿，但不必擔心去當一名模仿者。該費心的是如何對好的作品加以欣慕。

三、從一個適當的構思起手

　　這一點與前面作文基本原理第一條相同，不贅。倒是懷特說了很

有意思的一段話：哥倫布不只是航行而已，他是向西航行。而一個新世界便在這麼簡單而不失其意義的設計下而成型。

四、用名詞和動詞來寫

　　用名詞和動詞來寫，而不是用形容詞和副詞寫。大體而言，賦予優美作品以強度和色彩的，乃是名詞和動詞，而不是其助手。

五、修改並重寫

　　修改本身就是寫作的一部分。請記住：你的草稿到頭來非大動手術不可，絕對不是你不行或失敗的徵象。這是任何寫作皆會發生的共同情況，連最傑出的作家也照樣無從避免。

六、勿寫過頭

　　文字濃得化不開、裝飾過多的作品，絕難消化，並不可取。

七、勿言過其實

　　一旦你言過其實，讀者立刻起戒心。言過其實乃是頗為常見的錯誤。一處言過其實，會讓全文萎縮而變成微不足道。

八、避免使用限定辭句

　　「小小的……、非常……、很……、相當……」之類的限定辭，乃是汙染散文水池並吸乾文字血液的水蛭。

九、勿以輕佻俏皮方式為文

　　輕佻俏皮的風格，通常見諸以自我為中心者的作品，以為自己的所思所想別人都會有興趣。有時候此類文章的作者，其實無話可說，

只是刻意炫耀想把讀者的注意轉向自己。

十、使用正統文字拼法

　　這點只適用於拼音文字，與中文不相關。從略。

十一、勿解釋太多

　　什麼都把它說完道滿，向來不是好主意。在諸如「他說」、「她回答」等之後，不必妄加副詞來畫蛇添足。不如讓對話的進行，來透露講話人的格調或狀況。

十二、勿杜撰不當副詞

　　以中文為例，動輒加個「地」字，不但累贅，而且不自然。「非常高興地看到你」不如「很高興看到你」，「熱烈地慶祝」不如「熱烈慶祝」。

十三、讓讀者確知誰在說話

　　如果你不指出誰在說話，對話會令人完全茫然若失。對話的斷句必須自然，就像真正的講話一樣。說者停下來強調的地方，或他要換口氣的地方，才是自然的斷句之處。

十四、避用華麗字詞

　　手頭有一元可用的字，就不要去用一百元的字。華麗字詞的取捨，耳朵的作用很重要，多讀多聽，才能善加判斷。

十五、勿濫用方言

　　最好的方言作家大體上都吝於發揮其特長。他們儘量少用而非多

用不合常規的變體語文，也因此而饒了讀者，同時也得到讀者的信服。

十六、清楚明白

　　清楚明白未必是寫作的至高原則或價值，晦澀混沌有時反而造成別具風格的文學效果。不過，由於寫作就是溝通，清楚明白只會是一項優點。我們甚至可以要求：「請晦澀得清楚明白！請狂野到讓人能夠理解！」當你陷入一個句子中而亂到無以自拔時，最好從頭來過。通常的毛病是：句子的結構在某一點上，變得太過於夾纏了，這時必須把句子裂解，由兩個或更多短句來予以取代。當你說某些事時，宜確定你真的說出了它，而我們的確說了它的機會並不怎麼多。

十七、勿插入己見

　　任令己見四處隨意散播，會讓人對作品產生自我、自大的印記。如果你收到某家貓醫院開幕的邀請函，請你去演講，而你卻一向討厭貓，那麼你予以婉拒的回函，無須把你的愛惡和盤托出。請記住：人家是請你去致辭，而不是想要知道你對貓的意見。事情得要搞清楚。

十八、比喻只宜偶爾為之

　　比喻乃是常見的手法，但若比喻連番發出，一個接一個，只會讓讀者分心。讀者需要時間喘口氣。

十九、勿圖便捷而犧牲明確

　　現代人愛用縮寫，中英文皆然。英文常以第一個字母來組合：MADD乃是Mothers Against Drunk Driving（反對酒後駕車的母親們）的縮寫，但並不是每個人都知道這一縮寫所代表的意義，何況總有許多人是頭一次見到這個縮寫。在你的文章內首次提到時，最好把全名

寫出，到了後面讀者已經熟悉，才把它變成縮寫，這種做法比較好。有很多縮寫根本只有反效果，原意是想替讀者省下時間，結果卻是浪費他們的時間。

廿、儘量少用外語

　　不論是為了炫學或其他原因，作品中隨處灑滿外語表達，而無視於讀者的感受，實在是個壞習慣。

廿一、寧取常規勝乎奇詭

　　青年作者總是愛新奇，嘗試甚至創造新型表達語言，其實代有其例，也不難理解。新字詞必然要受到生存的考驗，有的活了下來，有些則告消失。不過，在始初階段，新字詞更適合用在談話上，而非作文。廣告業的語言，在現代社會流通極廣，影響亦大。同時，工商業界也各有其語言。法律、軍事和政府用語，大家頗為熟悉。語言永遠處於流動之中，它是一條活的溪流，方向會變，會從許許多多支流吸收新的力量，在時間的淘洗下，老的形式會失落。建議青年作者不要在這個動盪的主溪流中游泳，其實很蠢，也不是我在此處提出一些警告的用意。我的用意是建議大家：面對正式與非正式、常規與奇詭、一般與特殊、正統與異端，新手所犯的錯誤乃是在保守的一面，在業已確立的一面。如果作者保持一個穩健的途徑，平靜地進入英語溪流中，不要四處攪動，則他成功的機會更高。

　　你或許會問：假定說，去實驗遠比去遵從，就我而言，會否更為順乎自然？如果我是一名拓荒者，甚至是一位天才，又當如何？答案為：請便。但可別忘了，看起來像是拓荒的壯舉，可能只不過是逃避或懶散──不想受制於戒律的一種反向心理。寫出優美而標準的英

文，可不是小事一樁，在你確已善加掌握它之前，你將會遭遇到相當崎嶇的荒野，足夠讓那最富冒險的精神，獲得滿足。

章法的最後面目，來自於心智態度者多，出自作文原理者少。某位寫作老手說過：「寫作乃是屬於信仰的行為，而不是文法的耍弄。」最終決定你章法的，乃是你是個什麼樣的人，而不是你懂什麼。

在本書中，多次提到寫作與讀者的關係，重點是要關心讀者，以讀者為念。如果你不相信讀者的智慧，或採取居高臨下的心態，那你是寫不出什麼像樣的文章的。此地不得不提出警告：你對讀者的關懷務必純真，非得同情他們的處境不可，絕大多數讀者泰半時間處於困境之中。但絕對不要去設法想知道讀者的需求為何。身為一名作者，你的責任是在取悅和滿足自己，而真正的作家總是只向一位觀眾表演。一旦你開始去刺探風氣如何，開始去瞄一瞄什麼是時興流行，那你就跟死了一樣。

充滿信念，透過目標所產生的力量來支撐與提升，現在你可以露臉了。身為一名年輕的作者，你得任憑東西南北風吹襲，蒙受一陣又一陣的暴雨澆淋洗禮，突然之間，在眾人之中有一位收到了不朽的禮物。宛如一名穩健的作家一樣，於風風雨雨中怡然自得。感謝那吉祥的一刻，作家將永永遠遠的存活下去。

五　餘音

英文《章法要義》一書，固然影響深遠，但語文學界可也有雜音。據個人上網查閱，女性教授多少受到現代女性主義思想的推波助瀾，對此書表達不滿者似乎多於男性。不過，學術界近年比較嚴厲的批評，可舉英國愛丁堡大學語言學教授喬弗瑞・普爾曼（Geoffrey K. Pullum）為例。二〇〇九年，正逢施・懷本《章法要義》出版五十週

年，英美媒體視之為文化界的大事，多所報導。但普爾曼卻在同年四月份學術刊物《高等教育記事》（*The Chronicle of Higher Education* 55:32）上，發表〈長達五十年之久的愚蠢文法勸告〉專文，痛斥兩位作者所知有限，卻又以高高在上的老闆自居，甚至說「這是把美國頭腦吃掉的一本書。」真可謂是語不驚人死不休！但在網路上青年學生的反應，則又與這些語言學教授大異其趣，學生對這本書有好感者占大多數。

然而，實際從事寫作的作家，對《章法要義》的反應，卻遠比語言學術界的教授們更加友善，喜愛與接受的程度也高得多。美國大小說家史蒂芬·金（Stephen King），在他二〇〇〇年出版的《論寫作》（*On Writing*，頁十一）一書中，明確表示：「現在我可以告訴你們，每一位有心當作家的人，都應該讀《章法要義》這本書。」《時代雜誌》二〇〇一年八月十六日這一期，列出自一九二三年以來，用英文書寫的最佳與最具影響力的一百部著作，《章法要義》列名其中。

但最有眼光與遠見的則是：早在一九五九年，施·懷本首版推出之際，《紐約時報》書訊便在當年六月九日，刊登查理斯·普爾（Charles Poore）一篇獨具慧眼的文章。文中雖對懷特略加嘲諷，說連懷特自己也無法遵行書中所訂的文法規則或標點方式等等，但全文結語則畫龍點睛，鄭重向讀者推薦：

就是這麼一本書。購買它，研究它，享受它。在我們瞬息萬變的時代裡，這是最近乎超越時間的一本書。

──《國文天地》，二〇一八年五月號第卅三卷第十二期

孔子美國蒙難記

　　二〇二〇年十月十六日，美國各類媒體均曾顯著報導：美國國務卿麥克・龐佩歐（Mike Pompeo）正式要求，由中華人民共和國政府出資支持而在美國設立的孔子學院（Confucius Institute），應全部予以關閉。這是美國政府透過最高行政首長所表達的政策指示。

　　類似這種較為重要的政策指示，當然不可能是臨時起意的輕率舉措，總會有一段醞釀程序；而在美國的政治制度下，也不可能全無異議。其實，早於同年八月十三日，國務院即已發佈過一項新聞聲明，其中指出：向中華人民共和國尋求公平且互惠的對待，本係美方的優先政策。「但四十多年來，中方享受了對美國社會的自由及公開之接觸，但對在華的美國人和其他外國人士，中方卻拒絕給予相同的待遇。更有進者，中方則利用了美國的公開性而在本國進行大規模又耗資鉅大的宣傳活動。今天，國務院指定孔子學院係屬於中共的外國機構，認定它乃是推展北京全球宣傳的單位，對美國的大學校園和從幼稚園到高中的課堂都有邪惡的影響。……美國政府要對美國校園內的學生保證，他們對中華語文和文化享有接觸之道，且免於受到中國共產黨及其代理人的操縱。」九月一日，龐佩歐接受福斯商業新聞（Fox Business）訪問，即表示他希望孔子學院本年年底盡數關門，並且指出該學院在校園從事廣泛的間諜活動。《華盛頓時報》十月十四日報導，國務卿龐佩歐與教育部長狄弗絲（Betsy DeVos）聯名向五十州的教育廳長致函，說明中共所支持的教育節目（包括針對中小學的孔子課堂〔Confucius Classroom〕），對美國教室形成了「實實在在且越來越可怕的威脅。」

　　不過，就龐佩歐發出的公開要求，新罕普什爾州（New Hampshire）

的教育官員利用公開聲明回應稱：了解聯邦政府的關切，但孔子學院關掉與否應由大學和教育機構來做決定。充分體現了美國各州的自主權。當然，美國新聞界也有評論謂，龐佩歐此舉，係在替川普總統有意連任做助選云云，此說則不無政治陰謀論的意味，無需重視。

中國方面的回應，主要是指控美方尤其是白宮「惡魔化」中國與美國之間的正常合作計畫。中國外交部發言人趙立堅於十月中旬的記者會上，譴責龐佩歐的聲明，並強調性地要求美方「拋棄冷戰心態」。依然是官言官語，似乎並無意願來理解問題的癥結所在。

孔子學院之設立，可溯源於一九八七年七月成立的國家對外漢語教學領導小組，其後轉為國家漢語國際推廣領導小組辦公室，簡稱「漢辦」，這是中外人士較為熟悉的名稱。在組織上，漢辦直屬於教育部，但與中共中央委員會對外宣傳部關係密切，孔子學院於二〇〇四年正式成立，號稱是「民辦非營利性教育機構」，所有人為中國國際中文教育基金會。凡此種種，不妨視之為於中共特殊體制下該有的安排方式。

至於其經費狀況，依史丹佛大學胡佛研究所二〇一八年所出專書（*Chinese Influence & American Interests: Promoting Constructive Vigilance*，此書係由多名美國中國問題專家編著，焦點置諸中共在美國的影響活動，頁一九五，第四章尤其與本文相關），漢辦提供給美方合作的大學孔子學院創辦經費十五萬美元，其後依合作對象的財務狀況每年提供十至廿萬美元維持費。至於中學級的孔子課堂，創辦費五萬美元，其後每年提供一萬五千美元。依《經濟學人》雜誌之報導，漢辦在二〇一三年的全年支出為兩億七千八百萬美元，為二〇〇六年的六倍之多。另據維基解密（WikiLeaks）之資料，二〇〇九年孔子學院平均預算為每年四十萬美元，資料來源不同，併請參考。此處之所以不厭其煩談到經費問題，其中一大因素係經費乃是中共與合作對象

最見衝突之處，甚至成為學院被關閉的導火線。

世界上的先進國家，頗有一些於廿世紀下半即在世界各地創設推廣本國文化的機構，例如美國的新聞處／中心（USIS）、法國盟友（L'Alliance）、德國歌德學社（Goethe Institut）和西班牙的舍凡提斯學社（Instituto Cervantes），中國之設立孔子學院，大概也有列入先進國家之林的用心！但它與上述獨立機構最大的不同乃是：孔子學院採取共同運作的方式，即它是納入到地主大學或地主學校之內，經費也是雙方共同負擔，由漢辦安排中國的一個大學為合作對象，由中國大學提供教師、課本和相關材料。最出問題的地方在於漢辦與地主學校契約內的兩項規定：一是禁止孔子學院做出任何違背中國法律的活動，二是要求所簽契約需保持秘密，令學術機關的監督造成很大的困難。

美國馬利蘭大學（University of Maryland at College Park）與南開大學在二〇〇四年十一月十七日簽署協議，成立了美國第一家孔子學院。其後，孔子學院的成長速度可謂令人大吃一驚，到了二〇一四年即十週年時，全美已有九十多間孔子學院，包括哥倫比亞大學、史丹佛大學、芝加哥大學等名校。到了二〇一八年，孔子學院已達一百一十間，孔子課堂五百零一處。至於孔子課堂自是以中小學為主，全美第三大公立學校系統的芝加哥學區，於二〇〇六年推展孔子課堂，到二〇一四年學習中文的學生多達八千名，中共總理胡錦濤二〇一一年訪問美國，還持別到芝加哥知名高中參觀其中文教學的實況。（詳見《芝加哥論壇報》二〇一四年二月五日報導）但興旺之餘，危機卻已顯現。就在這篇消息出現之際，美國國會眾議院正舉行聽證會，聽取批評者大力質疑中國政府對芝加哥公立學校行之有年的華文教學的影響。加州大學河濱校區著名的中文教授林培瑞（Perry Link），接受《論壇報》訪問時，就很不客氣的反駁道：「幹麼把我們的青年人交給一個專制的政府，只因為他們出了經費？何況我們也有足夠的經費來

做。」怪不得史丹佛大學二〇一八年的專書談孔子學院的一節首句話即謂：「在整個美國與中國的教育交換中，最具爭議性者之一就是孔子學院。」

整體的情勢如此，一般人應當也會感受到關閉孔子學院勢在必行！即便在二〇一八年十二月，中國已於全世界一百五十四個國家與地區建立了五百四十八所孔子學院，一千一百九十三處孔子課堂，學員人數多達一百八十七萬人。但不出幾年，這麼了不起的統計竟然大見失色！特別是在美歐較為進步的國家。何以致之？

二〇一四年，可以說是孔子學院興衰史上頗具關鍵性的一年。一方面，中國漢辦將每年的九月廿七日訂為「孔子學院日」，自二〇一四年起算。但另一方面，美國有兩間名校卻於同年正式關閉孔子學院，芝加哥大學在二〇一四年九月廿五日宣佈，賓夕凡尼亞州立大學於二〇一四年十月一日宣佈。

芝加哥大學的關閉，尤其引起美國學術界的重視。筆者因地緣關係和資料收集的方便及完整，將以芝大為例加以說明。二〇一四年五月，芝大有一百零八名教授聯名提出請願書，表達對該校接受由中國政府資助的孔子學院之設立，至表關切。認為這不啻是把教授僱用、課程內容及規劃，割讓給中國漢辦主管的孔子學院。並具體要求於五年合約到期的九月廿九日予以關掉。芝大對《解放日報》訪問當時漢辦主任許琳（一九五四年生，副部級官員）的文章，至表不滿。芝大評估此事的三人教授小組建議，不妨續約，但唯獨在中方業已做出重大改變後方可。改變包括由漢辦聘用的三名講師全部去職，而代之以直接由芝大東亞系雇用的教師，並且明明白白表示，漢辦不能享有孔子學院預算的逐項否定權。

芝大人類學教授馬歇爾・沙林士（Marshall Sahlins）曾發表長文批評該校與中國人民大學簽訂的協議（"China U.", *Nation*, Oct 30,

2013）光從他的文章標題，即可看出「中國大學」的諷刺性。其重點在於指出：「協議的兩造將視此協議為一項機密文件，若無另一造的書面同意，任何一造皆不得予以刊印，透露或公開其內容，也不允許他人如此做⋯⋯協議第五條規定係要求孔子學院的種種活動，應符合中國的習俗、法律及規定，連同地主國的機關狀況。」當時擔任芝大孔子學院主任的楊大利副教授表示：芝大成立孔子學院，把秘密條款刪除，乃是漢辦的一大讓步。不過，芝大傑出的宗教系教授布魯斯‧林肯（Bruce Lincoln）身為請願發起人之一，他對該校停止與孔子學院協議所做的聲明，卻鄭重其事的表達其欣慰之情：

> 凡是具有學術重要性的事務，本校一向以來皆秉其核心價值與教授治校為指導原則。⋯⋯我的理解是，校方行政當局感受到了一項緊張情勢，一方面是中國合夥人，另一面是學校的教授。事件的發展顯露出，前者（指中方）重手重腳，高高在上，且又難以相處；後者（指教授方）雖說有時也難以相處，當他們反對成立孔子學院時，其論述卻精確地代表了大學機構的核心價值。

他隨後又表示：

> 依前述分析，則使得做出決定更形容易，即便在財務上會有某些損失。⋯⋯我的確認為，到了最後我們校方的高層主管，不僅護衛了我們學校的尊嚴，而且也護衛了所有學術性機構的尊嚴。

沙林士教授另有一篇長文，而標題逕自取為〈孔子學院：學術濫貨〉

（見《亞洲太平洋學報》〔*The Asia-Pacific Journal*〕，二〇一四年十二月十六日）。其重點可想而知。

除了個別的學者之外，美國的學術團體也針對孔子學院提出報告。美國大學教授協會（The American Association of University Professors）於二〇一四年六月向設有孔子學院的大學提出呼籲，當時幾近有一百間大學，要求他們重新檢討他們在學術自由方面所付出的代價，這份報告特別提到，「孔子學院係中國政府的一隻手臂，且被允許來忽視學術自由。」二〇一七年美國全國學者協會（National Association of Scholars）就孔子學院進行相當徹底的研究，發表了一份長達一百八十三頁的報告，該報告呼應了教授協會的建議，並具實說明孔子學院應該關閉的四大理由：一、對學術自由的限制；二、缺乏透明度；三、與中國共產黨所控制的機構牽扯太多；四、擔心他們被利用而成為中國「軟權力」或親中共宣傳的工具。不過，本報告的最後結語則謂：就孔子學院而言，並不主張予以關掉，認為只要合乎某些條件即可讓他們存在，例如：透明化；管理權完全屬於地主機構，而不是與漢辦分享管理權；合約內關於所有活動必須合乎中國法律之規定務必刪除。就常人看來，這幾項結語未免太過於一廂情願。將置漢辦於何地？

芝加哥大學百餘名教授簽署提議書一事，曾引起當地媒體的甚大關注，《芝加哥論壇報》於二〇一四年五月四日刊出記者葛羅士曼（Ron Grossman）的長篇報導，標題為〈芝加哥大學教授們要求把中國資助的學院趕出校園〉。其實這一消息也受到歐洲媒體的注意，英國倫敦《電訊報》便指出：中國致力於投射其軟性權力的努力「受到嚴重的打擊」，芝大與賓州大之關閉孔子學院，代表了中國企圖利用政府資助的機構來改善它在世界的形象，大受打擊。《芝加哥論壇報》這篇報導，曾大量引用芝大東亞系榮退教授余國藩的觀點，該報曾想方設

法要訪談在芝大孔子學院任教的三名來自中國的教師，但該校發言人說這三人以英文能力相當有限而未便受訪。該報特別指出，請願書上所有芝大的中國專家皆缺席，唯一例外乃是退休教授余國藩。余氏受訪要點如次：

> 芝加哥大學退休華文教授安東尼・余（Anthony Yu），迄未與來芝大的華文教師相見。但幾年之前，他曾向在美國校園任教的華文教師的大聚會發表演講。他發現只有少數人能說流利的英文。絕大多數人並未受過語文教師的訓練，他們之簽署語文任教計畫，是為了見識見識中國國境以外的世界。
> 「如果他們沒有能力說英文，我們需要他們圖的是什麼？為什麼不在我們本地聘請？」余表示。「有很多華裔美國人具備雙語能力。」……
> 余說，在校園內設立孔子學院，即便它有助於改善中國與美國的關係，其代價也實在是太高了。
> 「即使你向中國只拿了一塊錢，」余說，「你就出賣了你那與生俱來的知識權利。」

依美國新聞界的慣例，一般都會把正反雙方的意見並列。《芝加哥論壇報》這篇報導，自也訪問了時為芝大孔子學院主任的楊大利（Dali Yang）政治學副教授。他當然為任職單位辯護：

> 他（指楊）認為，本校教授同仁的關切，並無根據。選讀孔子學院所提供課程的學生，不可能成為宣傳的犧牲品。他說。
> 「芝加哥大學的學生有可能被洗腦嗎？」楊說。「一個有政治意味的信息他們當場就會認出來。」

此處沿著楊大利的思路，而來稍微一談本文較少涉及的中學孔子課堂的情況。珍妮弗・胡伯特（Jennifer Hubbert），乃是奧勒岡州之路易士・克拉克學院（Lewis & Clark College）的人類學家，她曾就美國西岸一間中學的孔子課堂從事研究。在一篇學術論文中，她刊佈了一份針對某位學生的錄音訪問。這名學生說道：「在教室裡頭，當提到天安門廣場時，我們大家全都面面相覷。老師們（按指大陸派來的中文老師）大談這個廣場多麼美麗，是值得去拜訪的地方。但這卻像是，稍等一下，這是怎麼回事，我們是不是漏掉了某項要點。」即使是從一個中學生的眼光中。也可以看出不論是大學的孔子學院或是在中學的孔子課堂，都已走向終結的命運了。

其實，瑞典於二〇二〇年四月下旬，即已將境內所有孔子學院及孔子課堂全部關閉（見中央社二〇二〇年四月廿三日電）。二〇二二年七月廿五日，時正爭取成為黨魁及首相的前英國財政大臣的蘇納克（Rishi Sunak）表示，他執政後有意關掉英國的卅間孔子學院。但在美國，則另有其特殊之處。美國傳統基金會的創辦人李・愛德華茲（Lee Edwards）於二〇二一年的一篇專欄內指出：「在美國反對孔子學院的聲浪促成左右兩派大團結。這是一個不容小覷的成就。這是美國人必須培養的一種高尚情操，不僅適用於對抗中國對美國大學校園的影響，也適用於目前與中國進行更廣泛的跨世代鬥爭。……沒有這種情操，我們贏不了中國。」（引自二〇二二年七月十七日《自由時報》羅曼〔Walter Lohman〕的星期專論）平實而論，這種說法不無過甚其辭之處。

倒是芬蘭在這方面的經驗，對中國漢辦可能更具有實際參考的價值。美國《世界日報》曾於二〇二二年六月十九日報導：芬蘭國家廣播公司披露，赫爾辛基大學副校長斯內爾曼（Hanna Snellman）表示，北京當局希望繼續補助孔子學院，對北京的詢問，該校說我們不予考慮。

該校孔子學院成立於二〇〇七年，根據合約，赫爾辛基大學遴選孔子學院院長，並支薪，中國政府則指派副院長並負責副院長及三名中文教師薪資。斯內爾曼表示：我們希望遴選我們自己的師資，自行聘任，也希望中文教學以研究為基礎。瑞典和丹麥已關閉境內孔子學院。該公司取得之資料顯示校方發現副院長的角色並非學術性質，且與中國大使館關係過於密切。最後一節對中國而言，不啻是當頭棒喝！

美國大學紛紛中止與孔子學院所簽訂的協議，甚至也引起美國聯邦參議院的注意而加以調查，依該調查報告，美國大學中止協議的主要理由為：一、對學術自由的關切；二、擔心中國政府可能藉以伸展其影響力，而對美國的國家安全產生風險；三、二〇一九年下半新冠疫情擴散後，實際作業益加困難；四、有意維持美國國防部行之有年的中文課程，連同其他依法由美國政府提供經費的中文課程計畫；五、為數不少的國會議員鼓動應關閉孔子學院。在類此各種因素的交互作用下，到了二〇二二年年底，美國境內已不再有任何一間孔子學院了。

西方學術界之所以不信任孔子學院，可舉法國《解放報》的一篇報導為例（見中央社二〇二一年八月七日臺北電）。這篇被中共駐法國大使館指斥為「納粹式的宣傳手法」的報導，茲引述其中一段精華如下，讓讀者們品味欣賞得來不易的「納粹風」：

> ……但一位不願具名的大學研究人員表示，他原本相信孔子學院，「我支持交流，我以為如此一來，民主就能在中國傳播，……我太天真了，直到我發現所有教師都是共產黨選派的，他們傳播與事實不符的中國意象，這就是他們的目的。」……據報導，教師也會在課程中灌輸學生「臺灣無庸置疑是中國的一部分」。……

其實，早在二〇〇四年中共決定於全球創設孔子學院時，望重士林的已故中央研究院院士余英時，本著他對中華文化與儒學的理解及熱愛，就曾警告稱：中共此舉，對儒學和儒家而言，實乃「死亡之吻」（kiss of death）！二〇一四年，余教授榮獲首屆唐獎漢學獎，於頒獎典禮上致辭時亦嚴正批評謂：中共之提倡儒學及在全球設立四百六十五所孔子學院，「完全是具有政治目的的宣傳」。

　　時代來來去去，政權起起落落，而作為某一文化或文明的結晶與象徵者，諸如孔子、耶穌、佛陀、穆罕默德等，則比較不受到此種限制。他們並非不能批評，況且在歷史的長河中，也不時遭遇打擊和迫害，卻往往得以蛻化而與時俱進。然而，即使是他們的信徒，也無從把他們拉到身邊成為信徒的資產，大家只能盡其全力真心誠意地走向他們！

──《風傳媒》，二〇二三年三月十六日

無力的天使

美國民主黨的群眾基礎一向比共和黨深厚，但何以在全國性總統大選中，反屈居下風？

　　一七八九年四月卅日，華盛頓首任美國總統。其後有聯邦黨、民主共和黨、輝格黨、民主黨出而主政。一八六一年，林肯以共和黨人獲選為總統，此後便一直分由民主黨與共和黨執政。

　　在廿世紀，如以布希總統本屆任滿為止計，共和黨主政五十二年，民主黨四十年。若以杜魯門繼病逝的羅斯福而任總統起算，民主黨主政廿年，共和黨廿八年。其實民主黨的群眾基礎一向比共和黨深厚，特別是大都會地區。目前國會兩院、各州州長、主要都市，民主黨均佔多數。何以全國性的總統大選，民主黨反而屈居下風？

　　尤其自一九六八年詹森被越戰拖累不再尋求連任，而由尼克森於次年入主白宮，此後除卡特短暫的四年任期外，民主黨人士擔任總統的機會似乎愈來愈渺茫。最近波斯灣的戰事，民主黨人或反對出兵，或勉強贊同，與民意所示不無距離。戰事以速戰速決的方式取得勝利，共和黨總統挾戰勝的餘威，兼以美國民意照例有向成功者靠攏的傾向，民主黨人內心的感受如何，概可想見。

民主黨的形象——媽媽政黨

　　在一個有自由選舉的國家，政黨的形象不是黨本身憑其主觀所能塑造的，而是反映在選民的認識與印象中。美國新聞界目前流傳一個比喻，頗能說明民主、共和兩黨的形象。這個說法以父母親的角色來

作代表。爸爸政黨強調國防軍備，保障人民的生命財產，入主白宮，關心法治與商業榮枯；媽媽政黨重視社會安全制度與醫療保險，當權國會，關切的是健康、營養、福利等與生養相關的事宜。明眼人一看就知道所謂爸爸政黨指的是共和黨，媽媽政黨當然非民主黨莫屬。

更不公平的是：民主黨為窮人、未婚的懷孕的婦女、犯罪者等的權利伸張呼籲，竟在反對者的文宣攻勢，連同媒體有意無意的渲染下，民主黨彷彿也沾染了這些人的缺點，成為抹不掉的標誌。當然，共和黨也不能免疫，副總統丹奎爾始終有形象的問題，就是一個突出的實例。但共和黨的形象問題與民主黨畢竟性質不同。

其實道理簡單不過，政治人物或政黨立意維護犯罪者的權利，理由可以很多，惟絕不等於這個人或政黨本身是罪犯或犯罪集團，但經現代政治廣告的包裝，卻可產生有力的聯想，造成嚴重的形象問題。

保守派學者喬治·吉爾德諷刺說，「單親家長所製造的無非就是犯罪、毒品、暴力、疾病以及民主黨人。」類似這樣尖酸刻薄的笑話，不僅有人傳播仿製，而且還有人真去相信！一九八八年總統大選，共和黨以一則縱容殺人犯威利·荷頓的電視廣告，對民主黨候選人杜卡吉斯造成莫大的傷害，這些都是民主黨在形象上必須去面對的現實。

黨內有派

民主黨內自以全國委員會（Democratic National Committee，簡稱DNC）為主力，但不用諱言，其影響力已日趨降低。一九七二年極端自由派的麥高文敗給尼克森，民主黨鷹派參議員賈克遜發起成立Coalition for a Democratic Majority。一九八四年民主黨二度輸給雷根，實力人物又組Democratic Leadership Council（簡稱DLC）。不幸一九八八年總統大選民主黨為布希擊敗，有人遂又成立Coalition for Democratic

Value，於一九九〇年正式對外活動，這個組織由俄亥俄州參議員莫珍邦發起，網羅北部自由派人士Ted Kennedy，Paul Simon，Chris Dodd，Paul Wellstone，Tom Harkin，Jim Hightower等以平衡DLC，並表示「美國不需要兩個共和黨」。政治總是很現實的，成功了邀功認親的大有人在，失敗了大家便分家分派，事屬人情之常，民主黨何嘗例外。

目前民主黨內最主要的改革勢力仍為DLC，係由南方參議員Sam Nunn，Chuck Robb等組成，民主黨要員Al Gore，Bill Clinton，Doug Wilder，Paul Tsongas等均與之有關。這批人有意減低民主黨的自由傾向，如公立學校內課室祈禱、墮胎等問題；而在國防和財政方面，則採納保守立場。他們自稱為新民主黨人，以別於傳統的民主黨人。目前已號召了四百名以上的民選官員，且於廿州成立分支機構，大張旗鼓，引起全國委員會的側目。

但民主黨內仍有相當部分的人認為：DLC喪失了民主黨固有的意識型態，太過於謹慎，反而不能突顯與共和黨的政策差別。這些人認為仍應重建甘乃迪、詹森時代的聯盟，結合勞工組識、黑人以及新興的婦女運動和環保運動者，甚至主要的利益團體如美國勞工聯盟、全國教育協會等，均應包括在內。

除了前述政客們組成的派系外，另外還有不少次級團體、研究機構等，均有意分食民主黨這塊大餅。由於並沒有一位公認的全國性領袖，當前民主黨的情勢正處於：「秦失其鹿，天下共逐之」的局面。

國會是安樂鄉

目前的第一〇二屆國會，民主黨參議員占五十六人，共和黨四十四人；民主黨眾議員達二百六十七人，共和黨一百六十七人。除了一九八〇年代中期，共和黨曾經短期在參議院取得過半數而外，其餘時

間民主黨於兩院均佔多數。

然而，這種優勢並沒有把民主黨推上執政之路。有些政治觀察家甚至慨歎，八〇年代以前，民主黨內還有所謂總統黨與國會黨的架構，最近幾年下來竟然只剩下國會黨而已。結果是敏銳的立法人才固然源源不絕，但全國性的領袖人物卻屈指可數。

由於民主黨穩居國會多數，黨內的政治人物寧可追求眾院議長、兩院多數黨領袖、黨鞭、重要委員會主席等職位。一則比較有把握，再則競選總統對本身政治生命、政治前途風險太大。何況議員重新獲選連任的比率幾乎高達百分之九十七，只要無大差錯，議員寶座穩當得很。

但是長期未能執政，卻使民主黨不易主動形成全國性的政策，更且為形勢所迫而被動的去因應行政當局。現任眾院議長傅禮曾公開說，「布希總統的目標也是我們的目標，所別者只在方法不同而已。」民主黨民意專家Patrick Caddell對此很不以為然，認為如果沿用這種觀點，則總統大選必敗無疑。他舉三〇年代的羅斯福總統為例，主張民主黨非得經歷一番體質改造不可，否則無所作為。

誰人當廖化

現在距離一九九二年十一月的總統大選，為時並不遠，然而民主黨似還推舉不出一個夠分量的候選人。好事的新聞界甚至諷刺道：可否請推個人出馬競選總統？

已經正式表示擬爭取提名者，目前有前參議員麥高文及曾格斯。麥高文離開要政治舞臺已有一段時間，不久之前才宣布破產，經濟情況顯然不佳。曾格斯自稱是「親商業的自由派」，發布一份長達八十五頁的政綱說明，有意消弭民主黨只知增稅而反商業的形象，用心良

苦，卻遭自由派專欄作家金斯萊挖苦，認為全文充滿法西斯意味，文末甚至譏諷說：「參議員大人，你可不是墨索里尼！」（Senator, You're no Benito Mussolini！）曾格斯機會雖有，但勝算不高。

上屆曾經參選的人士，蓋哈特現任眾院多數黨領袖，寧可坐望議長職位。前副總統候選人班森參議員則心存觀望而被動。曾在南方初選締造佳績的高爾參議員年事尚輕，深恐這次參選可能不利於一九九六年。黑人牧師傑克生的動向仍然值得注意，他雖可獲黑人的高度支持，但很不容易為白人選民所認同。數來數去，仍以紐約州長柯謨最具分量，但不少政治分析家以為一九八八年才是他最好的時機，這次如參選獲民主黨提名機會頗高，但與共和黨的現任總統對壘，則輸面較大。

其他民主黨的要角自以甘乃迪參議員最富資望，但此生似已與總統一職絕緣。其他如哈金參議員據云有意爭取提名，惟全國知名度稍低。年輕一輩如凱瑞參議員、洛克菲勒參議員，重點放在一九九六年。維吉尼亞州黑人州長懷爾德較能為白人選民所接受，但全國性的政治歷練不足。

民主黨雖然體積龐大，盤根錯節，但目前的情況卻是：黨內無大將，誰人當廖化？

無力的天使

外交政策一向是民主與共和兩黨間的黨魂之爭。但證諸廿年來的表現，依長期支持民主黨的《新共和週刊》編輯群的觀點，民主黨確實已經落敗。

在美國外交史上，始終存有孤立主義與干涉主義的分歧。純就意識型態而言，右派比較一貫地偏向孤立主義，但表現於實際政策上，

則界限便不是那麼分明，常有兩相混合的現象。如稱民主黨為孤立主義未免過於簡化，凡涉及人權的地方，民主黨也是樂於當干涉主義者的。不過民主黨的干涉有兩大特點：一是重理想而輕利益，二是偏好政治行動而忽視軍事行動。

理想與利益糾結不清，原屬外交政策的常情。兩者相結合自然最好，但實際上卻往往相左，為了維護國家利益而採取的行動，很可能與價值理想相牴觸，從而在政治上造成相當的壓力。自越戰以來，這種矛盾所促成的壓力愈滾愈大，使民主黨不願意去承擔。以此之故，民主黨不時標出高貴的理想，實際上卻軟弱無力，或是把象徵與文字過度簡化，拿來充作外交的工具。

演變到後來，目的之是否正當，完全繫之於手段的是否正當。任何足以造成苦痛的行動，即使旨在解除人民的苦痛，皆不能言之成理，有如任何苦痛不分性質全是一樣的；一使用力，就跟任何其他暴力一樣。（舉例講，懲罰獨裁暴君，暴君身受之苦，與人民在他暴政下所忍受的苦痛，視為同一性質！中國古語「一路哭何如一家哭」似乎更能曲盡其義）這種心態使民主黨處於非常奇特的立場：他們真誠地反對各種邪惡，但為了打倒邪惡而不得不採取的行動，他們用同等的真誠去反對。《新共和週刊》感慨繫之地表示：民主黨似乎樂於充當無力的天使（Powerless angels）！

具體事例很多：民主黨反對尼加拉瓜薩丁尼斯塔政權的獨裁，但又反對唯一有效的施壓工具；明知格蘭納達政權實施共產暴政，但又寧可任其橫行；譴責巴拿馬強人諾里耶加，但又譴責捉拿他的方式；深惡伊拉克的薩達姆・海珊，但又堅持不應用武力把他趕出科威特。

軍事行動並非總是恰當或合乎道德的，但有時的確如此；目標並非總可拿來為手段辯護，但有時也確實如此。美國選民目前已有一個刻板印象，認為民主黨懦怯不敢動用美國的兵力。這真是歷史的反

諷，第一、二次世界大戰、韓戰、越戰等美國史上大規模的戰爭，全係民主黨總統任內介入的。追究起來，目前民主黨的大多數政客難辭其咎，且涉及民主黨外交政策上歷史性與哲學性的預設，今後恐怕非得好好檢討一番不可。

勝利別無代替品

當然，民主黨人或許反駁道：美國人根本不關心國境以外的事，外交政策雖有問題，但內政政策可還相當健全，何況總統選舉應側重內政而非外交，這些話自亦言之成理。然而在政治上，執政是沒有別的東西可取代的。民主黨人與其去批評共和黨利用波斯灣戰爭的勝利而壟斷了美國人的愛國精神，何如自己站在勝利的一邊更風光些！

勝利是沒有代替品的。

——《時報週刊》，一九九一年六月廿九日至七月五日

族裔輕蔑語的敏感性

從本星期一（三月卅日）起，以迄本文撰稿時為止，三天來，芝加哥地區最熱門的新聞，不是什麼軍國大事，也不是任何市政要聞，而是芝加哥戴利市長是否說過一句族裔輕蔑語。電臺的講談節目整天談它，電視新聞一再播出相關的消息，報紙把它登在頭版，市長本人除了第一天透過電視否認外，第二天接受電臺訪問，下午還舉行正式的記者會，情緒激動地嚴辭駁斥這項傳言。在沒有重大新聞的日子裡，此一「小事」，竟亦成大事一樁，可算是自由體制民主社會下的一段橫切面，不妨稍加剖視。事情的經過大致如次：

《芝加哥論壇報》專欄作家約翰・卡士（此人曾任市政記者，名專欄作家麥可・羅逸科去世以後，由他接棒，仍然占據該報週日第三頁左邊約四分之一版面），在星期一的專欄中指出，今年聖派翠克節遊行皇后，在接受卡士的電話訪問時提到，她赴市政府新聞室拍照時，從身後聽到市長稱她為dago queen，這位年方廿的大學女生隨即走向市長，半開玩笑地問市長：「你說什麼？我可聽到了。」戴利市長剎時面紅耳赤，然後以一陣格格的笑聲掩蓋過去。按聖派翠克節是愛爾蘭人最重要的節日，美國大都市多於此日舉辦盛大遊行，地方政要無不設法於遊行中露面。今年芝加哥選出的遊行皇后具有義大利裔的姓，而dago是對義大利裔人士表示輕蔑的語詞。市長發言人則向卡士否認戴利說過這種話。

該文見報後，遊行皇后接受電臺訪問時，否認有這麼一回事，她的母親更是面對電視鏡頭含淚指責報導不真實。戴利市長本人在記者會上鄭重表示：「我不能容忍而且你們也不應容忍的是：把造假當作事實。」但專欄作家卡士則一連三天為文敘述原由，《芝加哥論壇報》

也表明支持卡士。把整個事件予以濃縮，便成為：專欄作家寫遊行皇后說市長曾經如此說過。在這個過程中，誰在說謊呢？遊行皇后本人否認說謊，她母親稱絕對沒有人向她們施加壓力，市政府說從未與皇后及其家人為此事而接觸，卡士則把他與遊行皇后之間的對話生動記述出來。該相信誰呢？

不容否認，就大都市論大都市，戴利主政下的芝加哥，的確是一座管理良好的大城。個人不相信這件「小事」會嚴重損害市長的聲名與政績。「小事」膨脹到這麼大，市長也如此重視，竟需設法加以「危機管理」，正好說明了族裔輕蔑語的敏感性何其高，尤其對政治人物或公眾人物而言，深怕沾染「政治上的不正確」（politically incorrect），成為眾矢之的。戴利市長自己也承認，他不是一位能言善道、雄辯滔滔的人。過去曾經說溜過嘴，聲稱芝加哥需要一位white mayor（白人市長），後來發現失言，乃以諧音wet mayor（濕的市長）自我解嘲！不久前伊利諾州舉行民主黨初選，州長候選人之一非洲裔的羅蘭・柏里斯，在向黑人集會致詞時，攻擊其他三位候選人為unqualified white boys，立刻引起強烈抨擊，使得他不得不道歉。

對居住美國的華人而言，最好也要瞭解族裔輕蔑語的嚴重性。叫波蘭裔的人為Polack，稱義大利裔者dago，都是不妥當的。不論是與黑人或白人在一道，提到黑人時千萬不可名之為Negro, Nigger，今天恐怕要多用African Americans，少用blacks。在某些情況下，以broad稱呼女性，是會招來白眼的。當然，如果別人指著我們稱Chink, Chinaman，除非聽不懂，否則應正告對方：請莫用這種ethnic slur。為人父母者或許有過這種經驗，與自己在美國成長的子女交談時，如果我們提到東方人時說Orientals一字，子女們很可能糾正父母：應該說成Asian Americans才妥當。在這方面，真還應該多聽下一代的忠告！

在實際的生活中，族裔輕蔑語是無法完全消除的。國人稱西洋人

067

為「洋鬼子」，稱日本人為「日本鬼子」，廣東人喜以「鬼佬」指洋人，叫韓國人為「高麗棒子」，甚至久居美國，叫美國人為「老外」，嚴格講起來，都有點不妥。其實各省籍的人，也往往有輕蔑語來稱呼其他省籍的人，例如「九頭鳥」之類的。在臺灣，罵外省人為「外省豬」，外省籍退伍老兵為「老芋仔」，閩南人對客家人有偏見，認為是奸詐的「客猴」，客家人反擊稱對方為「福佬屎」，皆屬同一類型的輕蔑語，總宜少用為妙。

使用族裔輕蔑語，還有一點不能不瞭解，那就是「內外有別」的原則。舉例講，黑人（照理應稱非洲裔美國人，但實在有點累贅）小孩彼此間對話，可以逕以Nigger互稱，談笑自若，戲謔如常，但如果外族裔的人依樣畫葫蘆，也用上這個字，那可非打一架不可！千萬得小心。

除了族裔輕蔑語之外，個人甚表反感的還有與性別、性相關的用語。當今美國青少年用語中，四個字母的fuck實在太過於泛濫，電影電視及繞舌歌曲的歌詞中，多到令人生厭！如果臺灣的政治人物滿口「幹你娘」（民進黨草根性濃者即有此病）、「他媽的」（某些外省籍人士隔兩三句話，即加插這個口頭禪），藉此以達成某種訴求，實在也太下流了。世人不僅應該對族裔輕蔑語有所敏感，對侮辱女性、胡亂指涉及性的用語，同樣應該予以摒棄。

——《美中新聞》，一九九八年四月三日

也聽聽七歲小女孩的觀點

　　美國柯林頓總統，於中國大陸時間六月廿五日（星期四），抵達古都西安，展開為期九天的訪問。這是一九八九年六月天安門事件發生以後，中國所接待的最重要國賓，相信也是柯林頓就任總統以後，最重要的外交之旅。美國新聞界早於他正式啟程前，多已紛紛報導這件大事，幾乎可以說無日無之。六月廿九日這一期《新聞週刊》（正式面市則為六月廿二日），更推出以中國為主題的特別報導，從各種層次和角度分析探討這次訪問。

　　各界這麼重視，一方面固然由於這是九年來頭一位美國元首踏上中國國土，另一方面也是因為在出訪之前，美國的國內政治，為了中共政權是否涉及非法政治獻金，柯林頓批准軍事科技外銷中國是否危及美國國家安全，早被炒成熱門新聞。他如中國大陸的宗教自由問題，西藏問題（第三屆西藏自由音樂會於六月中旬在華府舉行，吸引了十餘萬群眾，且絕大多數為青年人），國會眾議院又於最近連續舉辦有關中國一胎化政策之執行、人體器官交易等的聽證會，脫離大陸的人士所作聲淚俱下的證詞，尤其令人動容。眾議院在六月十日晚間，以四百一十一票對零票的紀錄，通過「要求中國宣示放棄對臺灣使用武力」的決議案。這些雖然對行政部門並不具有拘束力，但卻含帶高度的政治意義，而且有些——例如放棄武力的決議案——甚至可能被白宮妥為運用，當做應付北京的張本。

　　傳統上，美國總統的外交政策，比較容易取得民主、共和兩黨的超黨派支持。惜乎這次中國之行，反而見到共和黨保守派與民主黨自由派聯合起來，共同施壓，雖則著重點各有不同。眾院議長金格瑞契甚至與一百五十一名議員一起建議取消這次訪問。保守派視中共政權

為一大威脅，自由派則強調應在中國大陸建立自由民主體制。其實，冷戰結束以後，尤其前蘇聯於九〇年代初崩解，美國在國際政治上一時失去了可以凝聚共識的「敵人」，短期間彷彿使各類政治人物喪失打擊的目標，作為僅存的唯一共產大國之中共，即使事實上北京已對共產主義陽奉陰違，但在意識型態上既然不肯脫掉這一臭外套，加上中共政權的一些作為也有引人疑慮的地方，把中共視為假想敵，無寧是頗為自然的發展。自北京的立場講，這根本就是「抹黑」（西方學術界、新聞界稱之為「惡魔化」），然而中共既已被看成是一個竄升中的強權，這恐怕是必須繳的學費，《時代週刊》這一期（六月廿九日）談中美高峰會，總標題赫然就是：〈中國有多壞？〉「壞」字還特別以紅色印出。

依筆者看來，柯林頓行前引發的一些爭議，例如同意在天安門一側接受中共國家主席江澤民的正式國賓歡迎禮，便招來很多批評，認為這不啻是「認可」北京政權在天安門事件中的屠殺暴行，有人甚至主張若不更改地點，乾脆取消訪問算了，像這種細枝末節，何必聯想力如此豐富！更何必因此而取消這麼重要的訪問！當然，政治領袖的一舉一動，往往帶有很高的象徵性，雷根總統訪問德國時，前往葬有納粹戰犯的軍人公墓獻花，不也造成不小的一場風波？日本首相赴「靖國神社」（埋有二次世界大戰的日本戰犯）敬禮，北京還不是抗議連連？然而，最近義大利總統訪問北京，同樣於天安門受禮，但他事前先赴天安門致哀，不是露了一手政治領袖的創意嗎？

不僅在美國本土，連西歐一些國家的政治評論家，也頗有人批評柯林頓這次訪問中國乃是「姑息」，甚至說成是「叩頭」，坦白講，未免是過甚其辭了，甘乃迪總統在著名的就職演說中表示，我們（指美國）不會出於恐懼而去談判，但也不怕（恐懼）去談判。以此為衡量，個人實在不以為柯林頓有什麼「姑息」之處。何況從另一個角度看，

柯林頓訪問首站西安，中共以隆重之極的唐代古禮歡迎他，依《芝加哥論壇報》駐華記者在西安的報導（見六月廿二日第一部分頁一、頁九），當地不願具名的居民某君便嗤之以鼻，認為類此安排有辱國體，「使人覺得柯林頓是全球大皇帝，來這裡檢閱他的一支部落。我們人口多達十二億，即使這樣，我們也只是他部落的子民。」話語中含有頗強的民族主義意味，中共向來縱容民族主義的情緒，但這乃是雙刃劍，用之不善，是會傷到自己的。

　　一九八〇年，卡特總統競選連任，與雷根的電視辯論中，談到國際關係時，竟脫口而出引述他女兒的看法（女兒時為中學生），一時傳為笑談。國際政治錯綜複雜，自不易為少年人所理解，其見解有何價值，當可想見。這次柯林頓總統訪問中國事，筆者閱讀過為數不少的報導、資料和分析，印象最深的竟是一位七歲小女孩的話。《今日美國報》的創辦人紐哈斯，六月中帶了一位七歲小女孩去登長城，紐哈斯事後問她印象最深的是什麼，她答說：「他們不該造城牆來打戰。城牆應該只是讓人爬上去，然後把另外一邊看得更清楚，對不對？」（見《今日美國報》六月十九日社論次頁紐哈斯專欄）造城牆只是讓人爬上去玩，當然是童稚之心，幾千里的長城難道只是兒童玩具嗎？（如果是，也許更好，誰知道呢？）但「把另外一邊看得更清楚」，即便是元首級的外交，也應該以此為目標吧！

——《美中新聞》，一九九八年六月廿六日

傳承與開新
—— 美國總統就職大典的象徵意義

　　每回收看四年一度的總統就職大典，特別是總統換黨和換人時，總是覺得這些儀式充滿傳承與開新的象徵意義。美國的政治體制便在此一精神下，一脈相傳至今已近二百廿五年。

　　二〇〇一年元月廿日正午，於雨雪交加中舉行的典禮，甫任第四十三位美國總統的布希，在他的就職演說內，第二句話便提到傳承與開新（With a simple oath, we affirm old traditions and make new beginnings.）。布希總統之所以開宗明義即予以點出，筆者私下推想，或許含帶了他私人的感懷在內。美國歷史上，父子同登總統大位者，只有一個先例，那就是約翰・亞當斯與約翰・昆西・亞當斯，這一盛事遠在一百七十五年前，並且相隔廿四年，布希父子則只隔八年。這次布希輸掉普選票，僅以些微差距贏得總統選舉人票，且借助於聯邦最高法院五比四的裁定，類似情況只發生在第廿三位總統哈里森身上（其祖父曾任第九位總統），而這也已經是一八八八年的事了。追思前賢，歷史感油然滋生。

　　現年七十六歲的老布希總統，心中自係頭緒萬千。八年前，他頂著波斯灣戰爭勝利的光榮，聲望達到巔峰，沒想到一年多以後，競戰連任居然敗給來自小州阿肯色的年輕州長柯林頓，即使不談他兒子代出一口氣，能以父親的角色親自參加長子的就職典禮，在現代史上，也唯有約瑟夫・甘乃迪之參加甘乃迪總統就任大典差堪比擬，四十年的時光，一瀉而去。老布希曾開玩笑地表示，他問過醫生：有沒有可以止淚的良方？至於其夫人芭芭拉，如站在傳統女性的角色言，丈夫當過總統，如今兒子又入主白宮，人生如此，尚復何求？當然，若從

現代女性主義者的眼光看，勢必更希望見到一位女性總統的宣誓就職，這一開新的重責大任，則有待新女性政治家來實現了。

儀式中最富於傳承意義的，當屬宣讀誓詞時以手覆按的《聖經》。這次所用者為一七六七年英王詹姆士版《聖經》，平日珍藏於紐約。這部《聖經》，曾由七位前總統使用過，老布希手按的也是同樣一本，但更重要的是開國元勳華盛頓係頭一個啟用的總統，傳承的深意無勞辭費。個人不免突發奇想，這次民主黨副總統候選人李伯曼參議員信仰猶太教，且嚴守教規，如果他當選，能否要求改用猶太聖典來宣誓？推而廣之，今後美國如果選出非基督信仰的總統，例如佛教徒或回教徒，就任儀式會不會與時俱變？

當然，一般人和輿論界，注意的焦點還是放在就職演說上面。對總統演講撰稿人而言，尤其是絕大的挑戰。但事實上，令人難忘的就職演說非常罕見。以華盛頓為例，反而是他退位時的道別演講，經常被人引用。在美國史上，屢屢被提到的大概只有三篇：一是林肯第二任就職演說，名句為「對任何人全無惡意，對所有人皆抱慈悲……」；二是富蘭克林·羅斯福的金言：「吾人唯一要恐懼者乃是恐懼本身。」；三是甘乃迪的「不要問國家能為你做什麼，而要問你能為國家做什麼。」其他的總統就任講辭，真是隨風而逝，無人記得。

這次布希的演說只約十四分鐘，共有十四次掌聲，可算是比較短的一篇，從掌聲的強弱與多寡來評比，不能算是反應熱烈，但這似乎是他本人有意低調，並且也合乎布希自己的風格。通篇看來，原則性的陳述多過具體的政策解說，句子均甚簡短扼要，最後一點倒是順乎潮流。依已故經濟學家赫伯特·史坦恩的研究，自華盛頓至布坎南總統，就職演說每一句子的平均字數為四十四字；從林肯到威爾遜總統，降為每句平均卅四字；自威爾遜而後，再降為廿五字。個人雖曾聆聽且細讀布希總統的就任辭，然而無暇計算每句平均字數，但概括

印象則是恐怕少於廿五字。莫非他一開始便奉行「為政為不在多言」？

此外，個人還觀察到一個有趣的現象。過去就職大典帶領祈禱的神職人員比利・葛理漢牧師，這次並未出現，而由他兒子法蘭克・葛理漢替代。老牧師擔任過七屆大典祈禱人，數年前罹患帕金森氏症，行動越來越不方便。比起吉姆・貝克、吉姆・史瓦格連同最近坦承婚外生女的民權運動領袖傑西・傑克生牧師，老葛理漢傳道一生，卻絕無醜聞，私德的高潔實遠在前述媒體名牧師之上。但他們夫婦的兒子，雖然出身美滿的宗教家庭，卻浪蕩不羈，中年以前，成天開著大型摩托車轟東轟西，成為父母心頭一大憾事。沒想到兒子後來如受神的啟示，竟一改故態專研神學，講道極具魅力，好幾年前就被認為是老葛理漢獨一無二的衣鉢傳人。小葛理漢牧師與布希總統的人生軌跡，頗有近似之處，物以類聚，由他來擔任就職大典祈禱人，綠葉紅花，相得益彰。

布希政府的內閣組成，有一部分是他父親時代的重臣，但也有相當比例的新血，正如就職大典所顯示的傳承與開新的象徵意義一樣，他的施政在精神上必然也會遵循這樣的原則。經過多年的榮景，美國經濟的成長正在趨緩，新的世界秩序尚在成形中，新科技帶來的社會變遷，這些都是布希總統必須面對的局勢。祝福布希政府能在傳承與開新之間維持動態的均衡，領導美國向前邁進。

——《美中新聞》，二○○一年元月廿六日

華人移民美國史話

　　二〇〇三年三月廿五至廿七日，全美國各主要城市的公共電視臺，多有播出《華人移民美國史話》紀錄片（原名為 *Becoming American: The Chinese Experience*，直譯：《變成美國人——華人的經驗》）。由於電視臺方面很早就預告本片的播放日期，筆者準時收看，獲益良多。

　　這部紀錄片事涉居美華人，贊助者雖然包括一些美國大公司，但最主要的還是華人公司行號、基金會等。製作、編導、撰稿等方面，也多由華人擔綱。敘述者及兩名撰寫人之一的比爾‧莫約爾，則是在傳播界極具分量的人物，曾於一九六〇年代擔任詹森總統的新聞秘書，一九六五年移民改革法案的簽署，背景放在紐約港濱，以自由女神雕像為背景，當時固然恐怕以公共關係的考量居多，但這部法案在美國移民政策與歷史的重要性，則不容低估。離開公職後，多年來莫約爾製作及主持了許多頗富深度的節目，對公共議題的探討，具有很高的地位。這部紀錄片由他主敘和專訪，真是相得益彰，增色不少。

　　連續三天每天各兩小時的節目，分成兩部分，前九十分鐘為本題，後卅分鐘為專訪。本題部分談歷史的溯源、演進和現況，片中的主要解說者，在東岸是紐約長大的Charlie Chin——以傳統僑社為主，Helen Zia——為一九八〇年代底特律陳果仁案奔走的人權鬥士，出身二次大戰後滯美知識分子的家庭；西岸則是敘述重心，解說者有柏克萊加州大學王靈智教授、西雅圖華盛頓大學英文系主任Shawn Wong；舊金山華埠專研家庭四代歷史的女士（撰本文時一時忘記她的姓名），此外還有名作家湯亭亭、嚴歌苓及中國大陸專攻美國華僑史的學者。當然，也訪問老少華人談其感受。

專訪部分，受訪者計有五人：楊雪蘭，原為紐約廣告業聲譽卓著的高級女主管，後被通用汽車公司網羅，負責汽車廣告，目前活躍於美國與中國廣告界；何大一，著名的愛滋病研究醫師，曾獲選《時代週刊》年度傑出人物；丁肇中，一九七六年諾貝爾物理學獎得主；Gish Jen，女作家，所著《典型美國人》一書，頗獲美國文藝界佳評；林瓔，知名建築師，代表作除人人皆知的華盛頓越戰紀念碑外，阿拉巴馬州蒙哥馬利市民權運動紀念碑，密西根大學北校區波浪草坪造景，也極有特色，林女士受訪時間佔半小時。

一部長達六小時的紀錄片，內容自係相當豐富，可貴的是敘述頗成系統，綱舉目張，對不同時代華人移民的特色，家族生活的特點如強調下一代的教育、父權至上等，也具相當程度的代表性。以下只挑筆者印象較深的幾點來談。

華人移居美國，大約始於一八三〇年代，起初出於經濟性的謀生動機，勞工佔絕大宗。一八六〇年代橫跨美國大陸的鐵路建造，華工貢獻很大，但一八七三年經濟蕭條，形成嚴重的工作競爭，反華情緒在極具成見的有心人士煽動下，華人受到令人髮指的迫害，更可悲的，國會竟於一八八二年通過排華法案，十年後復立新法使禁止華工成為永久措施。直到第二次世界大戰末期，一九四三年，羅斯福總統為向中華民國政府表示友好，待之以明國地位，才予以廢止。在美國政治史上，單獨標舉某一族裔為排斥對象，視之如同罪犯娼妓，華人是唯一對象，對華人地位與形象的破壞，回思起來令人感慨萬千，也悲憤不勝。在排華情緒最烈的時候，卻有一名華人先驅敢於站出來大力疾呼，甚至向排華核心工運領袖Kearny發出公開決鬥的挑戰，此君不知所出，而最終歸宿也無人知，彷彿神龍首尾皆不見，實在是華人移民史上的一則傳奇。

起初華人受工作機會和淘金潮的鼓舞，廣東地區男士隻身來美者

多，男女嚴重失衡，為了爭取家人團聚，同時也夾帶有意赴美者的入境，而美方入境把關遠比對待歐洲移民苛刻得多。為應付移民官的審問，紀錄片中出示了一些類似移民惡補教材的書冊，讓幼齡少年詳記申請人原鄉鄰里的細節，甚至細到某人住左邊第三家房等，此即所謂「文件子女」（paper son，而無血緣關係）。直到今天，有些華埠居民的英文姓與中文並不相配。美國移民官員知悉此情，有時甚至問一些假問題讓對方露出破綻。舊金山天使島移民拘留所牆面上，被拘華人既不能登岸又無法返鄉者留下不少無奈詩句，讀來心酸備至。

另外令人難忘的人物是好萊塢影劇界早期華人女明星黃柳霜（Anna May Wong），她在一九二〇至三〇年代，是當時最出名的華人女星，但受限於美國社會的文化禁忌，她不能跟男主角親嘴或做更進一步的親密行為，於是在劇情上一定安排她死掉，她曾自嘲謂她是銀幕上死過最多次的演員。筆者過去在印刷媒體上讀過有關這位女星的點滴，這次看紀錄片又提到她，畫面上的女星委實明豔動人，卻又不能成為第一女主角，這種華裔女演員的宿命，直到目前似仍未突破，而她回訪中國，竟又不免被詆為醜化華人形象。《花鼓歌》女主角關家倩，演過兩部西片之後，即苦無機會。甚至一九八〇年代大陸來美的陳沖，演過幾部大片，似也轉向導演一路，同樣的，大陸上也有人批評她在洋片中以美色為手段。華人女性在美國演藝界的處境，改善有限。

當然，片中亦有使人為之稱快的地方。有位年事已高的華人（Bob Chinn，據張系國教授告知，即芝加哥最著名同名海鮮餐廳東主本人），於二次大戰期間派赴歐洲戰場打仗，憑其機智救了班下弟兄的性命，贏得屬下的服從與敬意。戰後回美，遇有一些懷偏見的白人譏諷稱：我們犧牲性命為美國作戰，你們華人在做什麼？涼快罷了。包柏卻理直氣壯地大聲回嘴：老兄，你別搞錯，我可跟你們一樣是在歐

洲執干戈以衛社稷過的！歧視者的氣焰，頓然消失。此所以筆者再三
提醒，就目前的美國與伊拉克戰事言，不論你主戰或反戰，一定至少
要關懷戰場上的華裔子弟。

　　專訪丁肇中博士的一段，勾起筆者些許回憶。丁肇中於臺灣成功
大學讀了一兩年後，以原係美國出生，回美入密西根大學就讀，六年
取得博士學位。得諾貝爾獎時，本擬邀居留大陸的姑媽來觀禮，為當
時中共官方所拒，他遂決定受獎時以中文致詞，向全球華人青年傳遞
一些信息。典禮後的酒會上，美國駐瑞典大使還曾向他抱怨，既為美
國公民何以用中文致答？丁博士回稱有選擇語言的權利。他的致詞在
當時的臺灣和北美華人社區曾引起一些漣漪，因為他反對儒家「勞心
者治人，勞力者治於人」的觀點，身為實驗物理學家，他以為理論固
然重要，但動手去做同等重要，不可輕視。丁博士有他美國化的地
方，比如即使再忙，每年也總得趕回母校密西根大學看一場足球賽，
但在接受莫約爾訪問時，依然不忘重提他的受獎致辭，勇於批評中華
文化。受訪歷程中，知之為知之，不知為不知，而又敢向未知探索，
大科學家的風範，筆者於丁肇中博士身上見之。

　　以上列述的，不過是《華人移民美國史話》的片段而已，可談之
處實多。移居他國的人，多少總生活在兩種文化或兩個世界的對比
中，時或擺盪於兩者之間，甚或取捨皆難無所依歸，對於下一代的衝
擊，或許並無軌則可循。但美國畢竟還是一個自由的國土，歧視固屬
難免，社會不公不平之處也所在多有，不過，誠如一位一九八〇年代
以後才自大陸移來的潘老先生表達的：當我搭上飛機時，終於感到自
己自由了，可以自由思考自由說話了！這雖然是老生常談，但近兩百
年華人移民美國的經驗，顯然是個見證。

　　比爾・莫約爾訪問Gish Jen時，問到一個關鍵話題：「變成十足的
美國人，是否得摒棄中華文化？」她的回答是：「如果華人變成美國

人，必須寓含摒棄中華文化，那麼這個假設是錯誤的。」（大意如此，並非一字一句相符的翻譯）看完這部非常值得向大家尤其是下一代推薦的紀錄片，這段回答，不時迴盪在心胸中。

——《美中新聞》，二〇〇三年四月四日

美國黑人的心態及社會問題

　　說來汗顏，在國人之中，筆者算是比較關心美國黑人的處境、成就與社會問題的一位，過去也寫過好些篇這方面的文字。卅年前，散文大家吳魯芹先生，發表過〈眉批美國的黑人文學〉（原登民國六十三年八月十二、十三日臺北《中央日報・副刊》，後收入《師友・文章》一書），多年來，也許由於個人閱讀有限，似乎很少見到類似這樣有分量的談黑人的中文著作。

　　從吳先生的大文中，筆者進而披覽他推薦的黑人作家的作品，其中小說家詹姆斯・鮑爾溫帶自傳性的文集 *Notes of A Native Son*，更是印象深刻。他對身為黑人而在美國社會成長，所遭遇的不公平待遇和種種苦楚，有極為坦誠的敘述，誠如文評家阿弗烈・卡辛指出的，鮑爾溫筆下固然直率之至，但絕不以自我為中心。他也未假裝稱，寫出這些文章，替他帶來了心靈的寧靜，他之寫作，無寧是在宣洩情緒上的負擔，這種情緒依然於他身上燃燒，而讀者閱讀他的文章，心中依然熾熱。當然，每個人看具有影響力的著述，均各有其特殊感觸及聯想，筆者眼睛瞟著"We don't serve Negroes here."的句子，內心卻想起臺灣在國際間受到的極不公平的待遇，感同身受的怒火油然而生。

　　其實，個人也看過事業相當成功的非洲裔美國人的傳記，例如黑人文化業鉅子約翰生的生平《克服逆境》一書。（他創辦的《黑檀木月刊》〔*Ebony*〕是全球行銷量最高的黑人刊物，其關係企業總部設於芝加哥南密西根大道，目前由養女主持事業）近年來在學術界聲譽崇隆的學者康乃爾・威斯特，因與哈佛大學現任校長薩默斯不合，怒而重回普林斯頓大學執教，他較不具學術性但卻銷路最廣的小書 *Race Matters*，則是置諸案頭一字一句細讀過的作品。這位黑人教授十年來

已被視為美國「公共知識分子」的典型，他對當前美國黑人社區面臨的困難與危機，有頗為廣泛而深入的分析。

最近更值得重視的，乃是黑人社區領袖和文化界，正在慶祝柏哈特・杜波伊斯《黑人的靈魂》刊行百週年（*The Souls of Black Folk* by W. E. Burghardt Du Bois）。此書於一九〇三年二月由芝加哥書商出版，面世後風行一時，被認為是劃時代的巨構，作者則被公認係喚醒黑人自覺意識的先驅人物。乍讀此書原序，杜波伊斯居然懇求Gentle Reader耐心讀他的書，或許尚非無意義之舉，態度的謙恭，宛若美國南方傳統的黑人莊稼漢，隔了一世紀後，再讀這篇序言，使人生異樣之感。但書中對前輩黑人領袖如卜克・華盛頓等，卻又批評指責措辭激烈，露出了作者革命情懷的一面。

按杜波伊斯一八六八年生於麻塞諸塞州，一九六三年在非洲迦納以九十五歲高齡去世。一八九五年得哈佛博士學位，是專研美國黑人社會問題的先行者。對一九〇九年全國有色人種促進會的成立（簡稱NAACP），貢獻良多，且曾長期主編該會會刊。但晚年竟與該會脫離一切關係，立場益趨左傾，在一九五八年得列寧和平獎，三年後加入共產黨並遷居迦納。事實上，杜波伊斯的政治傾向，在他給《黑人的靈魂》五十週年版的序言中，便提到過，他寫本書時，忽略了重要的兩點：一是佛洛伊德對心理學研究的影響，二是馬克思對現代世界的浩大衝擊。不過，黑人作家因為自身處境使然，很容易左傾，另一位名作家理查・萊特，就曾刊出他年輕時代加入共產黨後來覺悟脫離的經過，此文對日後黑人民權運動領袖人物，似乎發生了某種程度的免疫效用。

以上所言，主要是比較嚴肅且多少夾帶歷史反思意味的解說。取來與眼前實際呈現及發生的狀況相映照，對美國黑人社區的問題，希望會有更加中肯的體認。

最近一個月來，黑人社區最熱門的兩項新聞事件可以說是：洛杉磯湖人籃球隊主將柯比‧布萊恩涉嫌強暴女性疑案；其次為重量級拳王麥克‧泰森宣佈破產（事實上，泰森過去也發生過強暴案，並被定讞且入獄服刑）。布萊恩的案件，目前還處於初步階段，原告被告各有說辭，一方說是經過同意的性行為，一方說是未經最後同意的強暴犯行，由於被告是運動界的天王巨星，備受新聞界炒作，報導甚多，此處無需重述。但這兩件事，都會多少涉及黑人的形象，而黑人社區又有一種相當普遍的觀點，即黑人一旦功成名就，很容易會被各種勢力（甚至說成是陰謀）拉下馬，進行人格毀損及謀殺，最終目的便是在打擊黑人。這種心態是否合乎理性，自有商量之處，但客觀的現實卻是，黑人社區具有強烈的莫害了自家兄弟的共識，在外人看來或許有「護短」之嫌，但這的確是他們的看法。

至於拳王泰森，由於他長期以來行為乖張，屢見暴力傾向，甚至有拳賽居下風時，竟然親口咬下對手另一黑人拳王賀利菲爾的耳垂，令人不恥，因此他這次宣佈破產，連黑人社區似亦不寄予同情。從事職業拳擊廿年，泰森賺進大約三億美元，但他的消費型態，誠屬漫無節制，豪宅、名車、鑽石不必談了，據《紐約時報》報導，泰森兩年間花在手機和呼叫器的費用，就高達廿三萬美元，實在是太誇張了。當然，黑人拳王力盡體衰，到頭來一文不名者迭見先例，拳擊史上著名的喬‧路易，同此結局。黑人專欄作家雷南‧庇茲檢討泰森破產事，即逕指殊無意外可言，他的人格早已破產多年，再花多少錢也買不到尊敬！

美國少數族裔，為了擺脫貧窮和提升社會地位，往往以下一代的教育為關鍵手段。比起其他族群，黑人在這方面的表現，明顯不同，坦白講，即比較差。史丹佛大學心理學家克勞德‧史提爾，秉其十餘年的研究，發現黑人學生比白人學生成績約低十至十五分。六、七年

前，克里夫蘭市一個富裕郊區高中的黑人學生家長，鑒於自己子弟學業不如同校白人學生，而彼此的職業、財力等均極相近，子弟功課表現卻有相當差距，遂合資邀請柏克萊加州大學人類學家約翰·歐格布來進行研究，成果不久前出書，部分家長對結論不太高興，因作者率直謂家長有其責任。誠如歐格布應《紐約時報》訪問所說，問題分兩半，一邊是整個社會和學校，另一邊則是黑人社區。他又表示：這些出身醫師律師家庭的小孩，想法跟父母不同，叫人吃驚。他們對父母的成功一無所知。他們把貧民窟的饒舌歌手當模範，崇拜娛樂界明星。父母忙於工作，提供小孩一切東西，但他們並未真正去指導子女。

前段的結論，與常識性的了解有何差異？但黑人社區另有特別的現象，卻是其他族群罕見的。其實早在一九八〇年代，歐格布和同僚席格尼西亞·福旦便曾提出一項大起爭議的觀察，即有相當多數的黑人學生認為，學業優良彷彿「舉止有如白人」，而力加排斥。其實照筆者所知，黑人小孩學鋼琴、小提琴，也常遭受同樣壓力。很難想像猶太人、亞裔、拉丁裔會有這等現象。《芝加哥論壇報》黑人專欄作家克拉倫斯·佩吉公允地指出（見八月三日第二部分頁九）：黑人青少年此種心態，影響多大，固然無需誇大，但也不容低估。最重要的是有如他的文章標題所示：黑人父母必須教導他們的兒女追求成功。

——《美中新聞》，二〇〇三年八月廿二日

美帝國主義？

　　小時候，住臺灣屏東濱海村莊，常常偷聽中共政權對臺灣人民的廣播，不時聽到女播音員用高昂的聲音，以一種獨特的「革命腔調」，指斥「美帝國主義」，或簡稱為「美帝」，與自己生活週遭環境所承受的美國形象，產生絕大的反差。最近，「美利堅帝國」、「美國帝國主義」等詞語，出現於各類媒體的情況，又多起來了。

　　經過數十年時間的嬗遞，當然，同一名詞產生了不同的感受和含義。過去中共所做的指斥，政治宣傳及攻擊的味道，濃厚之至，連略識之無的少年，也不難加以辨識。近來American empire, American imperialism等字眼的流行，則多見之於學術界、輿論界的論評。自從蘇聯共產政權解體後，美國成為世界的唯一超級強權，其權勢與影響力無遠弗屆，尤其二○○○年打阿富汗戰爭，該國神學士政權隨即瓦解，二○○三年春，再次發動伊拉克戰爭，海珊政權短期內即告崩潰，顯然美國不僅在軍事權力方面具有這份能耐，而且更重要的，在政治外交方面還帶有貫徹其決心的強烈意志力。實際能力與意志力兩相結合，使美國的行為更加傾向於單行己意（這是筆者對unilateralism的翻譯，一般作單邊主義、一意孤行），把它解析為帝國或帝國主義，遂應聲以起。

　　考察美國以往的紀錄，其帝國主義式的行徑約略可分三期：

　　第一期是十九世紀的版圖擴張，阿拉斯加、路易斯安納購地法案包含的廣大土地，透過購買方式取得。但加利福尼亞、內華達、猶他、新墨西哥、亞利桑納州，以及科羅拉多、懷俄明州的一部分，則係一八四六至一八四八年美國墨西哥戰爭的戰果，當時詹姆斯・波爾

克總統誘使墨西哥跟美國打仗，重點在取得加州列入美國領土。

第二期以一八九八年美國與西班牙戰爭為中心，波多黎各、古巴、關島、菲律賓落入美國口袋。這股擴充心態延續到西奧多‧羅斯福總統（國人多稱他為老羅斯福，以與推行新政復興美國並領導第二次世界大戰的富蘭克林‧羅斯福區分，但「老」字易生錯誤聯想，事實上一九○一年九月他繼被刺殺身亡的麥金萊而任總統時才四十二歲，是迄今為止最年輕就當總統的人）。他的名言「手持大棍，說話輕聲細語」，傳誦至今。他把門羅主義加以修正，拉丁美洲遂被視同美國後院。夏威夷之納入美國版圖是他的另一大功業。不過羅斯福本人的擴張心態，晚期有所收斂。後來的威爾遜總統更提出極富理想性的十四點和平計畫。第一位羅斯福，乃是當今布希總統最表心儀的前輩。

第三期則為二次世界大戰戰後，美國是唯一歷經戰火洗禮而國勢更增的強權，戰後短期佔領日本、德國，且有頗長一段時間與英法合佔西柏林，與蘇聯佔領的東柏林分庭抗禮。其後冷戰期間的長期對峙，益使美國地位及影響力遍及全球，在亞洲直到現在仍於南韓駐有重兵。但冷戰期間，美國固屬龍頭，仍得大量依靠盟國的協助，純粹視之為帝國主義者，其實不多見。

邁入廿一世紀才兩三年，美國在國際上卻屢蒙帝國和帝國主義的譏評。具備強大武力及不惜動武的意願，一般被認為是帝國不可或缺的條件，《經濟學人》週刊更添上兩項附帶條件（見八月十六日頁十九～廿一），即一個上令下行的層級體系，由中央指揮一切，以及長期佔領，如過去歐洲列強和日本之經營殖民地。客觀上，美國的確具有強大武力，其先進、有效與威力，世罕其匹，但動武的意願，平心而論，往往是被動的，若無二○○一年九一一事件，美國願否出戰阿富汗、伊拉克，應可合理存疑。上述層級體系，則與美國聯邦制度不符。至於長期

佔領，事實上布希再三聲明無意長期佔領所攻國家。照前面的分析，則美國被譏評成帝國和帝國主義，原由為何？有無根據？

依個人粗淺的了解，或可話分兩頭。一方面是美國目前主政者的國際行為模式，布希、副總統錢尼、國防部長倫斯斐及手下重要幹部（多為芝加哥大學德裔政治哲學家Leo Strauss的門生），對透過國際組織進行多邊斡旋全都深感無效且不耐煩，美國政治人物無分assertive nationalist或democratic imperialist（暫譯為主動性國家主義者和民主帝國主義者），想法大都近似。紐約外交協會研究員Max Boot甚至認為根本就「不必逃避這個標籤（指被視為帝國），巡防世界乃是美國的命運。」實以美國充任世界警察自居。另一方面則是美國與其他國家尤其是歐洲列強觀點不一致，常生齟齬。冷戰結束後，歐洲與美國的世界觀已呈分離，誠如某些歐洲人所稱：美國人做晚餐，歐洲人洗碗。英國有位批評家諷刺美國好用兵的傾向謂：當你手頭有把鐵錘，任何問題便看起來像顆釘子。（均引自Robert Kagan很暢銷的政論小書《天堂與權力》，筆者數月前讀過，容有餘暇或可另文介紹）強美弱歐的現象，引來歐洲輿論和學術界大力抨擊美國的所謂帝國主義心態。

但話說回來，崇尚自由可說是美國價值的精華，從而演化的民主政治實與帝國主義互不相容。帝國絕非美國之道。何況外有環球輿論的牽制，更重要的，美國社會內部有相當程度的自我反省能力，常能克制政治進程的偏差。要強使美國轉為過去傳統意義下的帝國，連美國人也難以苟同。綜觀世界歷史，不過距今才百來年，一八九四年中日戰爭，中國戰敗，不僅割地還得賠上鉅款。今天美國攻打阿富汗、伊拉克，何來割地之事？除了於交戰同時提供人道支援外，還得耗費天文數字的預算整建當地。如果這是帝國主義，則美國這種不得已的帝國主義者（reluctant imperialist）或許已令國際戰爭的意義改變了。

——《美中新聞》，二〇〇三年九月廿六日

淺介《天堂與權力》

　　學術性的著作，要產生普及性的影響，成為世界各國政壇、輿論界、學術界紛紛討論的對象，除了作品本身的水準而外，時機也是不可或缺的關鍵因素。本文所淺介的《天堂與權力》這部小書，就是一個很明顯的例子。

　　羅伯特‧卡根所著的《天堂與權力：世界新秩序中的美國與歐洲》（*Of Paradise and Power, America and Europe in the New World Order*），自今年（二〇〇三）二月五日出版以來，短期間便重印很多次，極受大西洋兩岸各相關國家的重視，遠東地區則以日本最先加以青睞。據個人所知，美國國內的大學生，對此書表示興趣而予以閱讀的，為數也不少，其間最主要的時機因素，乃是三月十九日，美國正式出兵攻打伊拉克，這一重大國際戰爭事前事後，美國與歐洲國家間的裂縫與爭論，變成全球輿論關注的焦點，正如《紐約時報》三月五日書評所稱，此書誠乃「應時之作」。

　　不過，必須澄清一點，這本「應時之作」，不是事件發生後趕工推出的產品，並非「後見之明」的應景貨，而是於事件發生前即已有的作品，也因此使得它賦有某種先知的色彩。按卡根係卡內基國際和平基金會資深研究員，也是該會美國領導研究計畫的主持人，但他本人居住比利時京城布魯塞爾（寫此書時，其夫人任美國駐比利時大使。），更有利於觀察近年來美歐漸行漸遠的實況。早在去年（二〇〇二）六、七月份的《政策評論》，他便發表〈權力與衰弱〉長文，歐洲聯盟外交首長查維爾‧索拉納慧眼識好貨，把這篇論文傳給主要的策略家和外交官，評為必讀之作。《天堂與權力》一書，實際上即由論文擴充而成，即使成書篇幅也不大（估計譯成中文約五萬字）。筆

者且有個偏見，認為原論文的題目更合乎實際，成書後的名字反而不無譁眾取寵之嫌。

由於是論文擴充而成，因此論文與書中有相當部分的文句是雷同的，筆者兩份作品都讀過，以下所述往往即二者並提。開宗明義，卡根首先指出，大家不要再假裝說美國人和歐洲人享有共同的世界觀，甚至是住在同一個世界。然後，他用不無悚動的句法表示，美國人來自戰神火星，歐洲人出自愛神金星維納斯。據個人記憶，在一九九〇年代，曾有醫學心理學方面的暢銷著作，分析男女之別，即逕稱女人係愛神，男人屬戰神，學術著作要變成熱門，在敘述上需借重流行的想像，或許是必要的法門之一。如用較為中文化的方式來講，意即美國人陽剛，歐洲人陰柔。

但這種現象，絕非歷來如此。卡根追溯大西洋兩岸過去二百年的歷史發展，說明當歐洲列強國勢正盛時，也是相當陽剛的，而美國開國初期，受歐洲列強環伺，國基未固，經常採用弱者的策略，即取間接手段而不敢或無能逕自採行直接手段。兩百年後，雙方的地位更替，觀點隨之互換。尤其是近數十年，美歐之間的權力等式發生了戲劇性的轉變。歐洲列強壯大的時候，他們信仰實力及軍事光榮，今天美國旺了，舉止言行遂以強者自居。從而衍生的不同觀點，即強弱抗衡，自然形成不同的戰略判斷，對威脅的評估有別，如何應付及處理威脅，手段不一致，甚至對利益的計算也有差別。卡根引用歐洲人的觀察，生動說明目前歐美之間的國際分工，此即美國人做晚餐，歐洲人洗碗。話是很俏皮，但主從分際判然分明。

正因為地位及角色已變，對世局的演化就形成相當大差距的判斷。冷戰的結束，歐洲人視之為得以從戰略籌謀脫身的假期，美國人則不如此看。歐洲人見到冷戰的結束，以為是讓和平化為現金的良機，美國人卻認為是權力擴大，責任隨而增加。卡根還深一層解析人

類戰略文化的心理因素，他引用英國一位批評家的話，譏評美國動輒訴諸武力的傾向，「當你手頭有把鐵錘，任何問題便開始看起來像釘子。」卡根表示，此話屬實，但沒有軍事能力的國家卻面臨了相反的危機：當你手頭沒有鐵錘，你就不想有任何東西看來像顆釘子。他還舉例說明強弱之間的心理差距：在森林裡頭遇見一隻熊，你手頭只有小刀，你當然不想驚動他，但求相安無事，但如手上有把來福槍，則你用槍射殺熊的意志力便會強化許多。美國和歐洲國家，在伊拉克問題的認知及其解決之道的分歧，由這個舉例可以多少見出其間奧妙。

照作者的解析，美歐之間觀點的歧出，最重要的理由在於：美國權力大，而且具有運用其權力的意願，必要時甚至可以單行己意，而這構成了對歐洲新使命感的威脅，或許還是最大的一項威脅。卡根基本上認為，美國仍然陷身於歷史的泥淖中，而歐洲經過幾世紀衝突與戰火的洗禮，已經進入後歷史的階段，即德國大哲學家康德永久和平的初步體現。美歐之間，呈現的正是單行己意（unilateralism）與多邊協力（multilateralism）的對比。所謂的歐洲晉入後歷史階段，意即歐洲人已置身「天堂」，這也是後來成書時之所以更改標題的由來。依個人看，此一說法太理想化了。瑞典外長不久前在街頭行走被槍殺致死，比利時法院高懸道德標準要以戰犯起訴美國政要，美國施以壓力即自行撤回，這算什麼天堂？

請容筆者率直反問：現前法國、德國等，在國際外交上處處有意與美國針鋒相對，要不是法、德歷來以歐洲大國自居，自認有能力操控歐洲聯盟，拿來當作與美國抗衡的資本，他們還會如此熱心於「談判」、「外交斡旋」，如此尊重「國際體制」嗎？相對衰弱的國家集團，內部仍有其權力政治，至為明顯。再從另一個角度看，當前世界任一角落發生國際糾紛，請問你仰望誰來出面解決？恐怕大家還是多寄望於美國，這種期待美國的unilateralism，是否也該有所反省與檢討？

《天堂與權力》的確有助於理解當前國際局勢的演變及發展，但相形之下，「權力與衰弱」卻更切題。

——《美中新聞》，二〇〇三年十月十七日

同性婚姻合法化問題

　　美國東岸麻塞諸塞州最高法院今年（二〇〇三）十一月十八日，以四票對三票的比數，作出了一項影響可能極其深遠的判決，即裁定該州禁止同性結婚乃屬違反本州憲法，並要求州議會在一百八十天內，研擬出准許同性結婚的規定。這是繼今年夏天聯邦最高法院，針對德克薩斯州同性男子於私宅有親暱行為，為警方逮捕拘禁及罰款訟案，作出有利同性戀者的判決後，更往前進一步的法律裁決。

　　《紐約時報》十一月廿日發表頭條社論，標題〈同性婚姻的一項勝利〉，第一段即指出，「正如早年法院裁定打擊種族歧視，這次裁決使人感受到一項法律革命正在肇端。」《波士頓環球報》以事涉本州，於判決次日即有社論評析，其立論擔憂多過贊許。《芝加哥論壇報》十一月廿日亦有社論談它。事實上，美國主要報紙和電子媒體，無不用相當篇幅報導和分析此事，新聞界之重視，實已不容置疑，除了闡釋其法律面的連鎖效應外，也頗為強調它在政治上尤其對總統大選的衝擊。

　　論及同性婚姻的合法化，若把眼光擴大到全球，則美國的演進其實比較落後。以法國為例，一九九九年十月，法國國會通過《公民結合約法》，明文規定此項契約，「可由異性或同性之兩人簽訂，以便組織其共同生活。」雖則對同性結合者的權益，尚有不夠周延之處。美國鄰邦加拿大，已於不久前將同性婚姻合法化。美國的步伐慢，主要是民意的反映。十一月十八日Pew Research Center發布的最新民意調查顯示，全美反對同性結婚者高達百分之五十九，比七月間做的同項調查還高。共和黨選民反對者更高達百分之七十八，民主黨選民反對者百分之四十八，贊成者百分之四十六，旗鼓相當。再就對男女同性戀

的贊可態度來區分：東部諸州各為百分之四十八，南部贊同男同性戀者僅百分之廿九，女同性戀亦僅百分之卅二；中西部贊同男同性戀者百分之卅五，女同性戀百分之卅六；西部贊可男同性戀者百分之四十五，女同性戀百分之四十七。

美國的政治人物沒有人敢不重視民意之所趨。布希總統在麻州最高法院裁決公佈當天便表明態度，認為「婚姻係一名男子與一名女子之間的神聖機制」，這項裁決違背了這條「重大原則」，並表示他將與國會領袖及各界人士合作，採取必要的法律行動以保衛「婚姻的神聖性」。共和黨選民將近五分之四反對同性婚姻，布希的回應殊不意外。但共和黨保守派議員們，面對這種發展，則主張應修改憲法，把婚姻明定為男女間的結合，才是釜底抽薪的根本解決之道，布希總統則迄未表達贊同意思，恐怕也是怕疏離了支持同性婚姻的部分選民。

至於民主黨方面，以目前檯面上的總統候選人來說，則情勢更微妙。幾乎每位候選人均於最短時間內便有回應，全都委婉地表達並不支持同性婚姻（民主黨選民支持與反對相當接近，惟反對者仍多出一點），但著重於強調應給予「公民結合」相當於婚姻的平等權利。而 Civil union 權益法案，首先予以正式通過的乃是佛蒙特州，當時簽署該法案的前任州長霍華德·狄恩，恰恰是現在民意支持度第一的民主黨總統候選人。有關共和黨保守派的修憲主張，則民主黨總統候選人全都表示反對。

可以想見，同性戀者和支持同性婚姻運動的積極人士，對麻州最高法院的判決，自是欣喜萬分，有些人甚至說這是他們生命中最快樂的一天，對同性婚姻在美國的合法化，燃起了高度的希望。相反的，反對同性婚姻的一方，則對該判決至表不滿，認為這再度證明了法官主動介入改變社會機制，甚至是變相立法的惡例。值得注意對是，這項新發展，成了凝聚保守派努力積極推展反對同性婚姻草根運動的一

大助力，許多保守派團體誓言將進行全面性的反制活動，他們擔心此例一開，其他州的同性戀運動人士，必然紛紛仿傚，分別向各州提出類似訟案，以求獲得相類的成果。

在形形色色的各種意見中，個人頗為重視一點，即認為麻州最高法院的判決，「文化上」對美國會產生重大影響。基於這點，本文把麻州最高法院首席法官瑪格麗特・馬歇爾女士主稿的判決書，摘錄要點如下（全文長達卅幾頁，《紐約時報》網站可以查閱，又該報另有摘要。筆者挑選幾段，附加其他報紙所刊），供大家參考和思索。

「麻塞諸塞州憲法確認所有個人的尊嚴與平等。它禁止締造二等公民。我們曾經充分尊重州方提出的論證，始獲結論。但它未能明確指出合乎州憲法的適當理由，來對同性的一對之公民婚姻予以拒絕。」

「我們知道，我們的決定，標誌著我們婚姻法歷史的一大改變。許多堅守根深柢固的宗教、認為婚姻應該限於一名男子與一名女子的結合，而同性戀行為乃是不道德的。許多人同樣地堅守強烈的宗教、道德和倫理信念，認為同性的一對有結婚的權利，對待同性戀人士，應與對待異性戀鄰居無所差別。」

「原告方追求的只是結婚，不是破壞公民婚姻的機制。他們並不想廢除婚姻。他們並不攻擊婚姻的雙方性……承認一個人與同性者結婚的權利，無損於異性婚姻的效力與尊嚴，猶之乎承認一個人跟不同種族者結婚，並不會降低同族婚姻的價值。」

「是否結婚及跟誰結婚，如何表達性的親密，以及是否和如何建立家庭——這些全是每一個人的自由與合法權利的根本。」

「把公民婚姻擴張到同性的一對，使婚姻對個人及社區的重要性，益為加強。同性的一對，願意擁抱婚姻之排他性、相互扶

持與彼此相許等神聖責任，乃是在我們法律中及人類精神中，
婚姻具有恆久地位的一項見證。」

判決書中，其實還相當重視同性婚姻子女的權益，恐怕也是麻州最高
法院作出有利同性戀者判決的一大因素，因篇幅所限，未加徵引。但
單就上面摘錄的幾段，多少可以看出思想變化的痕跡。置身現代社
會，不論贊成或反對同性婚姻，均值得細加咀嚼。

——《美中新聞》，二〇〇三年十一月廿八日

以雷根為師

—— 談企業主管的經營守則

近年來企業主管，所承受的壓力愈來愈大，主管該怎麼做才能自存自處呢？

美國總統雷根在內政上的表現頗可圈點，身為領導者，他究竟比別人強在那裡？本文試由其行事態度歸納出幾項原則，提供參考。

最近幾年來，有很多公司主管，往往任職不到一年，就被解聘，引起主管階層心理上的不安。這種現象有愈演愈烈的趨勢。世事如棋，主管該怎麼做，才能自存自處呢？

雷根就任美國總統，外交方面雖仍乏善可陳，但在內政上的表現，委實可圈可點，尤其是稅法的通過，更是一大勝利。本文試從雷根的行為、演講、甚至於一些口號之中，歸納出下列幾點，或可作為主管人員的經營守則。

多帶微笑莫怕老

一、多帶微笑：千萬不要老是板著臉孔。領導者的態度，是會反映到屬下身上的。你如果面露微笑，充滿自信，別人也會報以微笑，而且認為你諸事順利。在人們眼中看來，你就是反映「公司營運狀況」的一面鏡子。

註：雷根遇刺受傷，在要送進手術房時，仍對身旁的醫護人員開玩笑說：「我當然希望各位老兄都是共和黨！」雷根這種幽默感，即使經常非難他的人，也不能不折服。

二、讓屬下了解你所求為何，但務必簡單明確：有很多公司朝太多方向去擴展，結果公司究竟會變成什麼樣子，也理不出個頭緒。其實，重要的是你所求為何——晚近有人稱之為「公司定位」（corporate positioning），然後根據這個來計畫你的成長。用優美簡潔的文字，把計畫寫出來，讓人人都懂。這份「白皮書」就該當作你的宣言，正確說明你想經營的是怎樣一種公司。即便你當主管已歷廿年，公司定位仍舊可以澄清你的意向。公司該如何去做，一旦有所決定，務必堅持下去，廣為宣揚。

註：雷根於一九六四年為高華德競選，當時曾發表一篇重要演講，界定他的基本觀點。此後，雷根的「公司定位」便少有改變。他的口號是：「減稅，加強國防，政府不要干涉。」

三、莫怕老：很多主管發現，等到自己真正明白怎麼去做時，為時已晚，人家認為你已經太老了，無從將它付諸實現。其實，有些智慧惟有經過一番歷練才能獲得，可千萬別拋棄。既然一名年高七十的過氣演員，都可以掌握國家大計；那麼，一位六十五歲而有才幹的主管，也可以經營公司。

註：雷根五十五歲才當加利福尼亞州州長。

明快果斷言辭簡

四、擔任一項新職務時，立即著手去做：讓人家確切明瞭你要朝那個方向走。新官上任，手下的人總是期待會有改變的。你拖得越久，人家越覺得你不夠果斷。事先擬妥行動計畫，上任第一天的第一個小時即分派任務。

註：雷根抵白宮履任第一天，即下令撤換約近一千名聯邦政府各級主管，減少差旅費百分之十五，大量削減與外頭顧問公司簽訂合同

的預算。這些行動雖然不是空前的，但卻極其果斷而具有象徵意義。

五、切莫低估演講的力量：一篇卓越的演講，可以成事，可以救危。對於各方面的演講邀請，應基於戰略考慮，而決定是否接受。如果在座都是有影響力的人士，則一定要發表一篇重要演講。（你的屬下就是極有影響力的聽眾。切記！切記！）

註：雷根其實乃是靠他的聲音入主白宮的。一九六四年，他向共和黨全國大會致辭，點燃了保守主義的火花。一九七六年，共和黨提名福特為總統候選人，雷根又以一篇雄辯滔滔的保守主義講辭，掌握了共和黨人的情緒。一九八○年，雷根以討論未來而擊敗卡特，而其中有許多思想與一九六四年所用者相同。一九八一年七月廿七日，雷根發表電視演說，他的減稅法案贏得民眾如潮水般的支持，此後國會裡面的反對聲浪，乃告消逝。

六、使用能打動人心的簡單文字：有太多的行政主管，講起話來，彷彿他們天生懂得電腦似的。滿口專業名詞，固然使人覺得你有學問，但沒有人了解你在說什麼。平常人談話並不是這個樣子。請記住，絕大數股東都是平常人。

註：雷根與卡特做最後辯論時，他以提出問題做終結：「你現在比四年前過得更好嗎？你現在到店裡去買東西，比四年前更容易嗎？」有些專家相信，這種具有人情味的問話，乃是雷根獲勝的原因之一。

不齊讚美善推銷

七、勿為往事自傷：如果你上次的總經理寶座是被人解僱的，那麼，就忘掉它吧！許許多多總經理也都是被解僱的。

註：雷根每回參加競選，他的對手總以過氣演員稱呼他，企圖中傷。在計算選票時，這一手法全無效果。

八、隨時抓起電話，向人推銷你的計畫，絕不猶豫：人總喜歡收到上司打來的電話，即使這通電話是要求你去做某件事。千萬不要讓別人忘掉你想幹什麼。少用形容詞，形容詞用得越多，人家越糊塗。商界有句老格言：目標在兩個以上，就是毫無目標。使事情簡化，不斷予以重覆。

老顧客和可能成交的主顧，偶而打通電話過去，使他們有意外之喜。我認得一位最成功的廣告公司總經理，他便會打電話給一位可能成交的顧客，說：「老李呀，要怎樣才能做到你們公司的生意呢？過去五年，我們不斷敲貴公司的大門，現在總該開開門，讓我們來代理貴公司這項產品的廣告吧！」這種方式雖然不是屢試不爽，但成功的機會還是高的。

註：雷根把個人推銷術帶進白宮，而且用得很猛。減稅法案獲得壓倒性的通過，足以證明其推銷技巧。眾議院議長歐尼爾也說他是「超級推銷員」。

九、多事讚美，絕不吝嗇：在文明世界，「老板的讚美」，可能是最能叫人捨命工作的動力。寫個賀條或打通恭喜電話，也許花你卅秒鐘，但員工卻永生不忘。

註：雷根運用讚美，幾乎是出諸本能。他的減稅法案，在參議院財政委員會以十九比一票通過時，雷根打電話給該委員會主席道爾參議員，說他「勞苦功高」。讚美使人團結一致，勇於效忠。

授權屬下信賴他

十、把責任授權給你所信賴的人，對他們的決定莫事掣肘：效率最高的主管，保留精力用在重大問題上，細枝末節不去插手。效率較差的主管，成天叫「授權下級」，但人卻被綁在辦公室，始終走不開。

　　註：雷根授權屬下的程度，為白宮多年來所未見。他按時上下班，度假的日期比別的總統長。今年八月，美國軍機打下兩架利比亞噴射機，當時，他那些對本身職位與責任充滿自信的助理，直到第二天早上才通知他。

　　十一、儘量表現真我，而不是去隱藏它：如果你覺得想說「老天哪！」說出來也不妨。別以為你一定要雄辯滔滔，金口玉言。人畢竟是人。

　　註：雷根競選時，有這麼一則動人的故事：某次雷根講完他的競選演說，聽眾當中有位高齡八十的老太太問他：「雷根，你說得頭頭是道。但你會對老人怎麼樣呢？你有沒有把我們忘掉呀？」雷根盯著她看，面帶微笑，然後說：「忘掉你們！老天，我怎麼會忘掉你們！我就是你們當中的一個。」

按：本文取材自《芝加哥論壇報》。

　　　　　　　　　　——《天下雜誌》，一九八一年十一月一日

智能管理
—— 企業經營的新課題

　　《哈佛商業評論》是商學領域中具有領導地位的刊物。該刊所發表的論文，有時會引起熱烈的爭論，有時則預示著某個新趨勢的出現。當然，這一類的文章在比例上遠居少數，絕大多數還是規矩而比較尋常的研究報告。但一有這類論文出現，多少總會引起各界的重視和評論。今年（一九九六）三、四月份這一期，該刊登載了奎恩、安德生與芬克斯旦三位學者合撰的〈管理專業智能：充分運用最佳人才〉，這篇論文或許是企業管理方面邁入新領域的初步成果，值得注意。

　　國民政府退處臺灣以後，為了改造國民黨的組織，以及提升全面的國力，曾經不斷提示「中興以人才為本」的口號，蔣經國總統主政時，「提拔青年才俊」更是再三申說。不過，當時的重點大都放在人才的培成與晉用，對於人才的「管理」，似乎還沒有進化到此一層次，主要是因為社會的進步尚未達到這種程度。但經過幾十年的政經發展，連同商業活動的不斷升級，臺灣也面臨了人才管理的問題。〈管理專業智能〉刊出不久，臺灣的《天下月刊》即譯出轉載，說明了財經媒體顯然已有這份敏感與理解，在掌握最新資訊和感受時代脈動方面，臺灣顯然是不甘落後的。

　　專業智能如何妥為管理的問題，隨著後工業時代商業環境的變遷而浮現。在過去，以工業製造為主導的時期，生產工具比如製造機器等的改進，生產流程如工人作業程序的設計安排，乃係企業管理上的主要課題。但是進入後工業時代，一家公司的成敗，繫於其知識與系統能力者，多過於它的實質資本與機器設備，如何管理人的才智，使

之轉化為有用的產品及勞務，業已成為當前最關鍵性的行政技巧。一般人對才智的培育累積、創造力、革新與學習組織等等，頗表興趣，但有關如何管理專業智能，則甚少受到重視，令人意外。

依奎恩等三人的分析，在一個企業組織裡頭，專業或職業性的才智，分四個層次運作：

一、智識性的認知（know what）指基本的學習與訓練，光憑這點，通常不足以在商業界有所成就。

二、更進一層的技巧（know how），把從書本上學到的理論或知識，轉化成有效的執行，亦即由知而行。

三、系統化的理解（know why），對某一專業學科或領域的因果關係，具有深度的理解。

四、自動的創造力（care why），具備前述條件後，促成個人的意志力、動機以及應變能力，渴求成功。

一般而言，第一、二、三項存在於一個公司或組織體系、資料庫或操作技術之中，但第四項則見之於公司或組織文化中。

典型的專業人士，其行為方式大致以完美為依歸。一個企業的會計部門、醫院、軟體公司、財務分析等專業，說穿了其實乃是就已經高度發展的技術重覆應用，在他們的例行工作中，很少考慮到創造性，而一般人也絕少要求外科醫生、會計師、飛機駕駛員、核能電廠操作員等需要高超的創造力，即使這些人具有創造力，顧客若知道了，也許對他們不敢信任，一名極富創意的會計師，你反而擔心他會把你的公司帳捅出紕漏來！

專業人士多有自我封閉的傾向，對外人或外行的判斷，常常拒絕接受，理由就是對方欠缺專業背景和知識。他們交往的對象以同類人

士為主，從而禁錮在自己的背景與專業價值觀之內，走不出專業的限制，形成自己的小天地，拒絕變化而與顧客脫節。企管學者曾經指出，在現代的商業環境下，有些主管一不小心，便會躲入「公司象牙塔」內而不自知。近十餘年來，醫師控制醫院院務的傳統漸被打破，很多醫生很不願意聽由保險公司或管理階層來告訴他應該如何行醫。

在後工業時代，下面幾點是一間公司得以妥善管理才智的參考，細究起來，其實並無多少特出之處：

一、聘用最好的人才。

二、盡早密集發展其才智。

三、不斷增加專業上的挑戰，對員工提出高度要求，讓他們激發潛力。

四、定期就表現加以評估，進而去蕪存菁。

目前比較成功的企業，有些已拋棄過去習見的層級式組織，而另外創出適合本身專業智能型態的組織，不再像傳統結構係由權力中心發號施令，而是變成「分配式」的構成，由支援組織把後勤、分析、行政支援等分配給專業人士，中間的承轉機構被取消或縮減了，實際執行業務的專家成為「老板」。但是這種「倒轉」型結構，卻有抗拒組織規則與商業規範的傾向，若無「紀律軟體」與其搭配，很容易走向失敗之途。同時，有些問題不是少數專家即可解決，這時則採取臨時性的「蜘蛛網」，匯集八至十名各方面的專家，凝聚各人的專業知識，針對問題或目標群策群力，近年流行的公司併購作業就是最好的例子。這種企業管理上的新趨向，自然也是靠高科技電子聯線之賜，而其關鍵仍在專業人士與支援組織密切結合，互助互補，專業智能才有充分發揮的機會。

——《美中新聞》，一九九六年八月廿三日

人文對科技的增值效用

　　根據中央社七月廿日發自美國舊金山的專電報導，繼王安之後，在美國工商界名號最響亮的華裔企業家王嘉廉，於昨日向美華電腦協會年會發表了一項嚴肅的演說。不僅使與會的五百餘聽眾產生「激盪思考」的作用，其實整個美國地區的華人社會，都應該對王君的見解有所反省。

　　王嘉廉是目前高居全球電腦軟體業第三大公司Computer Associates International的創辦人，他的薪水和紅利，連續六年蟬聯美國電腦業經理人年收入之冠，不久前捐獻鉅款供紐約州立大學興建亞洲文化中心，更是回饋社區的典範。王嘉廉的器識格局，早已超出了某家公司的老板、某一行業的領導人物之侷限，而把眼光放在社會整體上，其所見所感所思，彌足珍貴。

　　首先，王嘉廉指出：過度追求科技，忽略人文學科，乃是全球性的問題，但在亞洲國家和美國的亞裔社會則更形嚴重。年輕一代只想在科技方面追求快速的發展，使得科技與生活的其他層面脫節，情況嚴重者甚至形成一種「文化上的陳規」，阻礙了人類潛力的發展，對社會只有害處。他承認，科技的確可以提升人類的文明，但它只是個工具，不能取代生命與生活。他進一步指出，只知追求科技可能會落入「陷阱」，把自己鎖入科技的死胡同，因而抹殺了其他方面的潛能。就以科技事業本身來說，科技人員無法與其他方面有效溝通，造成了許多浪費與缺乏效率，這就是過度強調科技的後遺症；同時過分專注於技術層面，將無法勝任管理、行銷等重任。此所以凡係科技界的菁英問他要往科技事業發展時，應該學習那些課程？他都告以應多多研究語言、寫作、歷史、傳播及社會學等。即使是依賴電腦而成長的

人，他也不可能只跟電腦溝通，人人都必須生活在現實世界中。王嘉廉強調，大家對科技要有一種平衡的看法，有必須要瞭解「運用與濫用」高科技的分野。（此處大量錄用中央社新聞稿，如有失誤，自應以王嘉廉先生的講辭或正式紀錄為基準。）

依個人見聞所知，王君曾經多次對華裔與亞裔中學生演講，席間總有學生問他：對他事業成功最有幫助的課程是什麼？或者問他高中最重要科目是什麼？王嘉廉一律答以：英文。事實上，他的見解是頗為一貫的，這次他在美華電腦協會年會上的演講，則是更為全面而詳細地表達了他的意思，也使他的關懷面擴大到亞裔社區。何況，王君的言論並非純粹出於學理，而是身歷其境實際從事科技行業的實務心得，分量自是不同。

華人（其他亞裔也大致如此）偏向科技，當然有其現實和功利的理由，主要就是比較容易立足。然而，千萬可別忘了，到目前為止，人類歷史上還沒有任何一個社會，完全是由科技人員組成的。筆者在這方面感觸殊深。不論是前往美國東岸或西岸探訪，親友中的第二代總會問我學的是什麼，當我告訴他們大學部和研究所均係主修政治思想及國際關係，這些第二代的反應竟然頗為一致：他們都深表驚訝，認為他們父母輩的親友，尤其男性，全都是學醫、藥、工程科系、自然科學、電腦等等，我是唯一的例外。這類經驗再三出現，慨歎之餘，只好以「物以稀為賤」自嘲。個人的寂寞感還是小事一樁，華人社會結構的不夠均衡，才是應該注意的地方。

社會結構不夠均衡的另一面，則反映在華人的就業情況上。餐飲及相關行業自然還是華人第一大行業，但學有專精的專業人士，則以學術界和工商界為大本營。就工商界來說，華人當上研究部門、技術部門和工程部門主管者，屢有所見，但當上營業、銷售、財務部門主管者，相形之下，人數便少得很多很多。而現代的經濟社會，往往出

現營業領導生產的情形，要成為一間公司的最高領導者，出身營業財務部門者，時常超過出身工程技術部門的人。細心觀察的人，多少會發現到一個現象：在美國公司任職的華裔科技人員，爬升到某一層次以後，滋生「懷才不遇」之感者，頗不乏人，與前面所述其實是相關的。王嘉廉的見解，應該是極具價值的忠言。

工業革命以後的現代社會，科技已經逐漸取得主流的地位。但對汲汲於「迎頭趕上」的落後國家而言，傾全國之力去倡導科技時，若置人文於不顧，這種偏頗定然會造成社會結構的不平衡，後果堪虞。科技與人文均是人類的寶貴資產，並不是相互對立抵消的勢力，有我無你。臺灣的官方近年來大力推行要使臺灣成為「科技島」的政策，同時又由最高當局呼籲提倡「心靈改革」，還是有點道理的。王嘉廉本人更是科技與人文兩相結合的範例。

美國微軟公司創辦人比爾‧蓋茲說：「人若不精通閱讀之道，便不可能成為真正知識廣博的人。多媒體可以運用聲光影像以引人入勝的方法來傳遞資訊，但書本還是傳達細節的最佳方法之一。我每晚都抽空閱讀。除報紙雜誌外，我總要設法優先把一份新聞性週刊從頭唸到尾。如果我只讀自己有興趣的部分——比如科學與商業部分，那麼我讀完這本雜誌跟沒有讀以前還是同樣一個人。此所以我什麼都讀。」（轉引自英文版《讀者文摘》一九九六年四月份頁十七）人文對科技的增值效用，全球最大電腦軟體公司的掌舵人已予以身體力行了。

——《美中新聞》，一九九七年八月一日

不可違背經濟律則

　　亞洲金融危機的浪潮，經過一九九七年下半的劇烈變動，不僅未見平息，反而於邁入一九九八年以後，使人益發覺得這不僅僅是「金融」危機，更且似應擴大視之為「經濟」危機。如此說，當然不是故意火上加油，把混亂危疑的局面更加惡化，無寧是在正本清源，使不安和不穩的形勢早日獲得安穩，至少達成在某一程度上的安穩局面。

　　在評論亞洲金融危機時，柯林頓總統的國際經濟顧問丹‧塔魯洛說了一句令人深省的話：「亞洲的奇蹟並未使經濟律則失效」。換言之，任何所謂的「經濟奇蹟」，絕無可能自外於經濟律則，違背經濟律則而能長久存在者，必無其事。依這一基本認識，個人於閱讀各種有關亞洲金融危機的報導與分析，尤其是讀到臺灣官、學、商各界的相關研究之後（見《世界日報》一九九七年十二月廿六日頁二～三，兩大頁），對該報的標題之一〈亞洲，需要另一個經濟奇蹟〉，不禁有「尚未充分自經驗與教訓中學習」的遺憾之感。同時，更加想起美國青壯輩的傑出經濟學家保羅‧克魯曼。

　　克魯曼於史丹佛大學、麻省理工學院任教，論文不時發表於《哈佛商業評論》、《外交事務》等知名刊物，《財星雜誌》也經常見到他的短文。一九九一年，克氏榮獲美國經濟學會頒發「約翰‧貝茲‧克拉克獎章」（John Bates Clark Medal），這是兩年一次獎勵「四十歲以下美國最好的經濟學家」的學術榮譽，克魯曼目前的聲望，略可想見。不過筆者學術界的友人則指出，克氏少年得志，有時不免產生「萬事通」的自大，這是明星學者的一大陷阱，但願克氏有自知之明。

　　克魯曼討論亞洲奇蹟的論文，較為世人所知的是一九九四年十一、十二月份《外交事務》刊布的長篇論文，〈亞洲奇蹟的神話〉，以

及《財星雜誌》一九九七年八月十八日發表的〈亞洲奇蹟怎麼了？〉（頁廿六～廿八）。照克氏自述，他在《外交事務》的長文發表以後，使得他在亞洲各國到處樹敵，美國本土宣揚亞洲優越性的學術與新聞界人士，也對他攻擊備至。亞洲各國的政府對他不滿自在意料之中，學術、新聞界為自己的國家辯護亦屬人情之常。臺北《中國時報》去年九月六日載有朱雲鵬〈風暴來襲，亞洲經濟奇蹟幻滅在即？〉一文，就批評克氏「一句話就將整個亞洲的表現抹殺的言論，的確失之過偏。」其實，克氏在《財星雜誌》的文章，比較偏向時論，但他在《外交事務》的長文，可是相當嚴謹、有理有據的陳述，絕非「一句話抹殺」。（該文的論據，主要來自波士頓大學艾爾溫‧楊的研究統計與數據，以及史丹佛大學劉遵義及其韓裔助理對東亞新興工業國家的研討及分析）

世人總是健忘的。第二次世界大戰後，環球各國以蘇聯及華沙公約國家的經濟成長最令人矚目。赫魯雪夫在聯合國大聲咆哮「我們將會埋葬你們！」他內心指的其實是經濟的含義勝過軍事。一九五九年赫氏訪美，《新聞週刊》鄭重警告美國人，蘇聯正走上「控制世界經濟的大路」。當時美國中央情報局長艾倫‧杜勒斯在國會作證稱：「今後十年，如果蘇聯的工業成長率仍保持每年百分之八、九的成長率，如一般所預期，則美、俄兩國經濟的差距……必將大幅縮小，相當危險。」今天，俄共集團已經瓦解，大家早就忘了蘇聯的重工業曾經飛躍成長，蘇聯曾經有十幾廿年的時間，經濟成長率每年高達百分之八、九！

採用經濟學的「成長會計」模型，將「投入」與「產出」加以計算和分析，克魯曼得出的結論，對東亞國家來說，的確是難以消受的逆耳之言。「投入」指的是諸如受僱者的人數增長、工人的教育水平、實質的資本（比如機器、廠房、大樓、道路設施、水電供應等）；「產

出」則以較佳的管理、較佳的經濟政策為重點，但長期看，則是知識（包括技術）的增加。一國的持續成長，唯有當每一單位的投入對產出有所增加，才會發生。光是在投入方面增加，而於效能方面未能改善，則投資報酬一定遞減，以投入為主力的成長無可避免地會受到限制。克魯曼另外還用「汗水而非靈感——更刻苦努力而非更聰明地工作」來描述之。依克氏分析，新加坡的「奇蹟」，即屬於「汗水多過靈感」，其成長乃是大幅動員各項資源之所得，而於效能上、技術上的突破均不足以副之，甚至闕如。

亞洲金融危機的最大教訓，應該說是針對政府而發。然而事實上，各國政府大都忙著歸罪於其他因素，甚至硬把外國投資者（自亦包括投機者）看成罪魁禍首。這種做法，根本就是老把戲，「經濟的民族主義」乃是東亞各國得以動員各項資源的法寶，如今遭遇瓶頸，不從經濟律則的角度來剖視問題，仍然襲用老招式的話，危機只會延長而非縮短。逆耳之言如係近乎實相的表白，則置若罔聞不去學習，損失更大的是自己國家的經濟。克魯曼三、四年前的忠告，東亞國家如能稍予重視，或許局面不致於如此慘重。

當然，學者的說法也常有失誤。如今看來有點可笑的「日本第一」論，不也是哈佛大學的傅高義提出的？（但激發美國人改善管理方式，提高經濟體質，則有其貢獻）正因為如此，所以更需要體認到：不合時宜、反常規、反傳統的議論，不可輕易打壓，兼聽則明，正好說明了學術與言論自由，對經濟活動一樣重要。

——《美中新聞》，一九九八年元月九日

運動作為一種社會體制
—— 從公牛隊六度榮獲冠軍談起

　　聞名全球的芝加哥職業籃球公牛隊，於六月十四日星期天，以一分之差險勝猶他州鹽湖城爵士隊，在冠亞軍賽以四對二的比數，第六度榮獲世界冠軍。

　　消息傳來，芝加哥本地的球迷們欣喜若狂，但市政府和警方最關心的，卻是希望能夠防止任何暴亂事件的發生。當公牛隊晉入冠亞軍決賽時，市政府一方面開始策劃贏得冠軍後的大型慶祝會（已於六月十六日在葛蘭特公園舉行）；另一方面則精心佈署警力，封閉一部分道路，目的在使群眾自發性的熱烈慶祝，易於掌握及控制，除了市長率同高級警官召開記者會，向民眾說明外，公牛隊的教練和明星球員，更是事先製作宣傳影片，由電視臺多次播出，提醒兼勸誡芝城的球迷，慶祝勝利一定要平安和有格調。這是因為過去在市內西區，的確曾經發生藉慶祝而搶劫店家的暴行。群眾行為實在很難逆料，贏球當然是件喜事，也往往令球隊所在都市深感與有榮焉，而官方的反應明顯地是一則以喜一則以憂，寧非一大諷刺？

　　從這個角度來切入，不能不突顯出一項事實：在美國社會，運動實在是一種普及深入而又甚具影響的社會體制。其他國家，情形稍有不同，由於運動職業化與商業化的程度不如美國，加上已職業化的運動項目不若美國多，水準稍遜，而美國電子媒體對運動競賽的報導和轉播無遠弗屆，有主導世界的地位，運動作為一種社會體制，已然是美國社會無從忽視的現象。當然，凡是以國家名義參加的國際性運動競賽，例如夏季奧運、冬季奧運、國際體操、溜冰、游泳、跳水等

等，或如目前正在法國舉行的世界盃足球賽，國民對自己國家代表隊
的成敗勝負，經常激起民族主義的情緒，且導致強烈的愛國心理，巴
西股票市場因該國足球隊出賽而停市，大陸上的人對國家運動員獲勝
時的昂揚反應，臺灣居民三更半夜守在電視機前看中華少棒隊爭奪世
界冠軍，都是具體實例，畢竟尚未成為每日生活的部分，似乎還不足
以視之為一種社會體制。

　　既然是一種社會體制，勢必對整體社會產生多方面的影響，不論
在物質層面或精神層面，皆可觀察得到。以美國為例，運動本身就是
一個規模不小的經濟力，除了球隊經營與比賽帶來的商業活動而外，
與其相關的周邊行業更是可觀，比如運動器材、服飾、健身房、球類
俱樂部、運動酒吧等等，實在也很難一一列舉。公牛隊這次獲得冠
軍，第二天早晨《芝加哥論壇報》和《芝加哥太陽時報》銷售一空，
頗有一報難求之歎！就廣告業而言，幾乎可以說與運動密不可分，運
動節目乃是電子媒體最主要的廣告時段，促銷產品也是許多成名運動
員的主要財源。這方面並不容易舉出精確的統計數字，依《財星雜誌》
的估計，公牛隊的超級明星球員麥可・喬丹，透過他不計其數的球
迷，就為美國經濟加添了一百億美元！（一九九八年六月廿二日這一
期《時代週刊》以喬丹為主題，上引數字見頁五十八。）

　　文化上的影響，同樣不可忽視。生活在美國，你能想像沒有運動
節目與報導的日子嗎？報紙每天有運動欄，篇幅不少，廣播與電視新
聞，絕對少不了運動方面的消息，旁及球員動態，球隊人事變動，自
然也免不掉一些謠言或閒言閒語；運動方面的專業雜誌《運動畫刊》
（每週出版，一九五四年創刊，目前發行量為每期三百一十五萬份），
曾經多次被評為編寫採訪最佳刊物，頗獲好評。同時，運動記者出身
後來成為知名文學家、小說家者，也不乏其人；知名的保守派政治專
欄作家喬治・威爾，本身是棒球專家；這些情形其他國家還不常見，

正好說明在美國社會裡頭，文化與運動交融已深。其實，美國英語的表達方式，久為運動「污染」，大家脫口說出tackle the problem時，大概少有人會去計較這個表達與美式足球有關。

華人父母比較不理解運動在美國教育制度中的重要性，兩代之間不免因此而牴觸衝突。上一代老是抱著「打球能打出什麼前途來？」的觀念，對子女在學校的運動課程或活動，持消極甚至反對態度者為數不少。事實上，美國青少年的群體觀念、團體紀律、領導技巧、合作精神，從課堂上學來者有限，泰半是自運動中親身習得。在美國社會要出人頭地、功成名就，「競爭性」、「主動進取」這類人格屬性相當重要，坦白講，課堂上很難傳授這些東西，唯有親自投入運動競賽，方能得其三昧。運動絕對不是純粹「玩玩」而已，它在人格塑造上所發揮的功能，不容忽視。

西點軍校以「國家、責任、榮譽」為校訓（臺灣的軍校加上「主義」、「領袖」兩項，不祇是畫蛇添足而已，簡直就是狗尾續貂！）在承平的日子裡，一般人不易見到足資師法的實例。去年（一九九七）冠亞軍賽最後一場，喬丹患重感冒，仍然挺身而出，奮力致勝。今年最後一場球，史高提‧皮朋背部受傷，卻忍痛出賽，終竟全功。當然，球場上也常見到暗中傷人的違規動作，著名運動員在外生活不檢點者亦迭有所聞。但在萬方矚目全國轉播的大賽中，上舉喬丹、皮朋等的表現，其實就是責任、榮譽和勇毅的化身，透過電視動作畫面的轉播，人間還有比這更普及更廣泛的精神教育嗎？

——《美中新聞》，一九九八年六月十九日

一個新抗議示威型態的誕生？
—— 西雅圖世界貿易會議的餘波

　　新年伊始，回顧廿世紀人類社會的整體發展，不能不承認，在資本主義與共產主義縱貫這一世紀的對峙和鬥爭中，資本主義取得了最後的勝利，連左派經濟學家們也無法否認這個事實。對美國人而言，甚至會不無自豪地認為：這不僅是資本主義的勝利，而是美國式資本主義的勝利。《芝加哥論壇報》在二○○○年元月四日的頭篇社論稱：像這樣完全的得勝，歷史上罕有其例。該報接著卻指出，固然現在的世界比任何時期更資本主義化，但大家心頭卻深感不安。只要檢視不久前西雅圖世界貿易會議被民眾杯葛的情形，便可略知梗概。

　　去年（一九九九）十一月卅日至十二月三日舉行的世貿會議，有世界貿易組織一百卅五個會員國派高級經貿官員參加，加上像中共、臺灣等致力加入該組織的國家代表，事實上除了聯合國大會而外，少見如此規模廣泛的全球性國際會議。但經過多天內部的紛擾和外部的強烈抗爭後，董理其事的地主國美國貿易代表白茜芙女士，只得遺憾地宣佈「暫停」，並期望次年上半年移師瑞士重開會議。對刻意主導全球貿易自由化的美國來說，誠屬一大挫折。《紐約時報》於十二月五日指出，這是繼全面核子禁試條約未被國會同意之後，柯林頓政府外交政策上的第二次大失敗。有關會議失敗之檢討，時賢讜論極多，此地不贅。

　　就會議本身而言，根本的癥結在各方對環境保護和勞工基準規範歧見過深，以美國為首的工業先進國在這些領域堅持的標準，從其他相對而言發展落後的國家看來，卻認為顯然有意阻礙其經濟發展，且

強者宰制弱者的意味太濃。而世貿組織採取全體合議制，任何重要決議須經所有會員國的同意，當然落後國家會要求更多的發言權。在各方情緒高昂的激盪下，甚至連是否要討論上述兩大議題都未能達成協議，最後各國代表離開時，也沒有發布任何會議共同宣言。

會議內部固然紛爭不已，但會議外的抗議示威則更加多彩多姿。抗議示威活動所獲得的媒體報導，幾可說是多過對會議本身的報導，使得示威一方於會議宣告暫停後自稱業已獲勝。自從一九六〇年代末到一九七〇年代上半學生抗議越戰以還，這次針對世貿會議的遊行示威，是美國最重要的一次群眾運動，關心社會發展的人，不免要在心頭萌生一個問題：我們是不是正在目擊一個新抗議示威型態的誕生？

參加這次示威者來自各界，總人數超過五萬人。非政府組織（Non-Government Organization，簡稱NGO）超過一千個團體參與，傳統的美國總工會、環保團體席艾拉俱樂部、地球之友會、消費者保護運動始祖瑞夫・納德創辦的公益公民會、新崛起以大學青年為主的無政府主義者（這個小團體出盡風頭，《時代週刊》十二月十三日專題報導，即以該組織標誌為開頭），都是示威主力。以攻擊麥當勞漢堡連鎖店成名的法國農民領袖荷西・波維，美國改革黨總統候選人派特・布坎南，也都前來參與。示威團體觀點並不一致，且時有矛盾，群眾運動失控所引起的暴力、搶劫等不當不法行為，更引起許多示威團體的不滿和不平。但整體說來，誠如加州黑人國會議員美心・華特絲女士向示威群眾致詞時所言：「我在空氣中嗅到一股運動的氣味！」

示威群眾以圍堵的方式，竟使美國國務卿歐布萊特女士、聯合國秘書長安南和許多各國貴賓被困於旅館，開幕式為之延後多時，西雅圖市政府最後竟需請求華盛頓州州長駱家輝派出國民兵維持秩序，示威民眾被逮捕者達六百餘人。西雅圖市政府和警察局，事前既無妥善的防備心理與必要措施，臨事慌張，顯得無力又無能，由於這次前車

之鑒，竟使後來的除夕夜聯歡集會被取締，引起市民反感。相形之下，抗議示威組織者實在可以說是「智勝」市政當局。

值得重視的是：早在會議前七個月，一些主要示威團體已派人到現場查看，並設有臨時協調辦公室，且於事前舉行示威抗議講習會，參加者竟高達二千五百人。顯然較警方更有準備。另外更可取的是，妥善運用最新的科技通訊工具如網路和電子郵件，使得這麼多不同團體得以互通消息，且在行動上有初步的協調。倒是示威口號Hey-Hey！Ho-Ho！WTO has got to go！顯然抄自一九六〇年代末期反越戰示威的口號Hey-Hey！Ho-Ho！L.B.J. has got to go！（L.B.J.指詹森總統〔Lyndon B. Johnson〕），含帶一些「傳承」的精神。簡言之，利用電腦網路和電子郵件，事先妥為計畫，乃是這次示威活動超邁前人之處，或許今後的示威抗議，會以此次為典範而翻新！

主張自由貿易的論者，難免指責西雅圖事件乃係「殘餘左派」的回擊！強調世界貿易大幅成長之重要性者，憂心沖沖地指出「精彩的戲劇造成不良的歷史演展」（見《新聞週刊》十二月十三日頁四十專文）。這些觀點自有它的論據，但經濟和科技的發展，絕不可忘了人的福祉，否則便會應驗了Edward Abbey的警告：「為成長本身而成長，乃是癌細胞的哲學。」經濟與科技發展，豈可成為社會之癌！

——《美中新聞》，二〇〇〇年元月七日

分點逐項解析江澤民新春談話

　　一九九五年元月卅日，中共中央及國務院主理臺灣事務的單位，於北京舉行新春談話會，江澤民在會中發表了題為「為促進祖國統一大業的完成而繼續奮鬥」的重要講話。近年來中共領導人對有關臺灣與大陸關係的言論，這是比較重要而詳細的談話。官方固然應予重視，只要是關心兩岸形勢的國人，也不可等閒視之。

　　茲就江澤民的談話加以分項解析：

　　　　中國人不打中國人。

這是中共的統戰老調，但徵諸史實，卻是不合乎人民解放軍的傳統的。中國共產黨一向深信「槍桿子出政權」，中共入主神州大陸，就是打中國人——國民黨——打出來的江山。坦白講，被人民解放軍打死的人，絕對是中國人比外國人多。中共總是有意竄改第二次中日戰爭（一般所謂抗戰）的史實，解放軍打死了多少日本軍隊？能跟國民政府的軍隊比嗎？韓戰、珍寶島衝突、中印邊界戰役、懲越戰爭，打死的外國兵會比中國人多嗎？紀錄顯示，人民解放軍打外敵無力，打中國人最起勁，六四天安門的槍聲殷鑒不遠。

　　　　要充分尊重臺灣同胞的生活方式和當家作主的願望，保護臺灣同胞一切正當權益。

臺灣同胞的生活方式本就有別於共產黨極權制度，北京若能夠予以尊重，自然甚好。但緊接著又提到當家作主，則令人不免產生口是心非

的推想。獨立豈不就是當家作主?既曰尊重,那麼中共口口聲聲反對臺灣獨立又是怎麼回事?當然,如果按照共產黨的思維方式,被共產黨領導就表示「人民當家作主」,則這種理解方式非臺灣同胞所知,理應明確說清楚。同時提到「保護臺灣同胞一切正當權益」,指的如為臺灣同胞在大陸投資、旅遊的權益,則這是一般文明國家皆應履行的責任。如果指的是在國際間的「一切正當權益」,則北京未免以宗主國自居,幾十年來從來沒有做過,有的無非是打擊與矮化。就邏輯上講,一方面要尊重人家當家作主的願望,馬上又說要保護人家的一切正當權益,難道看不出其間的矛盾嗎?在國際關係上講,權益得由另一個政府來保護,這能叫當家作主嗎?

> 統一後,臺灣的社會經濟制度不變,生活方式不變,臺灣同外國的民間關係不變,包括外國在臺灣的投資及民間交往不變。臺灣作為特別行政區有高度的自治權,擁有立法權和司法權(包括終審權),可以有自己的軍隊,黨、政、軍等系統都由自己管理。中央政府不派軍隊、行政人員駐臺,而且中央政府裡還要給臺灣留出名額。

政治上的所謂不擇手段、無所不用其極,觀此最能有所體會。其實,筆者站在臺灣同胞的立場,絕不認為臺灣同胞就比山東同胞、陝西同胞更應享有特權,大家「都是中國人,都是骨肉同胞,手足兄弟」(同篇講話第七點),為何還要有差別待遇?「祖國」五十年未治理臺灣,為了安定臺灣同胞的心,以利統一大業,為什麼不把上引各項條件,先在大陸各省廣為宣傳,讓全國各地一體同霑這些好處?另外想悄悄地問一下,「在中央政府裡還要給臺灣留出名額」,是否包括外交部、國防部?可否由臺灣自行推薦具有民意代表性(包括國民黨、民進

黨、新黨）的人士，加入中共駐聯合國代表團？北京國防部的參謀總部和作戰司令部，可否由臺灣軍方推派的代表常駐並參與實際作業？

> 我們不承認放棄使用武力，絕不是針對臺灣同胞，而是針對外國勢力干涉中國統一和搞「臺灣獨立」的圖謀的。

根據前述中共所謂「中國人不打中國人」的立場，何以不能針對臺灣同胞公開聲明放棄使用武力？難道臺灣同胞已不再是「骨肉同胞、手足兄弟」而成了外國人？如果針對的真的是外國勢力，那麼江澤民發表這麼重要的講話場合就不對了。不要忘了這是與臺灣事務有關的機構合辦的新春茶會，不是外交使節團也不是國際會議。臺灣同胞的鬥爭經驗當然不及社會主義的祖國，但這種話如果不是針對臺灣同胞，何苦在這個場合上講？臺灣同胞全都是呆瓜嗎？

> 用什麼方式解決臺灣問題，完全是中國的內政，決不允許外國干涉。我們堅持用和平的方式，通過談判實現和平統一；同時我們不能承諾根本不使用武力，如果承諾了這一點，祇能使和平統一成為不可能，祇能導致最終使用武力解決問題。

又見內政！又見內政！中共政權的「內政」太多了。有如藥中甘草，隨時隨地都用得上，只要不合孤意，一切諉之「內政」。說個笑話，總有一天，美國的大選也會變成中共的「內政」。其實也不一定是笑話，有些已經發生，中共廣播電影電視部長艾知生，針對《菊豆》影片所引起的爭議，不是也宣稱：「只有中國人才有權評論中國電影的優點」嗎？而《菊豆》角逐的卻是美國的奧斯卡最佳外國語影片獎。

至於「和平」與「使用武力」之間的關係，照上引江講話的內容

看，「和平」與「使用武力」乃是一體的兩面，「和平」就是（或者說：就是為了）「使用武力」，「使用武力」就是（或者說：就是為了）「和平」。準此，「堅持」的定義就是自然成為「不能承諾」。請再回頭去讀上引江文，就不會以為筆者以詞害意。這段「堅持和平統一」與「不能承諾根本不使用武力」的說法，乃係中共對臺政策的核心，也是唯物辯證法思維在對臺政策上的應用。中南海的達官貴人也許自鳴得意，可以在政治語言遊戲上如此高妙，如此殺氣騰騰而又面帶笑容。但人間如果還需要邏輯與常識，如果政治討論多少還得合乎邏輯與常識，那麼這一段話的正確理解當是：純屬欺騙。

> 祇有實現和平統一後，臺灣同胞才能與全國各族人民一道，真正充分地共享偉大祖國在國際上的尊嚴與榮譽。

這是中共牌「民族主義」的召喚與誘惑。但是祖國的尊嚴與榮譽——假定有的話，也是各族人民共同努力的結果，不能倒果為因，認為各族人民加入祖國，所以才有此尊嚴與榮譽。

臺灣與香港、澳門不同，並不是某國的殖民地。五十年來，臺灣一直是在中國人組成的政府有效治理之中，而且該政府遠比北京政權表現為佳，雖則近年來對於未來究應統一抑或獨立朝野爭論不休，並未取得一致的共識。對中共而言，並無「收復」的問題，更談不上「分割」。在臺灣的中華民國具備國際法上和實際政治上一切主權國家的條件，中共從未治理臺灣一分一秒，從未徵收一分一毫的稅，更重要的，從來沒有把一元一角的國家預算用在臺灣，然而卻要強迫人家相信：臺灣是中共的一省。

「一國兩制」是中共對臺政策的另一重點，在政治學理與實踐上能否站得住腳，姑且不論。不記取歷史教訓者註定要重蹈類似的錯

誤。近十餘年來，中國大陸的經濟發展頗有可觀，人民的生活亦有改善，主因即在扭轉了原先行之有年的共黨統治經濟，否則唯有死路一條。中共建政初期，不照經濟規律，盲從發展重工業、國防工業，忽視農業，帶來的不是國家的強盛，而是社會的凋敝與民生的困厄。經濟發展必需從簡到繁，由淺入深。政治又何嘗不然？像海峽兩岸如何統一的大事，更不能掉以輕心，如果中共真的相信「一國兩制」可行的話，且容本文極其嚴肅地向北京建議：先在福建、廣東、江蘇等省分試行相當一段時間，看看能否行得通，如效果良好即推行全國，由小及大，自近而遠，屆時把一國兩制也適用於臺灣，這才真的叫水到渠成。

　　江澤民講話中最值得注意的或許是第六點，有關中華文化的部分。話短意長，茲全段引述如下：

> 中華各族兒女共同創造的五千年燦爛文化，始終是維繫全體中國人的精神紐帶，也是實現和平統一的一個重要基礎。兩岸同胞要共同繼承和發揚中華文化的優秀傳統。

首先非得釐清一點不可：全球的中國人不必然就是中共政權心目中的全體中國人，而中共政權也不足代表全球的中國人。換句話說，中共—中國—全體中國人—全球中國人，其間並非且不應以等號相連。除了這一點外，這段話對炎黃胄裔而言，真是感慨萬分。

　　當神州赤化時，中共政權所秉持的精神基礎乃是激烈的反傳統心態，數十年間，對以儒家為主的中華文化所做的摧殘，委實罄竹難書。當錢穆、唐君毅、張丕介等先生流亡香港，以極為有限的財力和人力，為花果飄零的中華文化，延續欲滅欲熄的香火；當臺灣在顛危險惡的時局中，自身的安全存亡都難保時，仍然苦心維持教育的事

業，不肯全然拋棄中華文化，而費心於現代化與傳統之間保持接續，以孤臣孽子自居；那時候，偉大的祖國在做什麼呢？

就算大家為了中華文化的前景，一笑泯恩仇，文末卻不能不赤誠以告：江澤民既然能引孫中山先生有關統一的話語，則對孫先生更為睿智的觀察──即共產主義僅知社會的病理，共產制度並不適合中國──應當也有所體會才對。將近五十年的共產實驗，拿來與五千年的文化相比，這項失敗的實驗並不值得珍惜，更不值得堅持，應該隨著經濟發展的自然形勢而設法盡快予以拋棄，誰能做到這點，「歷史將永遠銘記他們的功績。」

──《世界日報》，一九九五年二月十九日

臺灣修憲評議　上

　　最近幾個星期，臺灣正積極進行修改憲法，發展演變之快，簡直令人目不暇給。政黨推出的憲改版本，其生命週期似乎比電腦的換代還短，而國民黨、民進黨和新黨之間的談判與互動，使嚴謹的政治分析成為高風險的嘗試。

　　談修憲，可就修憲內容——即政黨版本——來談，但政黨由於內部未能達成共識，而產生不同版本，民進黨便有三個版本；其次可就三黨的互動做觀察，但這方面的困難在於：各黨的談判策略與政策底線，外界不易加以分辨，甚至於政黨內部也同樣有類似的難題。

　　修憲自係大事，必然會涉及價值與道德的判斷。但理性地探討憲法的修正，照理應該盡量迴避道德感的攙入，免得大家尚未談到具體內容，已經先吵了起來。這點國民黨、民進黨都沒有做到。民進黨五月廿九日公佈的立場說明書，長達萬言，題目就叫〈不要成為反改革的歷史罪人〉，反對該黨意見者，或民進黨內部與黨中央持不同政見者，就是「反改革」、就是「歷史罪人」嗎？國民黨也患類似的毛病，近來《中央日報》發表許多篇辯駁式的社論，斥責外界指控總統「擴權」論，乃是「擅用權謀詐術橫相阻撓，否則積非成是，誤導大局，將難逃民主罪人的歷史審判」，一個罵「歷史罪人」，一個罵「民主罪人」，語氣何其近似！政治大學江炳倫教授等發起的學術界反對「雙首長制」憲改嚴正聲明，兩黨對此大加撻伐，要麼說這些教授守舊落伍，靠舊講義混跡學校數十年，要麼懷疑他們大都屬於新黨，這套手法跡近人身攻擊，不足取法！然而，學術界的共同聲明，以「洪憲帝制」強烈批評這次憲改，竟又犯了雷同的毛病，同樣令人遺憾之至。

　　此次再度修憲，主要的動力之一乃是：自國民黨的立場講，李總

統在全民普選中獲得百分之五十四的選票，但現行的憲法，並未賦予總統以與其民意基礎相對等的政治權力。民進黨的萬言書第一部分則強調，「總統的絕對權威已隨直接民選而消失，而內閣的跛腳，卻隨國會民選而加劇。民選總統的絕對權威反而成為真正的虛位元首，而民選的國會反而成為脫韁的憲政怪獸！」

上述的推理有相當大的瑕疵，同時也是臺灣「選票最大」政治文化的表白。（請注意，是選票而不是選民！）民進黨以為總統既係民選，即應具有「絕對權威」，這個「絕對」是怎麼來的？總統只有依憲法規定賦予他的權力，別無其他「絕對權威」。其次，選舉本身是在既有政治架構下依相關法規而施行的政治行為，你參加議員選舉，當選則成為議員，如果某議員得票特高，甚至超過縣長當選人，這位議員豈可以民意基礎為由，要求賦予他縣長的職權？取得大量的選票，並不是便可以為所欲為。美國的副總統與總統搭配競選，也是選民們一票一票選出來的，但副總統並沒有實質的權力，照前述的推理，難道副總統當選也要求更改憲法，希望享有與民意支持相當的權力？衡諸世界各國的實例，並非透過選舉而產生的官職，即必須具有與選票相當的權力。參與選舉，其實是尊重體制的表現，而不是革命的手段。當然這並不是說當選以後，就不可以或不應該推行種種改革，包括憲政改革。

另外一個主張修憲的說法，則是認為目前政治上、社會上的種種亂象，以及所謂的「公權力不張」、「無力感」、「人民自力救濟」等等，都導源於總統的權力不夠、實權不足，沒有充足的政策工具讓他施展才能，因此為了社會的安定、繁榮與進步，於是堂而皇之地要求「賦予總統應有的權力」。對於唸過政治學的人而言，這是非常危險而且值得大家警惕的地方。首先必須問：現行憲法給予總統的權力如此其少嗎？復次，各種問題與困境的癥結的確繫乎總統權力的多寡嗎？最

後不能不問的是：權力一旦擴大以後，問題便能解決嗎？這個反問最最重要，因為歷史的經驗顯示：權力擴大以後，往往帶來新的亂象、新的問題，執政者同樣產生「無力感」，這時候，「權力不足」的呼聲又告響起，顯然唯有再次擴權才行，政治權力一旦擴大，只有擴大再擴大一途，這根本就是權力自我膨脹的方式，也是「權力使人腐化，絕對的權力使人絕對的腐化」的最終歸宿。

中華民族有悠久綿長的「民本思想」，但並未發展出民主政治的思想與體制，當然更欠缺從實際經驗所累積的制度與民主慣例，同時也始終未能養成對「法」加以尊重的政治文化。因此，在推展民主政治時，實在不要輕易忘了我們必須不斷學習的基本態度，也就是說，還是應該從簡單易學的地方起手。中華民族並沒有特別了不起的政治智慧，不要把修憲搞得太複雜，超出大家（政治家或政客們也包括在內）的能力。到頭來治絲益棼，越理越亂。在尊重「法」的態度尚未內化到普通國民之前，動不動就拿憲法來開刀，坦白講，還是距離憲政很遠。

當然，不同的政黨和政客，甚至學術界人士，都愛套用「歷史使命」，都自以為「去私存公」，都自許為「宏謀遠慮」，其實，如果對「法」以及「憲法」本身沒有具備「尊重」的素養，則這些美言全部都是空話。

註：本文為一九九七年六月十四日芝加哥新黨之友會修憲座談講辭。

　　　　　　　　　　　　——《美中新聞》，一九九七年六月廿七日

臺灣修憲評議　下

　　民國卅六年公佈的中華民國憲法，基本上是偏向內閣制的。目前臺灣的憲法修正，有「雙首長制」、「總統制」、「內閣制」等說法，這些在政治學理上均有所說明，而且也都可以舉出其他國家的不同實例。暫且脫開名詞的糾纏，臺灣目前的修憲，其實是想在歷史情境與政治現實的限制下，一方面力保國家的安全與存在，一方面則增進國家的競爭力以求發展。這種用心，當然無可厚非，也不必耗費太多精神去追究主事者的動機，必然造成猜測之詞多、情緒之語烈的現象，無濟於事。

　　有不少人極力抨擊修憲之前召開的「國家發展會議」，認為這是體制外的會議，不宜作為修憲之所本。其實，「國發會」作為執政者諮詢和蒐集意見的工具，並無不可，以前蔣中正總統也常利用類似的管道。廣開言路，多方察納雅言，本就不必拘泥於體制內的機構。但是真正的修憲，則一定要遵照規定，依法而行。目前國民黨與民進黨在協商與討論時，屢有指責對方破壞「國發會」共識的說法，這頂多只能算是政治手法的運用，不帶有任何法律的意義，「國發會」的結論或共識值得重視，但它畢竟不具備法律上的拘束力。

　　依目前的發展情勢，修憲似採以總統為主的雙首長制。大體上，總統制有美國式、韓國式、愛爾蘭式（與英國虛君式相近），或把法國式也列入，但這些都無法照單全收。有的學者提出芬蘭式，按芬蘭位居俄國之旁，對國家的安全與存在最感迫切，芬蘭的總統特別側重國家安全事務，身繫國家安全與政治安定之重任，而一般性的行政大權則由總理掌握。臺灣的修憲大概也想做到這個層次，總統任命行政院長不經立法院的同意程序，並透過國家安全會議以掌控大局，其他

政務如經濟、教育、內政等，則為行政院長之職責。

修憲的具體內容條目甚多，僅就下列三項提出檢討：

一是廢除五項選舉一節，實在違背民主政治的基本精神。民進黨非常堅持這點，主要是因為有利於它之取得執政權。民進黨在組織方面遠較薄弱，廢除五項選舉，可以節省有限的政治資源，而集中全力於更關鍵性的縣市長選舉。即使該黨目前傾向同意國民黨五項選舉再延選一屆的修正，仍可用以攻擊國民黨，指其迫於黑金勢力而妥協！個人認為，如果為了防範黑金勢力的蔓延，頂多把五項選舉短期加以凍結，完全予以廢除，乃是剝奪了本地居民對地方事務的發言權，這是毀損民主政治的根基。附帶一提，芝加哥已故老市長戴利，一生致力於黨機器的建立和運作，他說過，對一名無家世、無財富的青年而言，若想從政，黨組織機器就是他的靠山。民主黨靠這個手法，已於芝城連續執政六十年。民進黨於發展自身之政治實力時，還是應該多多經營基層組織，而不要光強調全國性執政權的政治大賭博。

二是國民黨版所提：行政院送立法院之重大民生法案，在一年內未完成立法程序者，行政院得報請總統核可，以暫行條例公佈實施，在立法完成該法案審議及公佈後，立即失效。這是極其不妥的修憲方向，不但完全違背立法的程序正義，而且流弊甚大。雖然也有「但書」的規定，但下半部（即但書部分）規定不具體，而「暫行條例」的規定則具體而且有時限。何況民生法案乃是最需要動用預算者，這等於給總統和他任命的行政院長一張空白支票！同時也背離三權分立或五權分立的原理。學術界的嚴正聲明亦提及這點。

三是有關引起政治大風波的「凍省」（民進黨逕自主張「廢省」），個人基本上是贊同的，學生時代即已如此。中央政府撤退來臺，格局頓時縮小甚多，近乎無他省可管，彷彿為了顯示其威權，於是弄成極大規模的臺灣省政府，外加象徵性的福建省政府。疊床架屋，積非成

是。以前讀國父遺教，記得孫逸仙先生強調地方自治以縣為單位。最近重讀憲法本文，還是覺得依其規定，省與縣重要性相當，差距有限，至於「凍省」引起「臺獨」聯想，這是另一層次的問題，此處不妨反問：你需要幾級政府來管你？

憲法也是妥協後的產物。世界最著名的成文憲法為美國憲法，制憲過程即屬如此（參考 *The Federalist Papers*），人間世界無純粹合乎學理和理想而一無缺點的憲法！目前臺灣修憲引起的議論、辯駁、紛爭，應屬健康現象。況且即使是呼籲暫停修憲的法政學者，對原憲法也絕少有人感到滿意。同時，知識界於議論國家大政時，務必具有此一自覺，我們可以盡其所言來批評、建議、忠告甚至或斥責，但不能自以為政府或民眾若不接受我們的意見，國家就完了！沒這回事的，知識分子的意見不能超乎一般民意之上。

對政治權力持有者，必須永遠保持警戒，這非關人品的好壞，而是權力自我擴大的特性使然。《中央日報》五月廿三日社論，引用密勒於《代議制政府》書中的話：「憲法中的一切委託，根據於它可以提供受托人不能濫用權力，而非不願濫用權力之保證。」所引甚是，但請先用到自己黨主席身上為是！其實，使政府不易做出壞事，比期望它行仁政、造福百姓，更實際也更易於法制化，還望國人多體會此一精義。

註：本文為一九九七年六月十四日芝加哥新黨之友會修憲座談講辭。

——《美中新聞》，一九九七年七月四日

打壓是迫使臺灣
離心的最佳方式

　　數學奧林匹亞競賽，於七月十四日至廿日在臺灣舉行，計有七十六國四百餘名高中數學好手參加。這是國際性中學生數學比賽頭一次在臺灣舉行。從一九八五年起，每次都派隊參加的中國大陸，因為出於政治上的考量，首度缺席。所謂政治上的考量，指的乃是中共政權無法接受由臺灣主辦的國際會議，也不支持民間參與，即使教育學術界人士內心很想加入，受限於官方訂下的立場，不得不缺席。

　　讀罷相關的種種報導，忍不住想起臺灣海峽兩岸開放有限度的民間交流以來，業已產生許多不公平或不當的現象，不祇令人憤慨，而且有它深遠的惡劣影響。但北京當局基於自身僵化落伍的意識型態，兼更添上既自大又傲慢的心態，事實上正起著腐蝕「和平統一」進程的作用。值得憂慮的是：中共政權似乎尚不自知（或自覺的程度不夠），遑論自我反省。期待一個本質上極權專制的政權具備反省能力，可能不太切合實際，不過中國大陸也逐步在蛻變，何妨「寄希望於未來」。本乎言論界一分子的責任，仍有必要提醒國人重視這些不公現象及其破壞性。

　　其實，相關報導多得很，隨手皆可舉出實例。比如大陸學生組成的表演團體赴臺灣訪問，竟然要求當主人的臺灣國民學校把中華民國國旗移開！即使是負有任務前往臺灣公幹的大陸官員，只能在旅館或飯店等社交場合與臺灣官員見面，簡直可以說飲宴就是辦公，國事離不開飯局！大陸科技部部長朱麗蘭於七月十四日抵臺灣訪問，她與臺灣國科會主任委員黃鎮台，在研討會上則以「教授」互稱！這種情形，

非獨臺灣為然，海外也曾發生類似的現象。十餘年前，大陸人士開始大量湧入美國，有某位音樂人，為了打開自己的知名度，有意在臺灣派駐單位主辦的活動上演奏，卻又要求主辦單位不要擺設國旗，理由為擔心他在大陸上家人的安全。大概是一九八五年吧，芝加哥舉辦國際郵票展，兩岸均參加，大陸代表隊向主辦者提出強烈抗議，因為臺灣展出的郵票印有「中華民國」字樣，主辦當局嚴正駁回，此事本地報紙曾報導，幾天後，筆者參加某一餐會，主要演講人為中共駐芝加哥總領事，會中即有美國人士質問此事，這位總領事只得勉強作答，場面相當尷尬。至於國際性的會議，只要兩岸皆派團參加，中共代表無不提出抗議，「中國喜歡說不」，在這方面已經過度表現了。

最具體的實證，可舉中央研究院李遠哲院長的經驗與感受為例。（有關李院長的報導數量不少，以下係根據臺北《新新聞週報》一九九八年三月一日至三月七日頁卅六～四十一的專訪，一方面該週報具有一定的水準，更重要的是這是李遠哲接受專訪時親口說出的話）

李院長表示：中共不承認中央研究院，因為有「中央」這兩個字。臺灣的國立大學，他們（指大陸方面）也不承認，「你們不是一個國家。」李院長常有機會和中國科學院前院長周元召在國外見面，常常告訴他，實際上任何學術機構都在辦國際會議，這跟國家的認同一點關係都沒有。但每次臺灣方面召開國際會議，他們的說法都是：「你們不是一個國家，怎麼能辦國際會議？」結果造成許多齟齬。

今年五月，北京大學百年校慶，邀李院長往訪。但依往例，邀請函上不會寫「中央研究院李遠哲院長」，而是寫「李遠哲先生」。李到大陸，他們都是稱呼「著名華人諾貝爾獎得主李遠哲」，迫得李院長只好正告對方，你對我們太不尊敬了。「因為我領中研院的薪水，我有職位。」「如果你們真的要邀請我去的話，一定要稱呼為中央研究院的院長，我就去考慮。」李遠哲不無憤怒地指出，他去廣東汕頭參加

會議，祇有另一位華裔諾貝爾物理獎得主丁肇中稱「李院長」，中共方面還是說成「著名華人諾貝爾獎得主」，實在太不像話了。據說中共官方經過一副討論，後來發出的邀請函即改用「李院長」為銜。

不久前華人物理學會在臺灣召開，中共代表團一來，就說李院長最好不要出席開幕典禮，「因為我是大官。」這點引起李遠哲切身的不快，「我說，奇怪，我們在這裡辦活動，我在這裡當主人，我應該在開幕時出現，歡迎大家，如果你認為不方便的話，是他們去考慮是不是不出席，不應該叫我不要出席。」到了主人的地面上，中共代表團還擺出這樣一副嘴臉！這不僅是無禮、傲慢、狂妄，而且下流無比！

以李遠哲的身分地位，感慨尚且這般，其地位身分不如李院長者，又當如何？

依中共的方式，我們是不是應該稱中共的國家主席、總理、部長、大使為：「服務於以坦克大砲對付青年學生的政權之傑出華人」？或「雙手直接間接沾滿學生鮮血的著名政客」？中共政權老是用傲慢自大的心態、蠻橫無理又無禮的姿態，四處排擠拒斥臺灣官方與民間的國際活動，臺灣的民眾豈會全無感受？感受飽和後所凝聚而成的共同意識，沛然莫之能禦。中共政權務需理解到：打壓是迫使臺灣離心的最佳方式。

——《美中新聞》，一九九八年七月卅一日

駁「只要沒做什麼，有什麼好怕的」

　　臺灣政壇有個特殊現象，就是喜歡拉學者從政。處於這種氣氛之下，還真有為數不少的學者，以為人生的目的便是等待最高當局的那一通人事電話。由此，竟而產生了一個怪現象，學者一旦上臺掌握權力以後，面對敏感問題或爭議時，其所發出的反應與言論，荒腔走板尚屬小事，更有許多根本不合常識，甚或悖乎學理，而這些學者未上臺前，為了引起重視，卻又競相著論，文章中表露的高貴基本理念，到了這時候，彷彿立即了失憶症，早已置諸腦後矣！敢於向當權者談真理的學者（英文所謂speaking truth to the power），質之於出身博士教授的行政主管，未之見也。

　　最近臺北為了有關「政治偵防」、「公務員忠誠檔案」等節，某些過氣的政治人物，以及部分民意代表，配合新聞媒體的報導，炒作得熱火連天。如果以小民之心來度政治人物之腹，某些過氣首長怒氣衝衝地召開記者會，以強烈的語氣直攻最高當權者，一副社會正義的化身的樣子，而姿態上又以被迫害者自居，依筆者多年從事政治觀察的眼光看來，坦白講，恐怕還是退位以後「不甘寂寞」心態的裸露。也許，政治權力真的是最好的春藥，下臺失勢，一遇上類此好題目，豈有不趕緊服用，管它是不是冒牌的「威而鋼」（壯陽劑viagra先譯「偉哥」，現已被「威而鋼」取代）。當年「白色恐怖」發生時，當權的你又在那裡呢？

　　在人事制度上，對於僱用人員要求提供背景資料，實際上有它的需要，也是各個公私機構的通例，執行起來的確也會造成不公平的現象，比如入獄服過刑者，求職時遭遇的困難會比常人多。對政治人物

建立檔案，雖然各國政府不太願意公開承認，事實上總是有這回事的，民主國家亦不例外，柯林頓總統向聯邦調查局調閱幾百份共和黨人士的資料，引起共和黨方面的批評，等於間接說明聯邦調查局確實存有類似「忠誠檔案」的資料。問題的重點在於這些資料的建立是否於法有據？資料的使用有否訂立合理的規範？不然的話，類此資料極可能變成當權者打擊異己的工具，「白色恐怖」之說，應該從這個角度來看待，才比較不會流於僅只是互相指責的藉口。古往今來，還沒有見過任何一個政府不去收集資訊，或者完全沒有情報機構的，不管這些情報機構掛的是什麼名義。民主與專制的分野，不在情報機構的有無，而在其管理，當中又以防範這些機構被濫用、誤用最重要。

監察院長王作榮在《聯合報》發表一文，談他對忠誠檔案的感覺，嚴重質問「為什麼要讓情治人員牽著鼻子走？」文中並提起「誰來控制這些情治人員的忠誠呢？這些情治人員就沒有忠誠問題嗎？」有關情治人員的忠誠問題，其實情報主管機關在這方面早已著手，甚至有許多「內規」、「家法」等等，至於合法與否，當然也是值得重視的問題；真正重要還是如何「控制」，或者說如何依法「管理」。不上軌道的情治機關，大多以「主上」的意志為依歸，揣摩「人主」的意思，竟以替他幹下見不得人的事為榮，流弊之大，遺害之深，無以復加。國史斑斑，這類的慘痛經驗豈容重演於今日？

在這次「政治偵防」、「忠誠檔案」的爭議中，新上任的法務部長城仲模表示：「只要沒做什麼，有什麼好怕的。」如果媒體的報導正確，城部長確實表達了這樣的觀點，依個人淺見，城部長實在令人失望，以這樣的觀念而來主持法務部，乃是我國社會法治精神的退化。城部長獲有德國法學博士學位，任教大學法律系、法律研究所多年，據說平日著作亦多發揚人權、法治、法制之論，何以面對這次爭議，竟然說出這樣的話？有的分析指出，城部長如此說，等於間接承認忠

誠檔案的存在。其實檔案的存在憑常理即可判斷，無需透過城部長之口才能確認。關鍵的是這樣的話，以及它所含蘊的觀念，根本違反現代法治精神。

大家普遍都認識到，所謂國家根本大法的憲法，基本上是對政府權力的規範與限制。「只要沒做什麼，有什麼好怕的」，恰好違反了憲法的根本精神，因為它把限制移轉到個人身上。個人是否違法，基本上應由政府公權力及其代表機關負責舉證的責任，個人竟需負責辨明自身的清白，如此一來，治安司法機構上下其手、構陷誣告的誘惑未免太大了。再往前推理，人不必「自我入罪」乃是最基本的人權之一，上述說法豈不意含「只要做了什麼，就有可怕之處」？何況在一個自由民主法治的社會，人人均應享有「免於恐懼的自由」，如果這種自由還得奠基於「只要沒做什麼」，這成什麼世界？人即使患了錯誤，也能享有權利（the right to be wrong），已然是現代普受認可的觀念，城部長的觀念豈非落伍？此外更有一點不能不提，唯有高度極權專制的社會，人們才會以「沒做什麼」當作自身的安全瓣，但這樣的社會必然停滯而乏生意，與臺灣社會呈現的主動積極進取完全扞格不入。一個「只是沒做什麼，有什麼好怕的」的社會，是不會向前進步的。

學者從政前宣揚的理念，難道在權力烈陽的映照下，彷彿清晨的霧氣瞬即煙消雲散嗎？或者學者應該有這份堅持與勇氣，自己的理念才是光明正大的太陽，要把那人間的種種迷霧設法廓清呢？

附記：城部長講的話，當然不是他首創的，事實上許多基層情治人員，在詢問異議人士時，最愛用這種詞窮之餘的話來應付，但這種話所代表的觀念是不對的。

——《美中新聞》，一九九八年八月廿八日

從中國式軍事思考看對臺軍售

　　美國政府於四月廿四日正式告知中華民國軍方代表團，有關今年對臺軍售會談的決定。美國國防部發言人奎格利表示此次同意提供一個強有力的配套軍售，主要係為了提升臺灣海軍的戰力。這是自一九九二年老布希總統出售一百五十架軍機給臺灣以來，金額次高的軍售。

　　具體的項目頗多，諸如四艘建造於一九七〇年代末期的紀德級驅逐艦，十二架獵戶星反潛艇偵察機，復仇者地對空飛彈，八艘柴電動力潛艇等等。但最受各界注意的神盾級軍艦，則暫不出售，視未來臺灣海峽局勢的發展再做進一步定奪。一般咸認，由於中共政權反對出售神盾艦最強烈，幾乎使盡一切可以動用的手段，美方這次決定，一方面是在安撫或滿足北京的要求，另一方面則是保留己方的彈性，而這個彈性旨在進一步平衡中共的武備擴張政策。

　　紀德艦事實上已是廿餘年的老艦，即使艦上裝備可以從事某種程度的更新，但再怎麼說也不是屬於最新的國防科技產品，此所以臺灣內部對這項採購不無爭議，親民黨立法委員李慶華，就曾召開記者會，詳細列出種種不應購置的理由，認為國防經費錢應該花在刀口上。至於柴電動力潛艇，美方似乎是有點「慷他人之慨」，美國自己早就不生產這項武器，要賣給臺灣得先向德國、荷蘭洽商，德荷兩國的初步反應當然有排斥味道，畢竟美國事前似乎沒有先向他們打招呼，何況本國又自有其武器銷售政策，加上中共必然大力施壓，這一武器交易項目是否淪為「口惠而實不至」，有待進一步觀察。

　　這次軍售決定公佈以後，北京當局反應激烈，不僅抗議連連，而且暗示會有回應動作。臺灣方面自係表示歡迎，陳水扁總統認為這是政黨輪替以後他的重大政績之一。中共政權與臺北當局的立場，都可

以說早在預料之中。然而美國軍售臺灣，絕對不會只是牽涉到海峽兩岸而已，其影響所及還牽涉到亞洲太平洋地區的整個形勢。亞太國家的立場和觀點，同樣不容忽視。中美撞機事件發生以後，亞太國家絕大多數沉默以對，彷彿雙方均不願得罪，但在沉默之餘，可不是沒有自身的想法，尤其在軍售決定消息傳出以後，這些國家開始技巧性地透露一些消息出來。

澳大利亞總理霍華德，公開支持布希總統協防臺灣的談話，引起中共的指責。但霍華德的觀點並非孤例。從東京到馬尼拉到新德里，許多亞太國家的戰略分析家和政策制定者，其實支持布希的強硬立場，只是基於現實的理由——比如避免火上加油，而無意到處宣揚罷了。甚至新加坡的李光耀資政，也曾多次表明：「東亞國家本身沒有能力來制衡中共，所以我們需要美國在亞洲出現。」他只是使用外交語言來表達「以美制中」的意思。設於香港的法國當代中國研究中心主任尚皮耶・卡貝士坦則說得更加露骨：「面對一個野心勃勃的國家，如果你不示之以其極限何在，則很可能重蹈第二次世界大戰前德國的覆轍，不見大戰不死心。姑且政策全無結果，因為它帶來的是不安定，而非和平。」看到一位研究當代中國的專家把中共比喻為戰前希特勒的德國，連向來對中共持批判立場的筆者，亦不無觸目驚心。

基於民族情懷，海外華人多願兩岸以和為貴，甚至進一步認為長期武備競賽下，臺灣終將居於不利之境。其實中華民國政府自撤退來臺，一向在弱勢險地中求生存，臺灣社會整體而言當然比較先進，但論經濟規模、武備數量，則遠不如大陸，即使是戰術武器質量上稍比對岸進步，但卻得仰賴美國為主的西方國家的技術與政策措施。然而真正深入去看，中共武備競賽的對手哪會是臺灣，而不折不扣地是美國。蘇聯與美國競爭的結局如何，殷鑒未遠，北京當局自視今日的中國大陸，確實勝乎當年的蘇聯嗎？這是應嚴肅正視並全面思考的。過

去歷史上，因強而富的國家泰半來自劫掠他國，且國祚不會久長。在現代世界先富後強才是可靠的基本策略，北京當權者豈可無此認識？

近日重讀一些先民留下的軍事思想，感慨殊多。這些智慧結晶雖未必百分之百適用於當代社會，仍有可參考的地方。同時，其中道理頗多可適用於中華文化範圍外其他國家，但臺灣海峽兩岸對中國式思考更熟悉，讀來當有切身之思。《漢書》〈魏相丙吉傳〉分用兵為五類：

> 救亂誅暴，謂之義兵，兵義者王；敵加於己，不得已而起者，謂之應兵，兵應者勝；爭恨小故，不忍憤怒者，謂之忿兵，兵忿者敗；利人土地貨寶者，謂之貪兵，兵貪者破；恃國家之大，矜民人之眾，欲見威於敵者，謂之驕兵，兵驕者滅。此五者，非但人事，迺天道也。

拿前引這段話來映照兩岸局勢，似可給當政者不少警惕。就臺灣而言，最宜注意「應兵」，臺灣的生存之道在於「敵加於己，不得已而起」，但衡諸當前臺灣內部的政爭與社會亂象，缺乏心防，不知本身與大陸共產政權的界限分際，簡單說便是不知為何而戰，敵若加於己，竟無「不得已」而為生存而戰的道德勇氣與軍心民心，如何能夠「兵應者勝」？就大陸而言，則應避免「忿兵」及「驕兵」。最近中共戰鬥機與美國偵察機相撞的事件，更多少是「爭恨小故，不忍憤怒者」，其結果是機毀人亡，「兵忿者敗」。當然最應記取教訓的，恐怕還是「驕兵」。大陸廣土眾民，廿年來也累積了不少實力，有些人不免躍躍欲試，「欲見威於敵者」，貿然行之，不僅是敗，且是「兵驕者滅」。

願《漢書》中國式的軍事思考，對臺灣海峽兩岸均帶來啟示。

——《美中新聞》，二〇〇一年五月十一日

「臺灣」兩個字，好辛苦！

　　今年（二○○二）元月十三日上午，陳水扁總統於美國地區臺灣人公共事務會成立廿週年慶祝會上宣佈，中華民國護照封面上加臺灣字樣的公文，業已送呈總統府並由他在當天予以批准。次日，外交部將此案送達行政院，行政院長張俊雄於下班前批示同意，若無意外，依外交部擬定的時程，今年秋天即可發行新版護照。

　　此事在國際間多少亦有餘波。元月十四日美國國務院的例行新聞簡報會中，即有記者詢問，國務院發言人包潤石答覆稱，臺灣當局已指出，這並不代表臺灣方面任何政策的改變，美方採信臺灣的說法，當不致影響美國之處理臺灣旅客入境及其旅行文件。中國大陸自然有所反應，但迄今為止，仍算謹慎。國臺辦發言人張銘清表示，問題的本質不在於識別護照，而在於臺獨理念的落實，他批評此一舉動對兩岸關係沒有正面作用。刻正訪問美國的國務院臺灣事務辦公室副主任周明偉，則於十四日在紐約指責臺灣當局尤其是基本教義派，用明的、暗的、大動作和小動作，展現臺灣獨立的理念，傷害兩岸關係的穩定及發展，對臺灣這些「從明獨走向暗獨」的各式舉動，北京非常關注，不會坐視。

　　當然，反應最熱烈的還是臺灣內部，特別是在野黨的政治人物。依臺北外交部於元月十三日晚公佈的圖片與資料看，事實上係在護照封面上添加Issued In Taiwan英文字樣，中華民國護照中英文大寫字體，仍然分兩行上下排列，中間則為國徽，所加的三個英文字置於護照下方，Issued In字體較小，Taiwan則與Republic of China Passport同樣大小。這份資料公佈以後，因並未涉及更改國號等情，在野黨立法委員原本激烈的反彈，遂轉趨緩和。外交部長田弘茂解釋說，為了避

免不必要的政治爭端，該部以爭議最低的方式處理此事。純就臺灣內部言，田部長的目標或可部分達成。

臺灣輿論界的評論，大多著眼於陳總統宣佈的時機與場合。陳總統在讀完備妥的致辭稿後，突然表示要告訴大家一個等待期待已久的好消息，也是臺灣人民共同的願望，即為了避免長期的困擾，在護照上加添臺灣字樣。他還說：「我們的護照過去都一直被人誤會是中華人民共和國護照，讓我們很沒面子，也沒尊嚴。」並表示這是送給臺灣人公共事務會廿週年最好的禮物。《聯合報》「黑白集」，以「不為無益之事」批評此舉。依個人管見，其實陳水扁總統的脫稿演出，乃是他政治性、選舉式語言的運用，至少是鼓勵支持自己的團體和群眾的士氣，在他看來，又怎麼會是「無益之事」呢？

不過，嚴格講，被誤會並非一定等於沒面子或沒尊嚴。在美國生活來自臺灣的人，用英文說出自己的故鄉時，不時會被洋人誤會為來自泰國，不管是本身的發音不夠精確，或是對方的地理知識不夠，這樣的誤會實在無關尊嚴及面子。再舉一個更低俗的例子，日本男士於國際間頗具好色之名，臺灣商人在國外情色場所也常常會被誤認成日本人，這時恐怕是內心暗自竊笑的多，而不會想到其他方面。這樣說當然不是認為被誤會係好事一樁，無寧是在強調就事論事的重要。

的確，護照牽涉的遠比前段提到的生活小節嚴肅得多，它畢竟是正式的官方文書，直到目前為止，始終是國際旅行必備的證件，並且照美國護照內頁的註記，它還是美國政府的財產。而事實上，持用中華民國護照確實在一些情況下，會有所不便，甚至被誤會，處於行旅途中的被誤會，絕非令人愉快的經驗，甚至造成心理的衝擊。曾任外交部長現為臺中市長的胡志強表示：民眾赴海外旅行，拿出護照，有時得補充說明「這是臺灣」，因此在護照上加註，只是將「口頭補充」轉化為「文字附註」，用意在身分辨識，無可厚非。就怕被人拿來做

意識型態的渲染，讓政府本來就該做的事，蒙上不必要的陰影。胡市長的見解，既切實又公允。

　　然而令人感慨不已的，也是整個護照添加字樣事件背後的寓意，不正就是「臺灣」這兩個字在意識型態上的含義嗎？有很長一段時間，特別是蔣介石、蔣經國總統主政的時代，中華民國政府雖未明言禁止，但事實上卻盡量少用這兩個字，連觀光海報上是否印出也得大事斟酌一番，當時似乎是把「臺灣」與「臺灣獨立」──因此即屬「叛國」，綁在一起。如今時移勢變，似又形成「中國」與「被統一」──因此即屬「背叛臺灣」，連成一氣。「臺灣」一詞在意識型態上指涉意義的變化，不啻成了半世紀來臺灣政治與社會發展的縮影之一。

　　不容否認，其中牽扯最大的，乃是對岸的中華人民共和國。隨著中國經濟的發展與國勢的提升，中國施之於臺灣的壓力，將不止是戰略的，而且還會是心理的。中國於國際間的能見度越高，而北京政權又不改其無所不用其極打壓臺灣的心態，則突出臺灣之獨立身分與地位的欲求，在本土政治市場上的聲勢，只會越來越高。所謂的「去中國化」，便成為擺脫對岸糾纏的具體訴求。這種演變將有何結局，正考驗著兩岸領袖人物的智慧。

　　概述護照加註事件之餘，不免有些無奈地歎息一聲：「臺灣」兩個字，好辛苦！

──《美中新聞》，二○○二年元月十八日

不安與不平：回臺紀感

　　二〇〇二年十二月十一日返回臺灣，隔年元月三日抵美國舊金山，距上次到故鄉臺灣已近兩年九個月！在臺期間，與親朋友好相聚，參加一些活動，於應酬吃飯之餘，也分神觀察社會現象，體會人心世情，所思所感，不無可記之處。

　　返臺之初，由於臺北、高雄兩市選舉剛剛完成，各類媒體談論選舉者仍多，在琳瑯滿目的種種資訊中，個人至為看重前清華大學校長沈君山的評析。沈君山於十二月十七日臺北《中國時報》發表了近乎整版的長文：〈瓊樓高處談開票〉，以對話問答體方式出之，內容涵蓋頗廣，沈先生雖以天文物理為專業，但數十年來關心國家發展與兩岸關係，和兩岸高層維持某種情誼，且曾短期擔任政務委員，橫跨學術及政治界，個人一向重視他的見解，因為其立論比較平正通達。

　　在前舉長文內，沈君山指出：

> 外省族群現在面臨極大的危機感。像臺灣這樣一個一點大的地方，少數族群當權，多數族群在野，會有不平感，但不會有不安感。因為人數多，不怕被排擠出去，而且自然演進，總有當權的一天，但是多數族群當權，少數族群就有不安全感。不安感和不平感不同，不平感會引起悲憤，甚至反抗，但是不安感，尤其在被挑起族群對立時，會產生極強的危機感，甚至鋌而走險，包括真的裡通外敵。……

文中「少數族群」指的自係「外省人」，「多數族群」則是泛稱的「臺灣人」。沈教授舉他高齡八十九歲的媽媽為例，沈老太太挺馬（英九）

挺到「非理性的程度」，因為馬是沈媽媽這一批老太太們的保護神。沈君山還申論謂：這不安全感當然不只為自己，是為她那一代，更是為她那一代信仰的文化和民族精神。

個人以為，不安與不平的區分，頗能解釋臺灣社會現存的狀況，不妨視之為雛型的觀察原則。事實上，自從民主進步黨執政以後，外省族群的不安全感乃是相當明顯可見的。但促成不安全感的心理因素，沈君山的申論應該算是比較理想化的說明。筆者曾與一位外省籍好友談臺灣外省人的不安全感，這位好友便不客氣地說：有些外省人的反應其實是hysteria（歇斯底里）。這一可能性自然不必視而不見。在個人看來，由於政黨輪替，原本當權的族群其地位從而失落，認同當權者的民眾由而促致的不安全感，實不可取。

不過，不安全感似非僅限於外省族群。筆者接觸了不少臺灣籍高級知識分子和工商業精英，對近幾年來的國家形勢也是惴惴不安，溢於言表，他們的不安全感主要來自對臺灣前途的憂慮，具體講就是擔心臺灣在政治上、經濟上被中共政權吞了進去。另外以個人所屬的客家族群為例，客家話的流失與難以留存至下一代和下下一代，客家人身分認同的危機，尤其是客族大佬及社區有識之士極表不安的地方，無力感普遍存在。至於原住民族群的處境，則只有更形嚴重而已。

然而多數族群的不平感，是否因政黨輪替而告彌平呢？事實恐怕未必。筆者後輩在國民學校任教者不乏其人，臺灣近年推廣母語教學，包括鄉土語言和歌曲，據這些後輩們的實際教學經驗，渠等頗表不滿的多次抱怨稱：外省家庭的小孩公然拒絕學習者，比例甚高，而其理由多為家長向子弟表示，學這些東西沒用處。雖經說明既然在臺灣生活，學點本地語及歌曲多少總有幫助，也可增進族群間的相互了解，但對方卻排斥如故，老師們挫折感深得很。這種情形，與其歸咎於年幼的小孩，還不如說是家長的固執成見，阻礙了子弟的學習成長。

　　於前面提到的沈君山長文中，他也談及類似的問題，舉的是目前臺灣國中的英文教學。模擬對話中外國人問：Are you a Chinese？有些教員認為應該回答：I am a Taiwanese, not a Chinese.這種說法卻是不少家長難以贊同的。I am a Taiwanese, but also a Chinese.這個方式較能被接受，但仍有困難。於是沈教授找出自認為政治正確的答案：I am a Taiwanese first, but also a Chinese.但是這個答案裡頭仍舊「臺灣人」和「中國人」糾纏不清，還是無法過關。這當然是統獨爭論在英文教學上的不良發酵。話說回來，類此爭論跟提高學生的英文程度有什麼關係呢？前幾年，臺灣內部大談標準答案有害於健全的教育，為時不久，對並非本國語文的英文，居然想覓求標準答案，徒然見其庸人自擾的窘狀罷了。

　　老實說，多數族群有權表達不平之感，少數族群也有權表達其不安之感，真正可怕的是不准表達。何況，不安與不平的流露，往往也是促成整體社會動態和諧的助力，讓社會可以滑向更高一層的水平。回臺灣，印象最深的不是高樓大廈、機場、購物中心等硬體建設，雖然這些亦頗可觀，而是人的品質確實提升，這見之於公私機構工作人員的服務態度，也見之於捷運車站一般人的秩序及禮貌，換句話說，乃是人的素質已普遍改善。固然，臺灣現在面臨許多問題甚至危機，以此之故，仍可予以樂觀期待。

　　　　　　　　——《美中新聞》，二〇〇三年元月十七日

本土化與中華文化

芝加哥臺灣同鄉會、環球教育基金會、臺灣人教授協會、臺灣公共事務協會、臺灣人醫師協會等團體，今年（二○○三）九月四日，聯合邀請法國青年學者高格孚，假芝加哥僑教中心舉行專題演講，題目是：臺灣本土化會倒退嗎？筆者當天下午四時至六時全場聆聽，感受殊深。

國際學術界有關臺灣的研究，在一九七○、八○年代，聚焦於臺灣頗為成功的經濟發展，近十幾年來，重心轉向臺灣的民主化成就。在日益增多的專門著作中，高格孚主編的新書《未來的記憶：國家認同的議題和對新臺灣的追尋》（*Memories of the Future : National Identity Issues and the Search for a New Taiwan*, edited by Stéphane Corcuff, Armonk, N.Y.; London : M.E. Sharpe, 2002），出版後即甚獲重視。當然，不容否認，此書在義理及立場上，接近目前在臺灣執政的現政府，新聞局發行的英文*Taipei Review*月刊去年九月份，便登有澳洲國會圖書館研究員Gary Klintworth的長篇書評，《歐盟研究協會電子報》有專文推介，英國諾丁罕大學亞太研究所研究員蔡明燁，則於臺灣《全國新書資訊月刊》十一月號，撰有長文評介，這些專文均甚具參考價值（附記一筆，此書第九章係由芝大青年學人吳叡人所撰）。

演講會中，高格孚雖以該書為本，但筆者印象深刻的有下列諸點：首先他就區分本土化與臺灣化，並進而區分本土化現象與本土化運動，後者尤其重要。一談「運動」，難免即有政治人物及勢力從中操作之嫌，基於學術研究的標準，視之為「現象」，較為妥當，何況這也合乎他在臺灣現地實際調查研究的結論，即本土化乃是臺灣歷史發展洪流下必然出現的現象。在本土化的範圍部分，高格孚具體列出

八項來說明：政治人物、軍人與行政人員的交替；政治象徵的變化；政治機構；有關臺灣認同與兩岸關係的官方言論；政治社會化；語言政策；臺灣各地本土文化的復甦；電影、電視節目的本土色彩。

　　就臺灣意識與身分構成的歷史回顧言，過去被視同鬧劇的「臺灣民主國」（即一八九五年臺灣由清朝割讓給日本後，五月廿五日唐景崧宣佈成立者），雖僅成立十一天，卻重新被認為是一個起點。一九四七年的二二八事件，一九八九年蔣經國總統宣佈解除《戒嚴法》，此事高格孚於演講中，認為實際「第二共和」。李登輝總統主政後，一九九四年公開宣佈「兩個政治實體」，也是歷史發展途程的標竿。幾年前引起不小爭議的認識臺灣教科書，高格孚至表重視，講辭中談了不少。至於臺北市前文化局長龍應台，不久前於《中國時報》發表〈在紫藤廬和星巴克之間〉，再度燒起一把文化及政治討論的野火，高格孚表示其重要不下於認識臺灣教科書，筆者認為這回討論，其影響應該不如認識臺灣教科書那般廣泛與久遠。

　　從頭到尾，高格孚使用中文演講，還不時露出一些臺灣的時髦名詞如「脈絡」等，不過有時他為了挑選適當的中文用語，語氣為之中斷，偶亦犯上外國人說中文時常見的洋腔，這些瑕疵，對一名敢於使用中文向華人演說的外國學者言，當屬小事。他在最後語重心長的提出兩點，則是值得大家深思的：一是臺灣內部對國家認同，自己人必須具有共識。他以身為歐洲人的經驗指出，歐洲國家對臺灣究竟要的是什麼，便感困惑不解。二是引用美國研究臺灣前輩學人馬若孟的話（原是針對《未來的記憶》一書），臺灣本土化的現象，不只臺灣上下應關心，更值得中華人民共和國的領導層及社會精英參考借鏡，增加了解。

　　誠如高格孚再三提到的，臺灣的本土化現象乃係必然的發展，並且民主化與本土化也的確不能分開。因此他進而認為，明年即使由國

民黨、親民黨勝選重新執政，本土化的方向只會延緩但不會扭轉或倒退。其實，國、親兩黨同樣已產生本土化的情形，其進行已有一段時間，「臺灣優先」的綱領式論述，有力地說明了這點。但在臺灣當前詭異甚至扭曲的政治環境下，政治競爭的對手總是刻意要將國、親塗抹成「賣臺」，這種不正常的狀態，亟待臺灣人民善加明辨。

把本土化轉成為極端的「臺灣化」（其另一面則是極端的「去中國化」），實有其例。九月十日中華資訊網刊出一則消息，據云考試院擬就外交領事、國際新聞人員特等考試的科目加以變動，更形強調臺灣意識，有意把「中國近代史」改成「臺灣近代史」，將「國際公法」改成「國際貿易」。友人讀後，忍不住自外州打電話告訴筆者，不過經查此事尚屬揣測，考試院隨即予以正式否認。但據《世界日報》九月十四日頁A4報導，本年公務人員特考第二次警察人員、交通事業港務人員升等資格考試，國文科試題便出現以閩南語撰寫的考題，令應試客家子弟不知如何作答，世界客屬總會於十三日痛切批評其不僅違憲，更是欺負客家人。「目籠、孤不二終罔震動、走叨藏、敬奉大家倌真可取」這些文字，恐怕連講福佬話的人也未必真懂吧？（筆者通福佬話，還看得懂，但並非人人與筆者一樣。此類文字於流行歌曲中出現不難見到，列入國家考試，可能還是頭一遭）

「中華文化在目前臺灣社會仍然是最大公約數。基本上臺灣還是一個移民社會，有很多文化背景的人，同樣居住在臺灣這塊土地上。文化建設是最重要的國家建設，應該重視它的多元、豐富、包容和尊重。不要見到中華兩字就有非常不當和過度的聯想。」請大家猜猜看這是誰說的話？這正是陳水扁總統講的話。最近他參加中華文化復興總會會員大會，有人提議將它改名為臺灣文化總會，陳總統返回總統府，在接見凱達格蘭學校地方班學員代表時做此項提示。陳總統雖未必以氣度見稱於世，個人仍然要以有氣度來讚賞他這番話。本文敦請

陳總統的熱烈支持者，仔細品味他的話。

附註：最後一段所引，出自中央通訊社九月八日臺北電，本文加以濃縮，但文句照錄。奇怪的是，海內外華文報章居然吝於刊出這則消息。當然，近年來臺灣政治人物言論前後不搭調、矛盾不一致，業已見怪不怪。但也沒有必要每次都預先認定其必然如此，或別具用心。陳水扁總統這番話，平正通達，現實與理想兼顧，無需因私人政治支持立場不同而故意忽視之。

——《美中新聞》，二〇〇三年九月十九日

中共要如何面對
社會主義的危機？

Alvin & Heidi Toffler著

廖中和譯

按語：聞名全球的管理學大師Alvin & Heidi Toffler（風行一時的《未
來的震盪》、《第三波》等書的作者）夫婦，最近在*World Monitor
Monthly*發表了一篇長文，談中國大陸的經濟改革，文字雖然淺顯，但
內容相當深入。當然，作者不免為自己所創造的「第三波」理論宣揚
一番，而且對於中國的歷史未必能有精確而深刻的理解，但他分析價
格制度對共產主義（或社會主義）體制的巨大衝擊，甚至涉及其權力
結構及階級利益的重組，可謂鞭辟入裏；而技巧地點明自由與第三波
科技經濟之間的密切關係，對於中共更是盡了言責。雖則文末本著與
人為善的精神，祝福中國大陸經濟改革成功，整篇文章實在值得海內
外關心中國前途問題的人參考，爰予以全文譯出。

　　正當社會主義遭逢至少是五十年來最嚴重危機的時候，我們卻坐
在中國共產黨機關報提供的賓士汽車內，沿著北京中南海又高又紅的
牆壁疾馳，以便和中國經濟改革的掌舵人趙紫陽晤面。

　　趙和其他中共高官，均在這門禁森嚴、緊靠著紫禁城的中南海居
住和工作。他們想為十億人民創造一個以市場為主導的社會主義，顯
然是地球上最大的一個經濟試驗。中共的改革，連同橫掃蘇聯的各種
改變，掌握著全球社會主義整個制度的命運。

　　我們這次被邀請訪問中共，是因為我們的著作《第三波》，這本書在一九八三年面世時，曾因「精神污染」而被列為禁書，這次獲得趙的熱心支持再度出版。這本書對正在出現的科技社會詳加研究，目前是中國大陸上的暢銷書，成為學術爭論的焦點。

　　根據本書而做的九十分鐘電視節目，已製成錄影帶，不僅高級領導幹部看過，而且幾乎每個鄉鎮都放映過。「第三波」成了口頭禪，誠如某位作家所說，這本書「對具有改革思想的知識分子而言，實際上是一本《聖經》。」

　　一九八六年，我們在莫斯科與戈巴契夫會面。我們密切注視近年來世界社會主義的危機日益加深。現在應中共中央委員會所屬《人民日報》的邀請，再度回到北京。

　　我們回來是想看看，中共的改革成績如何，有沒有任何策略上的教訓，可供其他邁向廿一世紀的社會主義國家參考。

　　全球新聞界充斥著趙及其改革派受挫的不利報導，而以他們延期實施早經允諾的重新調整價格制度作為高潮。有些外國新聞媒體還準備把整個改革經過當作一個失敗來報導。

　　如果這些悲觀的預測正確，中共嘗試重新調整自己的努力失敗了，則不僅趙和當前的領導班子要被掃地出門，其影響所及更會遠至華沙、布卡瑞斯特和貝爾格瑞德。

　　更且，雖然戈、趙兩人並沒有真正的互相商量，趙紫陽的壞消息也是戈巴契夫的壞消息，反之亦然。他們的對手必然會進迅速引用國外的失敗或受挫為例，以阻擋國內的改革。

　　因此，其結果之一可能會是冷戰的復活，反戈巴契夫的蘇聯領導班子又回復軍備競賽，這種情形更是危險。

踩煞車

　　起先，鄧小平抓住了發動改革所必須的權力，並領導大局。但鄧親手指定的接班人，共產黨的總書記趙紫陽，則是負責執行的人。

　　經過一年多來的過度通貨膨脹、搶購、銀行擠兌、原料短缺、投機、貪污腐化、謠言遍地、犯罪激升、裝載穀物的火車被搶劫，對中央當局的反抗加增，現在北京暫時靜了下來，上述種種自然使改革的腳步趨於緩慢。

　　信用和投資受到的管制，已允諾的價格改制被延後，經過十年政治與經濟的反中央化以後，又擬重提中央管制，凡此，均使人對改革的前景有所懷疑。

　　我們拜訪趙紫陽，正是新踩上述這些煞車之際。他是六十八歲的人了，看來健康，比實際年齡少十歲。膚色明朗而有光輝，他的灰色頭髮，略帶金黃色，兩邊泛紅，令人意外。穿著剪裁適中的藍灰西裝。他隨意地坐在我們身旁，伸腿時露出灰襪、黑色便鞋。

　　一位幽靈般穿白西裝、白鞋、白手套的青年人，一聲不響地在旁邊侍候茶、啤酒、熱毛巾。趙有力而平實地開口說，現在延期實施改革是有必要的，但改革的動力猶在，而且仍然指向長期的目標。

　　趙待人友善，時露笑容，但他不是滿座春風的人。既沒有雷根總統的溫暖和吸引人，也沒有戈巴契夫咄咄逼人的光采，但他的腦子更有條理，透露一股寧靜之力。人們常拿他來跟中共前總理周恩來比，他是很懂分寸、務實，而且敏銳地了解這項大實驗對全球的影響。

中共的非資本主義的未來

從一開始，西方就誤解了中共的新經濟革命。誤以為中共倒向資本主義而加以喝采。

事實上，趙及其改革派，他們之所以積極提倡市場經濟學，不是作為引入資本主義的計畫，而是作為改進社會主義的一個手段。

「我們不是意謂一無任何政府管制的全然無政府狀態」，趙告訴我們。他很仔細地斟酌字眼，重複現在已變成官方公式的說法：在未來，中國的經濟模式將是以公共所有權的商品經濟為主。在政府規範下的市場規範……。

「在西方，在資本主義國家，則是私人所有權的商品經濟。在蘇聯，則是公共所有權的產品經濟。」

中文「商品經濟」一詞，意即商品之所以製造是為了在市場出售，而「產品經濟」則指商品是根據中央計畫來生產和分配的。

趙解釋說，「我們說，國家規範市場，但市場規範經濟。」中國人所謂「加深改革」意即達成上述這種結合。

重要的是，他又加以說明，「在日本和南韓均有政府干預，雖然他們自稱他們的經濟是市場經濟。在我國，政府的干預可能更大，但經濟則是市場來規範的。」

現在，用市場來規範價格一節，勢必延後，直到通貨膨脹和其他「情況更有利」時才會實施。但趙堅持說，改革的動力是不會停的。現在強調的重點轉為「企業改革」，也就是說把現在國家所有的大型和中型企業，更換其所有權和管理人員。

西歐、拉丁美洲和其他地方一些死硬派社會主義者仍視企業國有國營為社會主義的基本現象。但趙是過來人，他對這種管理所帶來的後果非得費心應付不可，他更體認到其所產生的龐大和腐化缺點。

149

根據第二天《人民日報》頭版的報導，趙在與我們談話時，就這個問題做了最明白的公開聲明。針對這些國有的大型、中型企業，他有意鼓勵「股權所有制」。

他說，「在公共所有制之下，產權屬於誰不明確。在國家所有制之下，由誰來負責呢？」

「將來，我們將維持公共所有制，但產權屬於不同的所有人。它可能屬於中央、省或縣政府。有些股權可能分給公司、企業。有些給員工，或者甚至是社會上的個別人士。所以這是由各種不同股東組成的公共所有制。」

但這種「所有制」含義為何？所有人會控制企業嗎？未必盡然。

趙接著說，這項計畫，是在「把所有權從管理權分出來，所有人不介入經營，而經理人可能不是產權所有人。」

趙是否讀過伯楠（James Burnham）所著《管理革命》（*The Managerial Revolution*）一書，或寶拉（A.A. Berle）所寫《有權無產》（*Power Without Property*）一書，殊可懷疑。這兩本書均紀錄自一九三〇年代以來，美國的管理精英如何脫離股東的控制而越來越見獨立。同樣值得懷疑的是：趙及其屬下是否了解，目前華爾街正在爭辯有關公司吞併以及重振股票持有人對美國大公司的權力。中共有的是不同的問題——而且問題更深。

在美國，股東與經理人的鬥爭正趨激烈，而趙的問題是如何把黨從管理層中脫離。他想對經理人員有所激勵同時也對他們課以責任，藉此以取代黨的控制。然而，我們所得到的印象卻是，不論是趙紫陽或戈巴契夫——二人面臨相似的任務——均未找出如何去做的方法，在意識型態的理論上也尚未設想出言之成理的說詞。

同理，當趙告訴我們（正如蘇聯改革派也跟我們這麼說），「我們想引入西方的管理方法，而不放棄社會主義」，我們立刻產生一個問

題：「哪一個方法？」

當先進經濟體從煙囪科技與組織的「第二波」，走向高科技與組織的「第三波」時，西方的管理方法也隨之產生劇烈的變化。

在美國、日本、西歐諸國，馬克思主義所稱「生產模式」的轉型，其管理方面不得不變成較不具層級色彩，較少專制權威性。從而發明了各種新模型並予以應用。

社會主義的改革家，是否盲目的去追逐採行業已過時的西方管理方法呢？或者他們看到了最進步的模型？這些方法，不論屬於第二波或第三波，如何裁剪來適應中共的獨特需要呢？或任何特殊文化的需要呢？

我們和趙討論了先進的、電腦化的、以資訊為基礎的經濟體，目前正出現的某些現象。「你們告訴我們的，可真是一個極為深刻的變化……」他這樣答道。「新的科技革命或資訊革命……或許可以協助中國跳過其他開發中國家所經驗的一些階段」。

趙深信，「我們為自己設計的途徑，乃是史無前例的」。

過去的夢魘

史學家和理論家或將見笑，但我們以為中國與世界其他國家有一不同。中國的過去是如此殘酷、苦痛和血跡斑斑，很少國家有這樣慘痛的過去，且也沒有別的國家像中國這般對過去有如此鮮活的記憶。

對於外頭的人實在很難去感受——非僅了解而已——通貨膨脹和政治不安在中國所包含的強烈意義，光提這些名詞就會勾起往日慘痛的回憶。一九四九年共產革命以前，中國大陸通貨膨脹簡直瘋狂，貪污腐化盛行。饑饉也是常見的事。更近一些，毛澤東長達十年的「文化大革命」，全國變成無政府狀態，屍體堆積如山，數以百萬計。

腦海中浮現著這些景象，中共目前的領導人，對社會與政治不安的跡象，特別敏感。沒有人願意歷史重演。

這點可以解釋，為什麼中共領導人，面對著通貨膨脹、貪污腐化、學生示威、非法罷工以及其天然盟友知識分子的離心，他們會決定延緩通貨膨脹的火花，暫時不敢去動那最後的考驗：價格改制。

這個決定，其策略上的教訓，不僅與中共有關，全球各地社會主義改革家均應注意才對。當你從一個嚴格管制的、封閉的、凍結的經濟體，轉向一個對外界開放、積極提倡改變、革新與創業精神的經濟體，這時你如何控制通貨膨脹呢？

中央計畫與中央銀行

有一件事你顯然不敢貿然做去，那就是在還沒有先定下另外一種形式的經濟管理之前，即把中央的計畫控制予以放鬆。

社會主義者以為資本主義乃是計畫經濟的相反物，然而即使是最具柴契爾色彩的西方政府，也莫不企圖藉中央銀行的運作來從大局上管理其經濟。事實上，如其中央計畫是傳統社會主義國家的標誌，則中央銀行的運作可視為資本主義國家的相等品。

中共削弱了其中央計畫體制，把不少政策決定權下放給省和市，使其具有更大的財政與政治自由，但事先並沒有奠下一個堅強的中央銀行管制系統。如此一來，便產生了一個巨大的、大體未予規範的信用及過度投資的膨脹爆炸，而導致今天的高度通貨膨脹。

在資本主義國家，中央銀行提高或下降利率。他們決定一般銀行必須維持多少準備金，他們發售政府公債。藉這些工具，他們企圖刺激成長或防止通貨膨脹。

但中共直到一九八三年才成立人民銀行，人民銀行迄今仍然缺乏

健全的機構和有效的影響力，俾能控制信用、澆息通貨膨脹的火花。

舉例而言，人民銀行對一般銀行所存放的儲備基金，被迫必須給付利息。人民銀行頗想刪去這一引起膨脹的規定，但一般銀行的權力卻足以抗拒這個做法。

趙及其改革派談到把那對經濟的「直接」控制予以移走。在他們尚未建立間接控制之前，這可由強有力的中央銀行系統完成之，他們已經開始把中央計畫者的直接控制予以鬆開了。他們現在為此而付出代價了，他們對於重要的經濟程序失去控制了。價格改制的延後實施，給了他們一個重新取得控制的機會。

價格改制隱藏的意義

然而，趙紫陽這個偉大實驗的最後考驗還是在於：中共經過必須的一段延期以後，終究要面對那不可避免的價格改制。

價格改制這塊巨石，是許多社會主義政府和權力精英碰得粉身碎骨的地方。不論在蘇聯，或在中國，沒有任何改革建議，比這更逼近到權力的深層結構。因為隱藏在擬議中的價格改制之內，卻是對全球社會主義整個策略的一大深重的挑戰。

這點，西方觀察家又誤解了這項問題的含義。

宣揚自由市場教義的神學家，從香港、新加坡和西方各國，蜂擁而至中國大陸，皮箱內帶著一些簡便的公式。對他們大多數人而言，關鍵在要開放或是要封閉。中共必須制止由計畫者或政府官僚來設定價格，而必須讓所有一切價格由供給與需求來決定。

其理由是：如果沒有彈性反應消費者需求之起落的價格——至少有某種程度的反應，生產者便缺乏有用的信號，而會繼續生產過度或生產不足。一個複雜、不斷變化的經濟體，需要成千上萬不同的產品

和勞務，如由中央計畫者制定價格，一定會做出「不合理」的決定，造成龐大的浪費而使經濟癱瘓。因此，由政府來設定價格，不啻是穿上阻礙發展的緊身衣。

這些話言之成理，但卻是專技人員的狹小眼光。

共產國家的領導人，了解而且可能也同意自由市場派的技術分析。但他們正確地看到問題的更深層次。

首先，在現行的條件下，允許所有或大部分價格根據市場而浮動，則生活費一定激升，尤其在城市裡頭，而這必然演成火上加油的局面。

但所牽動者比這還多。凡是掙扎於使其經濟現代化的社會主義國家，價格改制乃是人人面臨的烈火試煉。後頭我們會明瞭，沒有比這更深深地打中權力結構的痛處。

腐化的關聯

宋君是北京國家經濟重建委員會的委員之一，但他的乳白西裝、褐紅領帶、牛角眼鏡、塞滿東西的公事包，使他看來像是西方國家首都裡的一名經濟技術官僚。宋君和《人民日報》的其他幾名經濟學家，使得我們瞭解，中共的價格體制，與貪污腐化的問題節節相關，也讓我們明白為什麼它會跟任何社會主義所面臨的最深一層的策略問題息息相連。

話得從農村說起。

趙及其師傅鄧小平尚未發動經濟大整修以前，中共的農民隸屬於人民公社，他們被迫按國家所訂的價格，把所有產品賣給政府。最初的改革是引進「合約」制度，農民繼續照政府設定的價格賣東西，但剩餘的產品則按市價出售（後來某些工業部門也引進了類似的制度）。

這個政策帶來了可驚的食糧生產，莊稼人的口袋滾滾多金。

但是由於農夫從市場所得收入總比從政府的低價格收購為多，因此便想多保留不賣給政府，如果必要的話，不惜欺騙或賄賂官員，使更多糧食賣向私有部門。

政府以低價收買，轉使政府能以低於市場的價格在城市發售糧食。事實上，政府用低於買價的價格出售其「合約」糧食，這等於是雙重貼補城市的工業人口（一次是政府自己的，一次是農民的）。

然而，農民也不是傻瓜。他們跑到城市，買回已經補貼過的低於成本的糧食，然後拿到市場上高價賣出。同一袋米穀，可能這樣來回幾次，狡詐的投機者發了財，同時也使糧食價格大漲。

在某些工業部門，於引進雙軌價格制度之後，也發生投機、腐化的情形。看到別人獲取這種不公平的、狡詐的、「資本主義」的利益，還有比這更令一般誠實百姓憤怒的嗎？上了年紀的中國人，把這些賺快錢的倫理，拿來與一九四九年革命後初期盛行的「社會主義純樸」相對比。

如果這就是改革，他們說，誰要這種改革？

簡言之，價格改制絕非技術上的經濟問題而已，而是具有最高度道德與政治重要性的問題，不僅是經濟學家的問題，也是警察、新聞界和政客們的問題。

最後，價格政策又把我們引入一個更深層的問題，即中國人所說「重工偏見」。他們告訴我們說，價格改制之所以無從避免，是因為現行制度是「不合理的」，是極力反農業的，雖則農民是改革的第一批受益人。

照《人民日報》經濟學家戴君所說，「這種不合理使農業生產衰減……而且是所有社會主義國家，包括東歐，共同有的現象」。

戴君的同事，《人民日報》經濟組副主任劉君，比較了小麥價格

和肥料價格。劉君引用數據說明，假定中國農民拿半斤小麥去換肥料，他所得到的肥料比日本農民依同樣情形所取得的要少一半以上。

他們沒有指出一點，即這種偏重工業的歷史與策略的理由，這一點可以上溯一九一七年俄國革命後不久所發生的辯論。

俄國革命的宗旨，即是在把落後的、農業的俄國，推向迅速工業化的道路，因為國家缺乏資本，而革命政權也不可能從國外吸收資本，於是蘇聯經濟學家普瑞布拉津斯基（Y.A. Preobrazhensky）便提出一個「社會主義原始累積」的理論。

簡單說起來，其概念就是向農民集中榨取，把他們的生活水準維持在絕對最低點，搜括他們的任何剩餘，利用這些當作快速工業化的資本。

如何做到呢？你可以向農民課以重稅，他們非買不可的工業產品則提高其價格，低價收購他們所生產的東西，每一種情形，都是農民在付錢。經濟學家布哈林（Nikolai Bukharin）曾經批評這個政策，認為只會鼓勵農民少生產，事實上確也如此。更惡劣的是，這個政策導使史達林不惜以死亡來壓制農民，因為只有使用極端的武力，這個政策才能強制執行。

然而，不管是否要公然使用武力，這種犧牲農業以支持工業的基本觀念，從此支配了社會主義者的思想。

因此，趙及其改革派所擬從事的，即允許市場去決定價格，藉此克服現行價格制度原有的重工偏見，實即是打擊這個過時理論的核心，把階級重新予以組合。簡單講，遠超過絕大多數西方經濟學家和政論家所設想的，這是一個非常大膽、相當深入的轉變。

社會主義的危機：爲什麼是現在呢？

有人不免要問，今天，為什麼全球社會主義會有危機呢？為什麼波蘭工人會罷工，南斯拉夫的族群要分裂國土，羅馬尼亞的經濟會陷入全面黑暗呢？為什麼甚至在邊緣的、半社會主義的國家如阿爾及利亞、緬甸等，會有群眾暴動，而蘇聯的戈巴契夫卻不屈不撓地針對廣大的、黑暗的人民惰性大起鬥爭呢？為什麼中共雖有挫折，但也知道不能再走回頭路呢？

我們相信，全球社會主義的危機之所以在現在來襲，不是因為理論上的矛盾，或資本主義的敵對，而是因為一個具有決定性的歷史事件已經發生——亦即科技、經濟與社會變遷的強有力的「第三波」已經興起。

如果說農業革命是改變歷史的第一波，工業革命為第二波，那麼今天奠基於資訊、電子傳播與教育的異質及高科技社會，正加速成形中，稱之為人類史上第三個偉大的革命性轉型，應屬言之成理。

這個大轉型從資本主義世界開始，此後即加速進行中。因此，即使社會主義經濟繼續成長——而非遲滯，相對而言，仍將遠落人後。因為非社會主義的科技國家，已經突破而進入了一個全新的經濟發展水平。

一九五六年，蘇聯領袖赫魯雪夫可以大言不慚的夢想去「埋葬西方」。諷刺的是，一九五六年也是美國服務業及白領工人首次超過藍領工人數目的一年，象徵了有煙囪經濟的衰退和第三波經濟的興起。

今天，乘第三波變遷之勢，高科技的資本主義社會在科技、經濟發展上突飛猛進，即使是最樂觀的社會主義領袖也表示，要迎頭趕上非幾代人不可。而彼此間的差距正逐日擴大中。

這不是說，在絕對條件上，蘇聯與中共必然落後，而是因為非社會主義的工業國家向前進步更快。這些國家體現了馬克思主義所說的「質的躍進」，這是許多變化匯合而得的結果，其中桌上型電腦連線作業的來臨，功不在小。

馬克思自己對革命環境曾提出一個經典定義。照他所說，當「生產的社會關係（意即所有權與控制的本質）阻礙了生產手段（大體講，即科技）的進一步發展」時，革命的環境便告出現。

當然，這正是世界社會主義危機的明確寫照。凡是採行國家所有與中央計畫的地方，即使短期間略有成就，終究會停頓在第二波或有煙囪工業發展上。更糟的是，國有與中央計畫使得社會主義國家絕對難以從當今第三波的變遷中得到益處，而這些變遷已經轉變了創造財富的程序。

新的「生產模式」

猶之乎封建的「社會關係」，阻礙了工業發展：現在，社會主義的「社會關係」，也阻礙了變遷的下一波，而這一波卻含有馬克思主義所稱新的「生產模式」。

在美國、日本、西歐、東亞等第三波經濟正告出現的國家，資訊變成了重要的原料。經濟規模的重要性縮小了。高速作業、準確的日程安排、以及短程——而不僅是長程的——但不雷同（non-identical）的產品之生產及分配，這種能力變成最具有關鍵性，事實上，在許多情況下，遠比廉價勞工更為重要。

更且，這個新的、關鍵性的原料，即知識，不像煤礦或鋁礦會有用罄的一天。相反的，卻是越用越多。這一特點與傳統經濟學——不論是古典的或馬克思派的——相牴觸。

在古今先進的國家，雖則金融集中的趨勢仍在繼續，但實際的工作操作卻在縮小而呈多樣化。分工變得更加複雜。產品也好，分配管道也好，通訊也好，社會體制也好，人民也好，在每一個層次上，都朝著非群眾化的方向發展。社會主義據以建立的「群眾」，變得愈來愈少「群眾意味」（less "massified"）和一致性，越來越個體化。

所有這些，具有高度頭腦的趙紫陽和戈巴契夫，都有所了解，至少會有所感覺。這就是為什麼他們相信，他們的國家如要「迎頭趕上」，必需改革甚至革命。

這也是為什麼兩個人對「社會主義原始累積」的策略，連同根據此一策略而建立的價格制度，都得重新加以考慮。

凡此種種，也使得傳統社會主義的策略全然顛倒過來。

策略的挑戰

在蘇聯革命的早期，重點放在第二波或工業發展上，而以第一波或農業為犧牲，其結果是過去曾經視為「進步的」，現在卻變成「反動的」。

現在時候到了，人們應該認識到，第二波的煙囪工業，宏大的巨型計畫，蘇聯卡馬河邊的卡車工廠、中國大陸相應的同級工廠等，已不再代表經濟的最前進部門。事實上，若與第三波的、後煙囪的生產制度相比，他們已經變成落伍成分了。

實際上，一名受過良好教育的農夫，配上先進的科技，諸如一部個人電腦，能直接立即通向豐富的資料庫，可以查知氣象、複雜的化肥養分以及衛星資料對農作物潛力的分析等，乃是第三波「進步的」生產之象徵，而社會主義列為第一優先，噴放污染的煙囪工業，現在所代表的乃是「反動的」過去。

犧牲農業，甚至也包括教育、科學與研究，而來津貼補助第二波的工業，這樣的價格結構有意義嗎？社會主義的「重工偏見」，過去認為是進步所必需的，現在實際上是否反而阻礙了進步？

自由的經濟學

凡此，指出了一個最後的問題。第三波經濟必須奠基於資訊與革新，如果沒有大幅擴展其表達自由，亦即開放讓更多不同的意見、討論和政治辯論去表達，有那個社會能夠走向第三波經濟呢？

戈巴契夫已開了自由討論，做為重建蘇聯經濟的重點之一。相形之下，中共在經濟實務上雖較戈巴契夫大膽，但在表達自由這一方面，卻未免太過於謹慎了。

這個對比或可歸於一件事實，即蘇聯享有（假定這是一個適當的字眼）長期的政治安定，而中共直到晚近仍未享有。

與趙談話時，我們提到，這個新的生產模式需要「受到教育的和有創造性的勞動力，可以自由而不會害怕去交換資訊……表達自由這項權利，已不再只是一件政治上的事情，而且也是經濟發展的先決條件」。

趙回答說，「那是人之自由的問題。……我們想擴大社會主義的民主、自由。但發展的先決條件是安定。」

我們說，「這是可以理解的，尤其像中國那樣不久之前政治上仍有動盪的國家。但如果沒有自由的表達，則發展絕無可能。」

趙想了一下，然後說，「自由的程度與發展的水平相關連，所以我們必須一步一步來。要施行民主的進步，安定是必須的。」

話中未說出來的含義是，唯有當人們變成更有教育、吃得更好以後，才能享受日益增加的自由程度，而把孰先孰後的問題拋開不答：

先有雞，還是先有蛋？

我們委婉地提醒趙，身為「未來的震盪」一詞的發明人，我們相當了解，個人也好，國家也好，如變遷太多、太快，便會變成不安定。我們半開玩笑地表示，「中國真正要的，乃是沒有未來震盪的第三波！」

趙點頭笑著同意。我們向他道別時，他說，「十年後請再回來，那時你會看到這個實驗究竟成果如何。」

沒有一個人，連趙紫陽在內，可以號稱知道這個地球上最大的經濟實驗最後會有什麼樣的結果。但切莫低估了鄧、趙等人及其班底。新聞界想為中共的改革發喪，未免言之過早。

離開北京，看到鄰近的香港、臺灣、新加坡和日本，都在急速發展，這些國家領頭拉著中共奔向現在，趙、鄧等人則在內部推它向前跑，在這一推一拉之間，令人不免覺得，雖有重重困難，他們的改革最後是會勝利的。

將來出現的，管它叫作資本主義、社會主義、第三波或完全不同的名詞都好，全不打緊。佔全人類四分之一的中國人，不會永遠被拒絕進入廿一世紀的。

——《時報周刊》，一九八九年四月十五日

中共要為共產主義守寡嗎？

　　過去兩年（1989-1990），世界局勢發生了重大的變化。蘇聯的改革開放與自由化，柏林圍牆的倒塌，東歐共產國家的改弦更張，西歐經濟社會的日趨整合，無一不是影響深遠的轉變。在轉變的過程中，勢必會有混亂、不安、脫序等現象，但至少其間仍寓有令人去鼓舞的希望。然而在這段期間內，中國大陸留給世人永難磨滅的印象卻是：六四天安門事件青年人臉上、身上的鮮血，以及用單薄渺小的身軀去對抗坦克列車的畫面！這是一個多麼不同的對比。

　　面對著世界形勢的新變局，中國人該怎麼辦？首先必須聲明，本文所強調的是「人」，而不是「國」。

　　自從鴉片戰爭以還，一百五十年來，中國的對外關係大部分是屈辱的紀錄。但是最可悲的，則是內政的實質改善甚至更加令人失望。即以目前在大陸當權的中共為例，且不提與非共國家的比較，單拿全球的共產國家為限，就國家整體的發展來比較，恐怕也只得列入共產國家之中表現最差的一類。即便如此，直到現在我們卻仍然不時聽到一些充滿自大心理而又經不起分析的言論，諸如「廿一世紀乃是中國人的世紀」，再過九年便進入新的世紀，有哪一個誠實的人，真的可以坦然相信這是有根有據的預言呢？再如「世界問題的重心在亞洲，亞洲問題的重心有中國」這類所謂的「戰略分析」，其實最明顯不過，近代主導世界歷史的發展方向，影響及於全球文明的事件和動力，幾乎全都來自西方，亞洲（包括中國）主要還是受影響的一方，關鍵在於如何因應，因應成功者如日本、尚未成功者如中國。這件簡單的事實，理應讓國人猛醒：晚近兩百年來的世局，中國並不是京畿之地，而是邊陲。

　　一九四九年，中華人民共和國成立，毛澤東驕傲地宣稱：「中國人民站起來了！」時隔四十年再來反省，中國人民真的站起來了嗎？嗚呼，從幾千萬本國人民的屍骨上站立起來，拿「可恥」來形容都嫌客氣，更何況其所站立的基礎不僅充滿血腥，而且虛幻。綜觀中國共產黨四十餘年來的政策與作為，始終是在自卑與自大間往復折騰，結果是老百姓的物質與精神生活一併犧牲，甚而至於延誤了民族的發展，或更嚴重的，斲喪了國族的生命力。總結中共數十年的所行所為，用最簡括的方式講，就是「榮耀歸諸集體，苦難個人承擔」。榮耀歸諸集體——名義上是國家，運作上是共產黨，實際上則是國家最高領導人，以前是毛澤東，現在是鄧小平。苦難卻由個人承擔——由知識分子、農民、工人等去奉獻去犧牲，甚至禍延因為錯誤的人口政策而不得不墮胎的新生命。幾十年了，且不說光明是否在望，要緊的是：黑暗到底有沒有盡頭？

　　清朝末年，《老殘遊記》作者劉鶚目擊國勢日衰，早已喊出「棋局將殘，吾人已老」的悲歌感慨。一百年過去了，如今北京中南海的領導諸公，恐怕連這份自覺都付闕如。時代進步了嗎？共產主義在全球各地的試驗，沒有一個足以稱為成功的例證，尤其共產主義的祖國歷經七十餘年的功夫，如今也已有覺悟，蘇聯難以使其成功運作的思想與制度，有什麼根據可以去堅持中國共產黨不會重蹈他人的錯誤？中華民族的才智不一定比其他民族差，但也不必然會比其他民族好。在舉世共產主義狂潮的退卻聲中，本文倒想一問：中共難道要為共產主義守寡嗎？

　　國人「以大為尊」的思考習性，雖說傳承有自，但經過中共四十年來的發揚光大，實已遍及各個階層。此所以國家主席楊尚昆會見臺灣商人，會大事嘲笑臺灣自以為了不起的外匯存底，認為只要幾個海滄計畫便可淘光，而不去檢討：為什麼十一億人口的大陸，其外匯存

163

底低於臺灣？此所以大陸上頗有一些人認為，臺灣七百多億美元的外匯存底有什麼用，拿來平均分給全中國所有人民，每人平均還分不到百元，卻不去反省：把大陸的外匯存底取來均分，則連卅元都不到！流風所及，連一些流寓海外的民主運動人士也不能免俗。比如說東歐的民主化，在一九八九年產生最戲劇性的突破，時間則在六四天安門事件以後，當然不能說全無影響，但若誤以為這些發展直接間接受到大陸民主運動的「領導」，則簡直是妄自尊大，東歐國家的民主運動不知比大陸早了多少年，其深入與普及，更遠非大陸所能比。某此民運人士訪問臺灣後批評說，臺灣缺少「大」氣魄、「大」格局。據說劉賓雁訪臺之前，內心裡頭以為臺北近郊的故宮博物院大概不過是一兩間小房子罷了，恐怕也是出自同一心態。

其實，這原是典型的共產主義革命家的一項特點。諾貝爾文學獎得主，俄國名小說家巴斯特納克，早於小說《齊瓦哥醫生》內指出：

> 凡事都有個限度。經過這麼多年了，多少該也有些具體的成就。但結果卻是那些能夠激發民心掀起革命的人……對於其格局比整個世界為小的任何東西，都不會滿意。對他們來說，過渡時期、正在改造中的世界，這些東西本身就是目的。別的他們全沒學到，除了這個外什麼都不懂。而你知不知道，這些永不停頓的準備工作，為什麼會這樣徒勞無功嗎？這是因為這些人不具備任何真正的能力，他們是無能的。人是生來就要生活的，而不是去為生命做準備的。

神州大陸的十一億生靈，已經為生命做準備長達四十年，據稱業已得能初步溫飽，當政者以餵飽十一億張嘴為重大成就，一般人也以為達成這麼艱鉅的任務頗不容易，以此而不願苛責中國共產黨。人間還有

比這更不幸的嗎？中國人為什麼非得由共產黨餵養不可呢？中國人不能自己餵自己嗎？共產黨口口聲聲「為人民服務」，人民能不能拒絕你的服務，而自己來替自己服務呢？個人的覺醒，具有主體意識的個人的覺醒，才是中國會有出路的真正基礎。回思中共數十年來自大與自卑之間的反覆，自大總是淪入更深一層的自卑，自卑又未能轉化成積極的力量，再度反彈成自大；而就其所造成的傷害來說，則與其自大，寧取自卑。惟願今後從自卑的反省中孕育個人的覺醒，終能逐步樹立民族的自信，順著冷戰結束的時勢，最後擺脫共產主義的束縛。這不只是一項分析，更是一份祝禱。

—— 《美中新聞》，一九九一年四月十三日

廉價的民族主義

共產主義作為一個意識型態，已隨著蘇聯的解體而失去生命力。處此變局，中共之必然利用民族主義以為填補，明眼人只要稍加思索，便不難略知一二。

《世界日報》三月廿日有一段很生動的報導：

> 中共中央政治局常委李瑞環十九日對香港區政協委員表示：「英國人在香港講民主，一個外國人用著槍炮佔著別人的地方在此講民主，那有外國人給別人的國家搞民主的道理？」李瑞環說到這裡，在場政協委員紛紛鼓掌。

這正是中共利用民族主義的活生生例證。李氏緊接著又批判道，「社會歷史發展到今天，還要請一個外國人在某個地區某個國家指導發展搞民主嗎？」甚至反問「這叫民主嗎？」所謂「一個外國人」顯然指的是香港總督彭定康。李氏談話中意含的廉價民族主義，固然贏得香港政協委員的鼓掌，但在掌聲之後，卻不免令人興起幾許感慨。

替別國搞民主有先例

其實，外國人替別國搞民主，並非沒有前例。第二次世界大戰日本無條件投降，在麥克阿瑟將軍佔領下，日本的議會政治重拾生機，連《和平憲法》也是在麥帥指導下奠立的。這就日本人而言，雖然未必是值得驕傲而合乎大和魂的事體，但對以後日本民主政治的發展、經濟實力的提升，應該說利多弊少，至少尚未聽到有什麼嚴重的民族

主義反彈。難道日本人欠缺民族主義的醒覺嗎？

中國共產黨未當政前以「奪權」為目標，當政以後以「保權」、「擴權」為首要。民族主義用捨行藏，無非以「權力」為衡量。當其意氣風發向亞非第三世界輸出革命時，「那有外國人給別人的國家搞革命的道理？」這種話是說不出口的。而馬克思、列寧、史達林這些外國人連槍炮都不必帶，早已被中共奉為意識型態的正朔。為了一個小小的香港總督，中共不惜祭起民族主義，在這方面怎麼又使不上力了呢？

並非民族傳統均是好的

從宋朝以迄清末，國人女子纏足的風習，當然是深具民族色彩的現象之一，及今視之，卻不能因其為國族所獨有，而給予人道價值上的肯定。遠的不提，中國大陸記憶猶新的文化大革命，確實是「具有中國特色的社會主義」的產物，然而這樣的中國特色，還是寧可不要的好。

關鍵在於對全體國民是否有利。以共產主義或社會主義的體制為例，一國之所以採行，不管是出於主動如蘇聯，或者被「外國人用著槍炮佔著別人的土地」而不得不然，如東歐某些國家，該體制已被證明為無益國計民生，則其為浩劫一場，並不因為主動或被迫採行而有異，最後遭受被摒棄的命運亦初無二致。至於反面的道理，由於鄧小平的宏論早已風行神州大地，應該一點就破：不管波斯貓中國貓，能抓耗子的就是好貓。

利用民族主義令人困惑

民族主義究竟是自由民主的敵人還是朋友，早於十九世紀中葉，

英國政治思想家穆勒和阿克頓見解已有不同，後人爭論至今，迄無定論。不過，從實際上運作來看，一國若遇有敵國外患，這時利用民族主義凝聚人心共同對外，最具成效。其次，則是具有分離意識的族群或地域，為了追求政治上的獨立自主，民族主義也經常成為設法脫離母國的利器。再次，則是當政者為了鞏固政權，利用民族主義情緒激發國民的愛國心和向心力。而這三類實例，均與自由民主無直接連帶的關係。

香港之於中共，並無港獨的問題，英國似也還談不上是敵國，為了港督所提民主改革的政策，中共再三大張旗鼓利用廉價的民族主義予以反擊，委實令人困惑不已。一九九七年已為時不遠，屆時接收一個民主化程度較高的香港回歸祖國，難道竟也是中國人包括香港居民的恥辱？

從這個反思中，難免使人警覺到：中共政權心虛的地方——它所恐懼的，其實正就是民主本身。

——《世界日報》，一九九三年四月七日

請中共莫陷華僑於不義

　　行銷全球的《讀者文摘》月刊，在一九九四年十二月份以五頁篇幅，專談美國境內「華人間諜的威脅日增」。除了《世界日報》及《中時週刊》美洲版有所報導外，也引起各地華人社區的關注。這當然是哥倫比亞廣播系統五月十九日「中國間諜」消息的後續發展。當初這則報導由華裔主播宗毓華播出，尤其容易引起反感。宗毓華自然是在美國主要電視媒體地位最高的華裔，但她疏於參與華裔社區事務，早已引起部分華人社區領袖的批評。這種嚴重損及華人在美形象的新聞出自其口，且又鄭重其事地表示「華人間諜常常隱身多年不動」，「很可能就住在你隔壁」，反感更是隨其口氣的聳動而劇烈。

　　由華裔精英組成的「美國百人委員會」，協同「美華協會」、「全美學自聯」等團體，成立「CBS委員會」，強力向哥倫比亞公司抗議，幾番據理力爭，電視公司當局終於在十月廿一日，仍藉宗毓華之口宣讀了一份頗為簡短的聲明，象徵性地表達了「有所遺憾」的澄清之意。得此結果，總算功不唐捐，主事諸君應該獲得讚揚。然而，如果認真地檢討整個事件，卻不能不承認，這只是對「信差」傳播媒體的薄懲，而並未針對「信息」本身之所以產生，去做正本清源的追訴。問題的核心別有所在。誠如西諺有云：殺害信差又何濟於事？

　　中共政權一向擅長間諜之道。建政之前與國民黨之間的鬥爭，其「用間」的神妙高明，早已令人歎為觀止！自一九九一年春《人民日報》海外版刊登熊向暉〈地下十二年與周恩來〉以來，中國大陸「出土」的此類素材甚多，已由臺北傳記文學社輯印成《中共地下黨現形記》一書。自中共的角度視之，固然足可自豪；但卻間接造成大陸整體社會的人倫關係的異化，就某一程度言，夫妻、子女、親友、同事舉國

「用間」，正是顧炎武「亡天下」的現代版悲劇。

至於中共對美國「用間」，自亦絕非始自今日。中共間諜金無怠（據傳聞稱曾因功被封為公安部副部長），潛伏美國中央情報局數十年，經過好幾年的察查追索，才告東窗事發，被捕後不久於獄中自殺身亡，大家對這個案件應該記憶猶新。美中建交以後，以自由社會易於發展間諜業務的性質，中共政權「用間」的積習難改，而且竊取的機密範圍更由政治軍事擴大到經濟商情與科技，中共在美的間諜作業自然只見其增而未見其減！《讀者文摘》所述事例，極可能僅係冰山的一小角而已。

移民不論是基於何種原因而遷居異邦，與母國總是保持著千絲萬縷的關係。有人對母國政權持敵對態度，甚至力圖推翻之；有人則頗為友好，或者期盼自母國取得諸種奧援。而政權對移居他國的僑民，或拉攏或打擊或示好或利用或分化，不一而足。透過僑民從事間諜活動，不管是出於脅迫或是利誘，恐怕各國多有其例。

華人移民美國的歷史，也是血淚交織，滄桑備嘗。十九世紀中期搭乘豬仔船來的苦力勞工，其艱險困厄和普受歧視的苦況，並未因建築太平洋鐵路犧牲奉獻，而使華人地位有所提升，一八六七年完工時，中國工人已達一萬四千餘人，但在美國社會仍處於畸零人的地位。其後有很長一段時間，根本不准華人移民，且男女完全不成比例。遲至第二次世界大戰末期，由於國民政府長期抵抗日本的侵略戰爭，犧牲無數的人力物力，華人地位才獲得突破性的改善。但不幸為時不久，中共淹有神州大陸，當時旅美的華人和留學生，突然之間與祖國切斷了近乎所有的聯繫，其惶恐失落之情，目前六、七十歲的華僑，大多尚能憶起。直到一九六五年以後，美國對華人之移居美國，才有真正大幅的開放。數十年來，華裔在新大陸克服種種障礙，力爭上游，社會地位漸有改善。華裔家庭的平均收入與教育程度，直逼白

人甚或有稍勝之處。如同猶太人、日本人，華人相當重視家庭與子女的教育，第二代的表現頗為傑出（不過到了第三代，則又大都與其他族裔水平相近），多少帶點少數族裔「模範生」的味道。而這塊「模範生」招牌，其實是累積了多少辛酸與挫折才樹起來的。

一九八〇年美國與中共建交，此後大陸來美移民逐年成長。由於為時不長，成就自然尚不足與前期移民相比。學術界如李政道、楊振寧、丁肇中、李遠哲、田長霖、朱經武等，工商業如已故的王安、譚仲英，建築界如老一輩的貝聿銘和後起之秀林瓔，音樂界如馬友友、林昭亮，體育界如張德培，這些耀眼的名字，姑不論其政治傾向偏中共或臺灣，事實上其本人或父母多曾經身受中華民國政府與人民的造就，他們連同許多在各行各業做出貢獻的人，共同提昇了華人在美國的形象。語云「前人種樹，後人乘涼」，後來的移民包括中國大陸來的人，大家都享受了前人的餘蔭。當然，我們也深信，前輩大概也不至於吝於給後進餘蔭。後人則不應只理所當然地享用而不知感恩。

但從七十年代末期開始，華裔幫派活動猖獗，重要華埠的治安亮起紅燈，華埠形象漸漸失色。近年來，「中國白粉」在毒品市場的佔有率節節上升，早已引起聯邦政府的注意。最近兩三年，大陸船民非法入境，媒體大量報導。凡此種種，對華人原有的良好風評，正逐步加以毀損。晚近美國人的心態似已有了根本的轉變：過去對外來移民較為寬容，認為可使美國文化更形豐富；目前卻因政經情勢而敵視移民，尤其認為非法移民已成為政府與社會的不當負擔。在這種態勢下，類似中共這種危害美國國家利益的間諜活動，對居住美國的華人乃是非常不利的。在抗議美國媒體的誇大報導之餘，至少應該同樣嚴正地向中共抗議：請莫陷華僑於不義！

——《世界日報》，一九九四年十二月廿五日

豈有文章覺天下，
忍將回憶告蒼生
—— 李志綏醫生一生傳奇的終結

　　不久之前收到芝加哥出版的《大中華雜誌》一九九五年一、二月份，李志綏醫師蒼老而堆滿笑容的臉，誇張地佔據了整個彩色封面。然而同時寄到的華文報紙，卻以顯著的版面報導他已於二月十三日下午猝逝的消息。這個偶然的組合，似乎象徵了李醫師傳奇一生的終結：就在晚年風光地當上封面人物的時候，人生的幃幕突然降落。

　　據報導，李志綏原本計畫撰寫《中南海回憶錄》，將毛澤東與中共元老間的恩怨糾纏筆之於書，隨著他的去世，當然不過又替「千古文章未盡才」這句詩添了一個近例。不過，單以《毛澤東私人醫生回憶錄》中、英文本的得以面世，已經可以說不虛此生。

　　初讀此書，就被它平實而直指人心的敘述所震撼。書中刻意做學理性論述的文字並不多，但是可信的事實在讀者心中所產生的聯想，威力卻不可限量。在提及中國大陸神經衰弱的病例時，他寫道：「在國民黨政府主政時，我未見過比例如此高的情況；那時不管政治局勢變得多糟，總有法子可以逃離那個政權，但在共產黨統治下，卻是無處可逃。」（中文版頁一〇四）這種觀察與比較，從一個醫生口中說出，自然更具有說服力。他對於在中國大陸生活所做的總結（《美國新聞》與《世界報導週刊》摘錄時曾引用，中文版頁六十一）則是：「不管是在過去還是現在，只有一直違背自己的良心，才能在中國生存下去。」類似的話，過去並不是沒人說過，但以一個在毛澤東身邊服務

廿二年的醫生而有此說，不啻是對共產制度違反人性的最佳控訴。

大陸出版有關毛澤東的書籍為數不少。有些以歌頌神話人物的方式做文字堆砌，簡直是用幻鏡在看風景；有些作者完全攝拾第三、四手的資料，全無獨立的判斷的能力，隔了好幾層迷霧在看花；其中以毛澤東貼身衛士李銀橋等的回憶為主，由權延赤撰寫的《走下神壇的毛澤東》，則在謳歌之餘，多少尚能讀出實況與真相。但這些回憶者，受限於學經歷，只能以僕從崇拜主人的心態來做觀察，對毛澤東的氣概、生活習慣、癖好等，也許有細節上的如實描述，但他們無法進入毛的心理內層與思想內容。

李志綏的優點就在於他是受過現代高等科學教育、而具備國際經驗的人，雖然在共產黨統治下的大陸生活了卅九年，據他自述，為了活命，一直謹言慎行，但觀察反省的能力還是保存著的。固然他也不可避免地與在歷史巨人身旁工作的人一樣，常會產生戀恨交加的情緒，至少還不至於因貼近而變成盲目崇拜。從清末以迄於今，在中國政治領袖當中，毛澤東是最欠缺現代觀念的一位，比起孫中山、蔣介石、汪精衛、周恩來、鄧小平等人，均遠有不如（這些人全都有留學國外的經驗，也是令人浩歎的地方）。一個人是否具備現代觀念，不能只就他所信從的政治意識型態來論斷，反而從許多生活上的小節更能見出。在這方面，從衛士們的回憶可以得知，江青頗具現代觀念，不論是衛生、飲食習慣或一般日常生活，毛澤東不及江青遠甚。本來在一個落後的社會，在國家走向現代化的進程中，軍隊常常會起正面的推進作用，清朝末年與民國期間均皆如此；共產黨入主神州以後，解放軍反而並未在這方面發生太大的作用，可能與毛本身缺乏現代觀念有關。李醫生不論是自覺或不自覺，他以一個現代人的眼光來看毛澤東，便較易破除宮闈迷霧，得能清明地見出殘酷而醜惡的真相。從這個角度，我們當更可以體會到，李醫生死前一天最後一次接受訪問

時，會對記者邱秀文鄭重而大聲地說：我寫這本書的最主要目的，是要讓人知道，十億人民只能用一個腦袋，是危險的，可怕的。」這正是一個具有現代化精神的人的道德勇氣。

　　共產黨加諸於中國人的政治文化與極權制度，需要更多能夠使用自己腦袋的人，方能把它解構，而且可能需要相當一段時間。期待中國之出現一個戈巴契夫，以終結共產體制，乃是不切實際的。李志綏的回憶錄，或許正如嚴家其所言，業已成為中國非毛化運動中最重要的一本著作。但非毛是不夠的，必須更進一步非共或除共。

　　李志綏走了，他已經盡了力。但願會有更多繼之而起的人，大家一道來推動非毛除共、復興中華的偉業。

附記：本文標題襲用已故周德偉先生自況生平志業的聯句，其原句是：「豈有文章覺天下，忍將功業告蒼生」敬誌於此，非敢掠美。

──《世界日報》，一九九五年三月廿六日

豈容它再扮演上帝！

去年（一九九四）十一月，北京政權通過《母親與幼兒保健法》（暫譯），即將於今年六月開始實施。依中共衛生部長陳敏章的估計，大陸殘障人口約達一千萬人，對整個社會造成相當大的負擔。這個法案，不僅事關一千萬人的權益，且會影響不計其數有意成婚的男女。

《芝加哥論壇報》記者席梅哲報導稱，新法規定，孕婦所懷胎兒若有不正常現象，則當「勸導」她墮胎（在中國大陸，官方的勸導等於強制執行，幾乎別無選擇）。有意結婚者，必須強迫進行婚前檢驗，以確定是否「具有嚴重的遺傳疾病、精神病或傳染病」，肝炎、性病等均包括在內。染病者除非已治癒或已被廢除生育能力，否則不准成婚。此法通過後，甘肅省政府便誇稱，過去四年，已成功地廢除了廿六萬男女的生殖能力。

準此，則醫師幾乎操有生殺大權。只要醫師認定胎兒不正常，或帶有遺傳病傾向，這個小生命的生存權就被官方宣告中止。這對人的隱私和生命的生存權，是何等可怕的潛在威脅。同時，也嚴重違反了醫師應尊重生命的本職。西方傳播界稱該法是人類有史以來「絕無僅有之舉」，並非無的放矢。

此外，該法也規定：禁止醫師透露胎兒的性別。由於嚴厲執行一胎化政策，大陸地區新生嬰兒的男女比率為一一四比一○○，明顯的不平衡，其間重男輕女、溺殺女嬰的悲劇，自係一大因素。這種不平衡，未來會有什麼後果，根本難以預料。但海外華人無不衷心期望，悲劇或可因之消弭。

對比較尊重人權的西方社會而言，聞知此法通過，頭一個反應可能就是：希特勒的人口優生政策又告復活了。《芝加哥論壇報》在一

月十八日發表一篇擲地有聲的社論，諷刺中共有三「太」，其中之一是「極權暴政太多」。認為這種立法觀念，何其殘忍！最後痛斥這套防患不正常人口的辦法，實在是「太可怕，太可怕了。」

但對海外華人來說，內心卻是百感交集，依常理判斷，大陸上的同胞可能大多不會理解它對個人隱私與人權的侵擾，反而認為藉此可防止低能人口的產生而予以默認。使人不禁捫心自問：中國人的心性是否已被扭曲？

檢討中國的人口問題，其實罪魁禍首正是共產黨政權。早於五〇年代初，經濟學家馬寅初慎重提出人口過量的警告，卻在毛澤東「人多好辦事」的非現代心態下，遭受嚴厲的批鬥，從此無人膽敢再提。等到情況惡化至幾乎不可收拾，遂以一胎化政策為對策。最近通過的立法，其實還是一脈相承，亦即以當權者的意志代表真理，而把人民當作政策的實驗品。中共走「曲折的革命道路」，人民變成反覆無常的政策之芻狗。令人擔心的是：人性中最可貴的「不忍人之心」，已否因此而褪色。

北京大學有位研究員振振有辭地表示，「中國人生兒育女，一方面延續香火，一方面也是防老。殘障兒童在這兩方面全無用處，因此他們就成了奢侈品，而大陸可沒有幾個人負擔得起。」臺灣花蓮慈濟功德會的證嚴法師，一再教誨會員，對接受救濟的老弱殘障必須心存感恩，謝謝他們讓會員有機會發揚愛心。相形之下，對比何其強烈！殘障弱智真的就是人渣廢物，對社會全無一絲貢獻？

哲學家尼采、畫家梵谷中年發瘋，有幾個正常人貢獻比他們大？史蒂芬霍金——《時間簡史》作者，被認為是廿世紀下半最偉大的物理學家，自少年起即重度殘障，中年以後只剩頭腦和幾根手指能動，照中共的優生法，這種人根本沒有資格結婚，甚至連生存的機會也無。提到傳染病，毛澤東長期患性病且無意治療（見李志綏醫師回憶

錄），按新法來辦，非絕後不可。

　　當然，有很多殘障弱智者無法照顧自己，成為家庭與社會的沉重負擔，即使如此，也並不表明他們對社會全無貢獻。去年諾貝爾文學獎得主日本小說家大江健三郎，其長子大江光（現年卅一歲），語言能力只及三歲，視力極差，且復不良於行。剛出生時，大江健三郎無法接受事實，刻意逃避多年方能適應，而長子的弱智轉成為他文學創造的最大動力。獲獎後曾多次公開表達，卅一年前他立志寫小說，任務即在為腦部嚴重受損的兒子說話，兒子照亮了人性的黑暗面，使他意識的深層得以展現，深信自己之得此榮譽，弱智兒子與有功焉。

　　人對生命與智慧的理解，永遠是有限的、不足的、有待改善的。豪門大族出個低能兒，權要富商卻生智障後代，在我們週遭不是有所聞嗎？文學名著《麥田捕手》作者沙林傑，智商低於平均值；豔星歌手瑪丹娜智商高過甘乃迪總統不少；庸夫凡婦卻養育了才智非凡的子弟；這些都說明了生命的不可預測，我們不該感到驚奇嗎？自以為已對生命充分了悟，乃是狂妄的愚昧。

　　　　　　　　　　——《世界日報》，一九九五年四月廿一日

「思想」、「理論」
該退位了吧！

　　九月十一日，北京，中國共產黨召開了第十五次全國代表大會。這是鄧小平去世以後，中國大陸最重要的一項會議，涉及黨政權力的重組，國家發展方向的確立（或再確立），備受各方重視，大陸內部至表關切，國際間也賦予相當程度的注意，事前事後，新聞輿論界紛紛報導分析，允為一大盛事。

　　筆者曾在專門轉播政治新聞的電視臺，看到中共總書記江澤民宣讀政治報告的鏡頭，當場翻譯成英文。由於報告很長，轉播的時間也很長，翻譯本身容易使觀眾、聽眾感到不耐煩，但電視鏡頭的角度和跳接轉換，多少可以使畫面生動一些。但未知何故，這次卻只見江澤民低頭唸文稿，一讀兩個多小時，沒有多少時間可以抬起頭來，以眼神直接觸及觀眾，在傳播效果上會打折扣的。個人甚感意外的是，以中共擅長於宣傳的本事，難道不能把講稿打在閱讀牆上，讓江澤民宣讀時，不必老低著頭，而可以正面對著大家溝通，不僅形象好，傳播的效果也會更出色。這並不是什麼了不起的技術難題，改進起來絕不費事。

　　各類新聞報導均提到，十五大的政治報告內容分為十大項，文長三萬餘字。本來，共產政權的文件向來有冗長之病，政治領袖的演講動不動有如長江大河，套句過去社論作者愛用的一句話，「有不能已於言者」，完全違背林語堂「演講應該像女人的裙子一樣，越短越好」的明訓。長達三萬多字，不知道中國大陸的百姓作何反應，對臺、港和海外的華人而言，許多人已習慣於輕薄短小的文風，三萬餘字等於

半本書的篇幅，當作演講來「享受」，未免有「不能承受之重」的遺憾！四書當中最具代表性的《論語》，全書才一萬餘字。名震千古的林肯〈蓋茲堡演說〉，全文讀畢僅約三分鐘。甘乃迪總統著名的就職演說，文采燦然，含義深遠，內政外交等國家大政，均有提綱契領的提示，也才十五分鐘而已！一九七〇年代，西方經濟學界出現「小就是美」的說法，雖然不是四海皆準、百世不惑的真理，但何妨應用在政治演講上，利人利己。

然而，真正關鍵的地方，則是「主義」、「思想」、「理論」在共產體制中的重要性與分量。稍稍涉獵共產黨的歷史及政治者，很難不去察覺到一個突出的現象，那就是共產黨體制比任何其他政黨和體制重視理論，而且在實際上，掌握權力也即掌握了理論的解釋權，爭奪理論的解釋權實即是政治權力的爭奪（或其先鋒），取得權力以後，則將當權者的理論解釋推行於全國上下，此所以「學習文件」變成共產國家政治生活的主要內容之一，為自由民主體制所罕見。紐約發行的左派《僑報》，循例於九月十二日社論中替中共十五全大會捧場，也說：「中國共產黨是最重視理論的，最重視用理論來指導實踐的。」

依個人看來，問題正就是出在「用理論來指導實踐」，尤其是「指導」更是關鍵之所在。經驗性的理論或是科學性的理論，均係自實驗或實踐的累積中，加以通則化或概括化，而且適用的範圍有一定的領域。人類的社會生活方多面廣，永遠不斷在演進變化（甚至包括退化），過去經驗所得出的教訓，或許可以當作借鑒，但談及「指導」，則未免有不堪重任之虞。自然科學的發現和原理，本已無法照實應用到社會現象，歷史經驗所歸結的知識和解釋，對未來的社會演變，不僅無從預測，連當作解析的工具都嫌不足，拿它來「指導」社會實踐，實在太危險了。近百年來，屢屢有人嘗試社會主義的經濟計畫，無一不以失敗告終，這個教訓難道還不夠深刻嗎？

中共政權初期強調馬克思、列寧主義，認為它具有科學性，因而也可以運用到中國的社會實際，事後多少發現其間有扞格之處，於是而有「毛澤東思想」，自稱這是結合了中國的實際，而把馬列共產主義的思想向前發展，官方的說法稱揚「毛澤東思想指導中國革命取得勝利」，其後歷經種種政治清洗和文化大革命，「毛澤東思想」的光輝漸告褪色（中共官方嘴硬，當然不方便這麼說），遂有目前所謂「鄧小平理論」的說法。

嚴格講，「鄧小平理論」的說法不符實事求是的精神，也不合「實踐是檢驗真理的唯一標準」的原則（依筆者意，把「唯一」兩字刪除更為正確），奠定中國近廿年來改革開放政策之基礎者，並不是現在一些黨理論家爬梳出來的「鄧小平理論」，而是敢於拋開馬列毛思想的枷鎖，看到中國大陸所面臨的巨大困難與實相，不得不使上「摸著石頭過河」的勁兒，隨後把這股勁傳染給相當部分的民眾，這才是改革開放成就之所本。鄧小平事前沒有發展出一套精密的「理論」，何損於他的功業？如今再給他加上「鄧小平理論」的光圈，實在是畫蛇添足，徒見其多事罷了。

人間有哪一個天才、哪一個學說、哪一個主義，可以把九百六十萬平方公里上十二億人口的社會所發生的問題，真正予以比較完整地思考觀照過？孫中山的三民主義勉強算是較具整體性，「參考」可也，「指導」則是對中國人智慧的侮辱，「毛澤東思想」等而下之，何待多言！對中國人而言，「主義」、「思想」、「理論」在政治上所佔據的超常重要性，應該可以退位了吧！

——《美中新聞》，一九九七年九月廿六日

自由的思想，獨立的精神

　　自從稍稍懂得什麼是分析與批評以後，個人便對「革命」一詞充滿懷疑及離心之感，不論是對辛亥革命或是後來的共產革命，都抱這種質疑態度。用最通常的話表達，在下乃是屬於「不喜歡革命」的一類人物。每次聞見不知分寸地歌頌革命的論調時，總會想起英國小說家喬治・歐威爾的話：「所有的革命都是失敗的，只是失敗的地方不全一樣而已。」（按歐威爾的名著如《一九八四》、《動物農莊》等，在廿世紀起著某種先知作用）

　　每年十月初，中共政權例必慶祝十月一日的國慶，國民政府則慶祝十月十日的雙十節，海內外的華人，也本著政治效忠的對象而各自選擇其國慶，種種政治符號、活動聚會、應景文章，充斥各處，幾可說是照眼而來。基本上，雙十節多少還值得慶祝，十月一日則是可以紀念但應該含帶某種反省贖罪的心情，才能回歸歷史的正義。推廣其義，個人自必更為重視十八世紀末的法國大革命，而把一九一七年俄國共產革命視之為乃係前者的延伸，中國大陸的共產革命，則是這個延伸在不同版圖上的爆發。在這樣的思想背景下，近日細讀大陸學人陸鍵東所著《陳寅恪的最後廿年》，所思所感，分外沉重。

　　陳寅恪實在是中國近代才情最高、自身學術配備最齊全、掌握史料遠較充足的一位大歷史學家，也許由於自我期許甚高，雖然所積者厚，但所出者薄，著作並不算多。中年目盲以後，再次身歷神州板蕩，寅恪先生依然勉力著述不輟，但他坎坷的命運簡直就是中華文化歷經辛亥、共產兩次革命淘洗的化身。一九六九年十月七日，神州捲入文化大革命的狂風暴雨，寅恪先生溘然長逝廣州。消息傳出，在海外引起震動。臺灣傳記文學社不久推出《談陳寅恪》一本小書，彙集

陳氏知交紀念文字成冊；其後於一九七六年，汪榮祖教授撰著《史家陳寅恪傳》刊行；一九八〇年代，旅美名歷史學家余英時多次為文論證陳氏的「晚年心境」；陸鍵東這部長達五百餘頁的專著，針對陳寅恪生活在中共政權下的人生最後廿年，提出了相當完整的記述。

　　陳氏出生於前清，長於民國，終於共產體制，以一身而歷三朝代，就一個歷史家而言，如此閱歷或許是一件幸事；惟就個人的命運而言，可能應該說是不幸。尤其陳寅恪以中華文化的傳承大任自許，兩次革命的挫傷，家國興亡之感，豈止沉痛，更且切身——陳氏出身清末世家，其祖父陳寶箴任湖南巡撫，為封疆大吏，其父陳三立則係晚清最重要的大詩人，兄陳師曾（衡恪）為名畫家。一九二七年，大學者王國維自沉於北京頤和園內之昆明湖，陳寅恪撰寫輓詞並序，文短意長，已成傳世名篇，闡發文化斷落之苦痛，雖係悼友兼自念，事實上則是對中華文化沉淪之哀思。但陳氏卻又進一步於紀念碑銘文中敬告學人，「士之讀書治學，蓋將以脫心志於俗諦之桎梏。」寅恪先生後來明白指出，「俗諦」在當時即指國民黨的三民主義而言。

　　這種「脫心志於俗諦之桎梏」的精神，特別是在學術研究方面，與寅恪先生的生命合而為一。中國共產黨建政之後，曾於一九五三年十一月，透過陳氏以前在清華大學的學生，擬邀請陳氏北上就任甫成立之中國科學院中古史研究所所長，寅恪先生乃借其夫人之筆提出兩個條件：

一、允許研究所不宗奉馬列主義，並不學習政治。
二、請毛公或劉公給一允許證明書，以作擋箭牌。
（見陸著頁一〇三～一一一。毛公指毛澤東，劉公指劉少奇）

有些論者對陳氏處身極權專政之下，竟還有此等勇氣提出這份要求或

條件，極表敬佩與景仰。然而，衡諸寅恪先生的一貫思想，廿餘年前既已視三民主義為「俗諦之桎梏」，則馬列史毛等共產思想亦屬「俗諦之桎梏」，無寧是題中應有之義。這位負有任務的前學生錄下寅恪先生〈對科學院的答覆〉一文，文中明白宣告：「……研究學術，最主要的是要具有自由的意志和獨立的精神。……沒有自由思想，沒有獨立精神，即不能發揚真理，即不能研究學術。」當然，陳寅恪沒有就任中古史研究所所長！

一九六二年三月，中共國務院副總理陳毅在「廣州會議」上發言：「如果（與知識分子）對立的形勢現在不改變，那我們共產黨就很蠢了；人家住房、吃飯、穿衣什麼都給包下來，包下來又整人家，得罪人家，不很蠢嗎？反動統治階級，還高明一點。科學家、知識分子的吃飯問題他不管。工作他不管，什麼都不管。他也不一定強迫人家搞思想改造，他跟科學家、知識分子和平共處。」（陸著頁三七二）陳毅算是共產黨領袖人物中的明理之士，個人讀到此彷彿骨梗在喉，不吐不快。其實，真正的問題就出在「什麼都給包下來」，人類的歷史經驗中，有哪一個政府、哪一個政黨有權利可以「什麼都給包下來」的？華夏子民，務請記住，生生世世，直到歷史的終點，皆不應允許任何政府或政黨得以「什麼都給包下來」。

暮年，陳寅恪身受文化大革命的煎熬，曾經突然問追隨他多年的助手黃萱女士：「反動」二字作何解，助手無言以對。（陸著頁四七一）大哉此問。陳氏青年時期讀畢馬克思《資本論》德文原本，其才學通識，罕有人能及，但中共政權長年加給他「資產階級學術權威」、「反動知識分子」等大帽子，這個反問，其實是思想上有力的一擊。卅年後，目前中南海的當權諸公，在執行現在的政策並以其成就為傲時，也請自問：「反動」二字作何解？

在世紀末追懷陳寅恪的一生，不能不想到：究竟是狂囂已極的

「革命俗諦」，抑或是寅恪先生「自由的思想、獨立的精神」這種人格
光輝，更能垂諸久遠？深願炎黃世胄知所抉擇。

　　　　　　　　　　　——《美中新聞》，一九九八年十月二日

歷史的反思
—— 讀辛灝年著《誰是新中國》

　　屢經折騰的中國，如要真正地撥亂反正，最最需要的心靈考驗，乃是對歷史——尤其是近現代史——的反思。近日讀畢辛灝年先生長達五十萬字的《誰是新中國》一書，益發感到這一基本認識的重要。

　　辛灝年原名高爾品，安徽巢縣人，武漢大學中文系畢業，係中國大陸頗為知名的作家和學者，歷史小說的撰述原是他志趣之所在。一九九四年春轉赴北美，他把在大陸所做的「前期工程」幾十萬字資料打散，當成包裝禮物的廢紙，帶出國門。從一九九五年四月至一九九八年四月，整整花了三年的間寫作和修改，才完成這部大作。作者在〈後記〉中自述，其海外筆名辛灝年乃是取「辛亥年」的諧音，不無回歸「辛亥革命」正統的意旨。他曾經巡迴北美各大都市，於僑社演講闡發他的歷史觀，來過芝加哥，可惜個人因事未能參加，失去當面討教的機會。

　　《誰是新中國》的中文副標題為「中國現代史辨」，這是全書的精神，也就是說它是一本歷史辨正，不是習見的歷史記述帶著流水帳式的脈絡，更不是生動充滿戲劇化的歷史小說，書中引錄的許多中外歷史事實，主要是用來「講道理」，尚非去鋪陳事件的經緯進程。當然，也因為這樣，讀來便倍增艱苦，很難輕輕鬆鬆興趣勃勃地瀏覽一過。畢竟這本書不是供人消遣之作，而是振聾啟聵喚醒人心的嚴肅著述，照例這一型的作品不可能成為暢銷書，但它的價值有時卻又絕非暢銷書所能望其項背。

　　神州大陸經過中國共產黨半世紀多的統治，對華夏人心的污

染——至少就海外享有自由意志生活於民主政體而不願充當中共應聲蟲者看，的確是污染，誠如著名歷史學家余英時等所言，光是去除這種心靈污染，可能便得花數十年的功夫。以中共政權的本質，從小生息於它所控制的社會體制的人，要想脫開無所不在的意識型態之網羅，要想超脫它所強加於歷史事件的片面解釋，真是談何容易！且不說一般人習焉而不察的惰性，即使克服了這一惰性，而想表達自身的獨立思考，不僅需要勇氣，並且極可能於現實利害方面蒙受巨大橫逆甚至喪失自由。辛灝年此作之在海外出版，效果自然遠遜於在中國國內刊行，但情非得已，更何況它是由大陸出身者清除中共心靈污染的力作，意義非比尋常。

在理論領域，這部書的主要貢獻在於：它明確地指出世界共產革命，其實是在革命名義下重建專制制度的復辟。基於同一理路，作者又確認，毛澤東所領導的農民革命，乃是「建立新王朝、復辟舊制度」的造反，「打倒了皇帝便要自己做皇帝，因而才與近現代民主革命具有完全不同的性質。」一九四九年中共政權成立以後，為了復辟專制制度而採行教政合一的嚴酷統治，終於成為專制制度的最高階段。作者以宏觀的眼光，提出「復辟」史觀，頗能解釋中國近代、現代的歷史演展，而共產主義在一九九○年代的崩潰與退潮，不啻是復辟說的實際見證。中國大陸迄今尚未正式「非共產化」，而且推行改革開放也已廿年，但辛灝年的分析，則視之為「晚清政局的全面重現」。這一提法，依個人的觀察，在海外還有現實的含義，今天於僑社為中共政權塗脂抹粉強加辯護的人，其行徑總令人想起「保皇黨」一詞，不是沒有原因的。

基於史觀，作者對創建中華民國的孫中山先生，以及後繼者蔣介石先生，則給予高度的評價，與中共政權及其官方史家大相逕庭。主要是因為辛亥革命所代表的才是民主革命與共和政體的初造。後來的

歷史進程充滿了民主革命與專制復辟長期甚至殘酷的較量，孫中山的聯俄容共雖出於現實考量，但其為失誤則作者亦直書而不諱言。蔣介石在外患（日本的侵略）與內憂（中共的盤據）交逼之下，仍然致力於民主憲政的建樹。作者在本書的獻詞上，除了中國大陸人民及所有先賢先烈等集體人物外，還特別獻給孫中山和蔣介石這兩位個體人物，辛灝年對孫、蔣評價之高，恐怕目前中華民國臺灣史學界都會有異聲。

在歷史事實的澄清與辨正方面，作者著力甚多，且盡量運用中共自己的文獻事證，來破除中共對歷史的篡改變造。這種做法，不僅文獻有徵，並且極具說服力。比如說，中共一直將一九五九至一九六一年因人禍餓死數千萬農民的罪惡，歸咎於「三年自然災害」，但有學者查閱中央氣象局資料，則發現那三年風調雨順，根本沒有所謂自然災害。（見該書頁六六六，註十二）不過，作者有時也借用常識和常人觀點，來否定中共的宣傳，同樣具備說服力且更為生動。舉例講，中共長年宣稱聯俄、聯共、扶助工農為「新三民主義」，連小學生都會反問老師，為什麼其間就沒有一個「民」字呢？（頁一六九）至於中共直到今天還在搶抗日戰爭的功勞，誣蔑國民黨不抗日，則是天大的謊言，中共所謂的「百團大戰」，號稱「戰果輝煌」，作者反問：但至今沒有傷亡數字的事實，和它在如此之大的戰役中，竟沒有一個中、高級軍官傷亡的事實，都祇能說明它的真實性可疑。再如著名的新四軍皖南事變，涇縣茂林地區（新四軍軍部所在地）的老輩，竟於私下對下放「接受再教育」的青年說：哪裡是國民黨打共產黨，是共產黨把國民黨打火了，才挨的打。（頁五一六）

對居住於非共地區的華人而言，其實中共藉抗戰以坐大的事實，大部分知識分子都知道，毛澤東公開感謝日本侵略中國才使共產黨得以取得政權，更是有力的佐證。可怕的是，中共傾全國之力，對幾近

兩代人長期進行篡改史實的洗腦，不致於全然無效，來自大陸的人們
更需要歷史的反思。《誰是新中國》應該是一本很夠斤兩的教材，如
果在正體字版外還能有簡體字版，當可擴大其普及性。畢竟人間實有
公正的共同標準，而即使是長居中國的人，豈可永遠自外於它！

　　　　　　　　　　　　——《美中新聞》，二〇〇〇年十月六日

真為中國好，切莫亂刪書

　　《華盛頓郵報》八月六日登出外事記者約翰‧彭夫瑞特發自北京的報導，談新加坡前總理李光耀回憶錄第二卷在大陸遭刪改的情形。大要如下：

　　李氏回憶錄《新加坡的故事》第二卷，去年（二○○○）九月於新加坡面世，臺灣和香港十月即予出版，但大陸版卻至今未能刊行。第一卷在一九九八年九月新加坡首印，只隔一個月，大陸版即告發行，書內談到五、六○年代李光耀與共產黨鬥爭的經過被刪除，第二卷比上卷又更嚴重。李氏是北京政權廿年的老友，新加坡的發展模式，也被中共當作師法的對象，這次回憶錄所受的際遇，大陸學界部分人士亦深感意外。

　　依中國外語出版社一位編輯的說法，該公司刻正改寫這部書的一些內容，「大陸版跟臺灣版比會大有不同。他的某些觀點，當局未必能夠接受，所以內容被改動多處。當被問到是否是李氏自行更改時，這位編輯回答稱係由該社而非李氏予以更動。原書出版者新加坡《聯合早報》一名編輯則表示這次大陸方面益加小心謹慎。他們為適應中國國情，不得不刪掉部分內容，相信李光耀會諒解。這位編輯又說：「只有臺灣並未刪減一字，但臺灣非常民主化，他們根本不在乎。」

　　在下一向不是李光耀的崇拜者，甚至不時對他有所批評。何況新加坡壓制反對派言行的作風，實在令人難以贊可，李氏及新加坡執政黨經常利用法律手段，對新聞自由橫加限制。讀完《華盛頓郵報》這則新聞，不免興起「斯人也而有斯遇」的慨歎！這當然不是幸災樂禍，但《聯合早報》編輯所稱「相信李氏會諒解」一節，個人可以理解其間的奧妙，卻無法同意和欣賞。李光耀本人對回憶錄被迫刪改，內心

感受和想法如何？局部自由碰上更強勁的不自由，究竟會起什麼反應，或全無反應？使人不免好奇。

有些分析認為，李氏回憶錄中對北京目前仍在位及當權的領導人物有所月旦，就特定人物如李鵬提出強烈的不佳觀感，因此造成麻煩，這當然言之成理。但個人以為，李光耀對共產制度的整體觀察或許更形重要。李氏第一次正式訪問中國，除了夫人隨行外，還帶了年輕的女兒，女兒對當時的大陸社會印象惡劣，書中李氏還進一步發揮說，新加坡限制青年尤其華裔訪華根本無此必要，還不如乾脆開放讓他們親眼去看，迷情式的「嚮往」當可因此而破滅，彷彿打防疫針一樣。話雖然針對的是那時（一九七五）的中國大陸，然而迄今依舊穿著共產主義外套的中共政權，大概還是無法消受，更怕大陸上的青年產生共鳴。至於大陸青年是不是還把共產主義當一回事，或可另當別論。

從初中時起，個人便不時閱讀大陸的出版品，根據多年經驗，真還累積了不少不愉快的感想。一般而言，大陸出版品遠較樸素，不像臺灣、香港書冊，在外形上講究花俏活潑，當然現在情形已有改變。但有一項優點卻不能不提，那就是大陸出版品錯字極少，遠勝臺港。叫人不敢恭維的則是內容太過於教條，而且不僅限於文史哲和社會科學方面的著作，有段時間，連醫書科技作品也動不動便引用毛主席的話，好像他是科學皇帝下聖旨似的，荒唐透頂。一九七〇年代初，曾經立志細讀那時候的《人民日報》，看了一星期左右，實在讀不下去，全無有趣的社會新聞不說，每天的報紙都像是訓導處的公告。也曾發願想讀浩然的長篇《金光大道》，總是看不到幾頁，後來知道名教授顏元叔讀這本著名小說不到一小時，便昏昏欲睡，自己才略感釋然，毛病大概不是自己智商不足或欠缺文學細胞。

由於閱讀習慣使然，個人讀書向來不放過註釋，但這個原則施之於大陸出版品，亦常常引起不快，不時因為看註釋而火大，有時真想

廢書不觀。文史政經社會領域的條註，時常透著一股為政治服務的奴相，曲解和硬拗的程度，令人歎為觀止。更絕的是，文藝作品若加註解，也是同樣藏此心機。即以魯迅為例，中共政權尊崇魯迅是一回事，但他處在那個時代所寫出的短篇小說及為數眾多的雜文，豈有可能鋪開稿紙便一心一意「心中有黨」，每寫一個字便是「投入新民主主義革命的偉大鬥爭」，這樣的註解，只能說是侮辱讀者的智慧與判斷。

專研臺灣文學的大陸學者古繼堂，先後撰著《臺灣小說發展史》、《臺灣新詩發展史》，引來頗多爭議，他在一九九六年六月明白表示他的立場：「我始終認為，辯證唯物主義和歷史唯物主義是最科學、最可靠的、無法取代的觀察和評價事物最犀利的武器。」上述兩本著作便是在這樣的理論和精神領導下創作的。他是正統共產主義意識型態的信徒，應無疑義。這兩部書，已於一九八九年七月一字不差地由臺北文史哲出版社刊行。古繼堂在《臺灣新詩發展史》自序中，忍不住慨歎兩岸出版的對比。臺灣出版商兩三個月成書，大陸出一本書週期長達兩年。臺灣出版商只有幾名成員，大陸一家出版社往往二、三百人。這些對比，「至少為大陸的出版事業的改革提供了內容豐富的思考題和刻不容緩的緊迫感。」

可惜，古君慨歎的只是出版的效率，具有重大意義的當然是對內容的尊重。回到李光耀的回憶錄，一邊是全貌，另一邊則是當權者擅自依本身需求刪改後的內容，假使此書確有值得學習和記取教訓之處，那麼哪一邊的讀者資訊更完整、判斷的基礎更廣大堅實呢？中共當局始終未能認清，中國並不是一塊土地上餵養著十二億人，而是這十二億人組構為那個中國。許多個人的健全發展，才是一個社會或國家得能進步的基礎。據此而論，的確應該是：

真為中國好，切莫亂刪書。

191

——《美中新聞》，二〇〇一年八月廿四日

一大遮百醜

—— 中國大陸經濟統計數字之弔詭

　　近廿餘年來，中國大陸挾其全球最多的人口，以及大體上遵循改革開放政策，經濟成長令世界矚目。跨國公司和形形色色各種等級的企業家，則以大陸為馳騁他們市場想像的幅地。但是最近幾個月，有關大陸經濟統計的真實性與精確度，卻再三被報導與質疑。

　　曾得諾貝爾經濟學獎的麻省理工學院雷斯特‧梭羅教授，數月前訪問臺灣時公開指出：中國大陸的經濟統計難以取信於人。去年（二○○一）的經濟成長率，中國官方公佈的數字為百分之七，但與同屬官方關於農村地區成長低落的統計來對照，則全國經濟成長要達百分之七，必須都會區的成長高達百分之四十，這在事實上是不可能的。衡諸世界各國經濟發展的往例，中國官方的統計數字，超乎常理。梭羅教授的說法有根有據，不易反駁。

　　三月廿六日的《新聞週刊》亞洲版，以大陸經濟為封面主題故事。該刊報導謂，中國作為經濟大國的聲譽，有一部分是建立於虛假的基礎上。一九八○、九○年代許多亮麗的經濟成長數據，現在多被視為係官員為取悅上級而假造出來的。一九九七年亞洲爆發金融危機，北京當局堅持保持百分之七的成長率，以便創造足夠的就業機會，防止社會不安和動亂，隨後幾年官方公佈的成長率從未低於百分之七。並引述大陸經濟學家的話做進一步的解釋，一九九二年七月鄧小平南巡為改革開放再度定調，各省當局上報中央的數據，成為考核地方官員工作績效的重要標準，「這創造了作假的誘因」。

　　四月八日的《商業週刊》，除了報導大陸工人示威的險局，並以

第二篇社論敦促北京當權者正視此一重大問題外，另有一頁專談「中國如何炮製它的數字？」引用的資料中，有一份與《新聞週刊》亞洲版相同，即賓州大學經濟學家湯瑪士・勞斯基去年十二月發表的研究。勞斯基認為，自一九九七年以還，中國的經濟成長只及官方公佈成長率的四成弱，換言之，有百分之六十的灌水情況。大陸官方說，一九九七至二〇〇〇年，全國總生產擴大百分之廿四點七，但官方承認，同一時間的能源使用率下降了百分之十二點八。北京當局公佈一九九八成長率百分之七點八，一九九九為七點三，依勞斯基的估算則這兩年分別只達百分之二與二點三，以後的年成長率介乎百分之三與四之間。賓州大學中國問題專家亞瑟・華德侖（自取中文名字為林霨），不久前在《華盛頓郵報》發表專文談同一問題，所持論點相近。

《商業週刊》引述中國統計長朱君，於本年三月上旬向全國人代會提出的報告，舉證說明大陸統計數據之不可靠。朱局長指出，二〇〇一年五月至十月，違犯國家統計法規的事例多達六萬起。初步計算一下，每個月平均一萬件，每天平均三百餘件，而這還是已經查到的。統計數字造假範圍之廣、頻率之高，聞之令人咋舌。至於數字與數字彼此間互相矛盾的地方，比如前面提到經濟成長增而能源耗用減的怪現象，除非大陸的工業生產已進步到不需使用能源，或能源使用的效能遠遠超過以往生產所需的水平，否則如何可能？

已故史學家黃仁宇，研究明代財政，愕然發現竟無可靠（更別提正確）的統計數字，比如人口與田畝的數量，深以為苦，這對他日後建構「從數目字上管理」的原理，自有刺激思考的作用。但過去皇朝時代的毛病在於無此能力，而今天中國大陸的毛病則在造假。一九九八年初，發表專著《現代化的陷阱》（香港版標題為《中國的陷阱》）的何清漣女士，曾經在演講中談到，大陸地方官員於年度尚未結束時，當年全年的統計卻已事先出爐！另舉新疆推廣綠化植被，依所擬

報的增長成績，四年下來，所填綠地的面積竟然比全省面積還大！聽起來很可笑，但就國家管理而言，這是多麼嚴肅又可怕的缺失。

中華人民共和國成立以來，統計數據不可信，誠可謂淵源久、實例多。大躍進時期，各地方為了評比拼成績，畝產十萬斤的空話盛行全國，在「三年天然災害」的掩飾口號下，犧牲的是二、三千萬餓死的人命。一九七六年唐山大地震，官方不公佈傷亡人數，多年後還得從陳永弟編《唐山地震紀實——倖存者的自述》一類著作中，略知真相。一九九八年春末夏初，長江洪澇嚴重，實際災情被當成國家機密不准採訪，官方統一發布的死亡人數，在水災仍在繼續為患的情況下，兩星期後的死亡人數低於兩星期前，被具有職業道德的西方記者指斥為不合邏輯。

新聞與媒體自由，對官方的統計多少可產生監督及檢驗的功能。

西方新聞界的觀察家，最近注意到，過去十多年，亞洲國家的經濟成長，以中國和印度這兩個超過十億人口的國家最值得重視。印度起步晚於中國十年，吸引的外來投資目前只有大陸的廿分之一，成長率也不如中國官方宣佈的那麼高，不過平均每年亦達百分之六。但長程看，卻有不少人看好印度。不久前，印度駐美大使拉利·曼辛，以龜兔賽跑的寓言，來形容中印兩國的經濟發展競爭，當然他認為最後的勝利者是緩慢但持續前進的印度。印度相對穩定民主社會，出口依存度比中國為低，潛藏的社會不安略弱於大陸，官員腐化不如中國嚴重，長期下來，中國大陸如果未能於政治自由與社會發展方面，開創出與經濟成長相諧的局勢，自有可能成為落敗的兔子。

過去國人對女性的審美觀有所謂「一白遮百醜」的說法（白指皮膚白）。最近對中國經濟統計的質疑，短期內相信不至於有礙其吸引外資，在當今商界人士的市場想像中「一大遮百醜」。長期以觀則不能不未雨綢繆，要「知己」，先從改善統計數字真實性及精確度下手。

——《美中新聞》，二○○二年四月五日

排外心理剖析

中國大陸陝西省西安市西北大學學生，由於十月廿九日晚間該校外語學院舉辦的文化節上，一名日本教師和三位日本留華學生所表演的節目，服裝與動作不雅，被中國學生視為有侮辱之意，引起師生不滿，除當場制止其演出外，另又爆發了相當大規模的反日示威，據報該校有兩位日籍學生被打傷。有報導稱日本留學生至今仍不明白何以會激怒了大陸學生。次日，校方決定辭退日籍教師，開除三名日籍留學生。十一月一日凌晨，日本教師與學生向校方遞交道歉書，示威活動暫告平息。至於打傷日本留華學生事，則由雙方外交機構處理中。

本文無意詳述事件的細節，也不想評論其是非曲直，雖則照理還是可以理出一個頭緒來的。也許有人以為，日方教師與學生自稱不知為何觸怒中國學生，這不過是掩飾而已，殊不可信。不過，姑且假定他們並非故作無辜狀，則又突顯了日本人士對中國近代以還反日情結的無知。實際上，不久前日本公司員工到廣東集體買春案件，招致甚大風波，大家記憶猶新。從歷史的脈絡看來，西北大學的學生示威乃是反日情結的最新例子。此地只把它當作一個引子，從而概略地剖析相當普遍的排外心理。

依個人所知，論析中國近代的排外現象，最完整而深入的研究，或許是香港中文大學政治與行政學系教授廖光生的專著《排外與中國政治》（臺北：三民書局，一九八八年）。此書係作者英文 *Antiforeignism and Modernization in China, 1860-1980* 的中譯本，作者略加增補而成。原書是廖博士就讀密西根大學時，在中國問題名家Alan Whiting教授指導下完成的。有些評者認為，英文書名比中文版書名為佳，更合乎全書內容，這一觀點頗有見地。以下所述，不少看法即是

借用和參考這本專書的觀察及結論。擬更進一步深入理解者，自應逕取原書詳讀。

在人類的社會和政治生活中，排斥外國（包括人、制度、價值觀甚至日用商品），事實上是一個很普遍的現象，直到今天，依然隨時隨地存在。以目前國際間至表矚目的狀況，即阿拉伯國家及其文明與西方文化的抗爭，最具體的事例即回教世界的反美心態，廣義言之，就是回教文明排外的發作。並且可以進一步預測，只要國與國之間存在強弱之分，文明的進展在不同族群及國家間出現施與受之別，則弱勢與接受一方極易產生不平心理，排外心理自然順勢而生，事實上並無地域種族之分。換句話說，排外絕非中國人才有，更不是中華文化獨有的內在特質。

更次，即便是強與施的一方，內部生活中依然不時萌發排外心理。拿美國這一超級強國來說，一些極端保守派的人，即以維持美國社會的良性結構和精神價值的健全為由，而屢屢反對毫無節制的外來移民，在他們看來，這種移民政策勢將摧毀美國的立國根基。其實，說穿了，這還是一種排外心理。再以日本為例，論整體國家的水平及現代化程度，日本不僅在亞洲國家中名列前茅，跟世界上其他先進國家比，亦無遜色，但日本社會始終以種種理由拒斥外來移民，近年中國人士在日本犯罪案件激增，尤其造成日本人的惡感而生排斥心，這同樣是排外心理的發作。

在華夏文明昌盛的時代，中國習慣地以蠻夷視周邊國家，對外族人士，常常使用動物名詞指稱他們。但滿清末年，西方列強的勢力入侵中國，屢戰屢敗，遭逢三千年未有之變局，形勢遂為之改觀。當政者不論是清朝、中華民國或中華人民共和國，經常利用排外心理，當作抵禦外敵及解決內部政局不穩的手段。特別是國民黨與共產黨主政時，排外心理往往與民族主義結合並交相運用。依廖光生教授的解

析，國共之間仍有基本的不同。反帝固然是國民黨對外政策主要綱領，不過當廢除了不平等條約、外國租界及治外法權後，國民黨便採取了同西方合作的政策，反帝的目的侷限於爭取國家獨立平等的目標。中共不然，中共將排外轉為他們意識型態體系中的一個重要部分。反帝意識成為動員群眾、爭取支持的重要政治力量。所以，在一九四九年以後，排外與中國國內政局密切相關，大量證據表明，排外運動被領導人所操縱。（見該書結論部分，特別是頁二八七～二八八）

正由於中共建政以後，反帝情緒在很大程度上受政府當局的領導和操縱，群眾性排外思潮的高漲，恰恰阻礙了現代化（見導言頁三）。這是代價相當昂貴的一項教訓。非常可惜的，這一巨大的影響，恐怕猶然影響著中國大陸的社會，當今許多具有排外色彩的運動，即使是知識分子或一般民眾自發性的運動，這份影響的蹤影依然不難發現。排外是否必然與追求現代化相違背？當然是深刻的問題。但實際呈現的事實卻是：就弱勢與受的一方言，所排斥者幾無例外均屬代表文明前進的體制和價值。面對這一無從逃避的事實，解決之道或許在於：排外即便在情緒上乃是非找出路不可的發洩，仍應設法使傷害減低，但於事後，還需理性地、冷靜地追求現代化。

其實，排外尚有更深一層的轉折。日本明治維新以還，現代化相當成功，但日本人直到今天，對西方仍存有卑恭心態，而轉過頭來，面對亞洲其他國家與民族，卻抱著頗明顯的輕視及自大心態。舉個實際例子，現任東京市長石原慎太郎（從政前為名作家，已故大明星石原裕次郎之兄），他最早倡議日本可以向美國說「不」，贏得日本民族主義人士的讚賞！但也是他，雖說對臺灣不無好評，卻經常於言語中輕視「支那」！寫到這裡，個人不能不提出一項令人遺憾而又憤慨的感受和觀察，此即大陸人士同患此病。一方面有些大陸人士反美反帝琅琅上口，自以為很有民族主義的氣概，回過頭來，在言語上雖不得

不承認臺灣經濟發展得不賴，但卻又認為臺灣國不成國！而事實上，除了極少數人外，臺灣人不分政治立場，絕少會以為臺灣不是一個獨立自主的國家。

　　以上對排外心理的粗淺剖析，希望有助於大家的認識，更願有助於海峽兩岸民眾的相互理解與尊重。

——《美中新聞》，二〇〇三年十月七日

正視日本學者
重新解釋歷史的企圖

　　依清末《萬國公報》的記述，一八八三年，美國長老會傳教士古
革‧約瑟福遊日本，「見其維新奮興之景象，讚美不置，以為亞洲之
有日本，猶船之有舵。日本雖小國，將為亞洲大陸之導師矣！」

　　百餘年後的今天，以一個非日本人的亞洲人立場讀來，真是百感
交集。這位傳教士的眼力確有過人之處，但他所期許於日本者，對亞
洲其他國家而言，卻有如噩夢一場。日本絕非船舵，至於「導師」云
云，凡是曾經被日本軍鐵蹄踐踏過的土地和民眾，大概都知道「導師」
實即是「侵略」的化身。十九世紀末和廿世紀上半，以武力劫奪為主；
第二次世界大戰日本戰敗後，轉以經貿商業的擴張做前鋒，漸漸及於
流行的風尚與青少年的文化浸染。不能否認，一個多世紀以來，不論
是個別國民的素質，經濟的成就與實力，武備的精良和士氣，工業科
技的先進，民主法治的水準，甚至是男女的平均壽命，日本依然是亞
洲國家中的翹楚。

　　一個亞洲人進入日本社會，很快便能體會到一點：日本人固然對
歐美不無崇拜的心理，但對待亞洲人卻充滿優越感，而表現於日常言
行中的鄙夷心態，則是身受者極易感覺到的。從前頗以為異，隨著閱
歷見聞的增長，才了解到，日本自從矢志維新以與西洋爭勝，表現確
屬不凡，寖假竟於其意識深層自視為日本並非亞洲的一部分。因此，
對不少日本人而言。「日本在亞洲」是不被接受的，「日本與亞洲」──
以一國和一洲相埒──才是日本的真精神。

　　有了上述粗淺的背景認識，則對日本學者近來在國際間重新解釋

歷史的種種說法，或許會有稍較平衡的理解。

　　過去廿年，日本的政治人物——尤其是右翼分子，隔不多久便會針對第二次世界大戰日本侵犯亞洲國家的行為，提出大同小異的「脫罪」言論（其另一面即為四處宣揚長崎、廣島遭受原子彈爆炸受害之慘烈），隨即引起中共、韓國、中華民國等亞洲國家的強烈抗議及譴責，於是「不慎」發出該言論的閣員遂引咎辭職，一場國際關係的小風波暫告平息。類似的劇目已經重演多次，只怕久而久之形成「新聞疲勞」，世界各國的輿論界已不再措意。

　　然而，最近幾年，日本學者於國際知名刊物上，不斷發表論文，就第二次世界大戰的歷史連同日本的角色，提出新的學理性的解釋，雖則比較缺乏新聞性，但世人似不應等閒視之。美國出版的《當代歷史》月刊今年（一九九五）十一月份，刊有日本學者井口武的一篇長文，或許可以看做是一個新例，稍予解析當不無幫助。井口武現任東京聯合國大學資深副校長，在國際政治學界薄有名望。

　　井口武這篇〈遠鄰乎？日本與亞洲〉的論文，分別從安全關係、經濟關係和心理關係這三方面，檢討日本與亞洲各國間的瓜葛，其中與本文主題最切近的是心理關係部分。作者表示，從日本人的國民意識而言，把二次大戰視為自由與極權之間的對抗，使日本人頗感為難，此次戰爭至為複雜，乃是日本近代史連續體的中間一環，日本為免被西方列強殖民化，遂奮力追求軍事、經濟與文明的現代化，日本在這三方面的可觀成就，到了一九三〇年代末期，使其備感困難。井口武解釋說：

　　　　在貿易、投資及其他殖民作為上，因為西方列強加諸於日本的
　　　　種種障礙，日本被迫採取軍事行動——為求將來與西方列強對
　　　　峙時得以自衛，日本被迫佔領大部分的鄰接地區。

日本對抗西方的戰爭，在日本之外，普遍被視為有罪的戰爭。但同樣是殖民與帝國主義強權的西方，並不比日本更無辜。日本攻伐亞洲鄰國的戰爭，廣泛被認為是錯的，但亞洲非僅為日本人所蹂躪，亦為西方人所蹂躪。亞洲迫不得已地變成兩大強權從事帝國主義較量的競技場。就日本的戰爭行為要做一個判然分明的總結，遂而變得很困難。一方面，日本不比西方更少罪。另一方面，日本很簡單就是有罪。但是，如果西方和國際社會的其他國家都批評日本獨獨有罪，如此則可辯稱，那麼世人所普遍接受的歷史版本，其中必有錯誤。

學者而有上引論說，誠然令人遺憾之至。以「被迫」為由而將侵略合理化，不論是出諸軍閥、政客或學者之口，均屬不合邏輯的詭辯，如果這種推論能夠成立，則人間一切強盜行為皆屬正當。倒是受日本欺壓而不得不挺起反抗的弱國，才真正是出於自衛而「被迫」。至於諉罪於西方，藉以減輕日本的責任，認為亞洲既為西洋列強蹂躪過，日本踵武其後再加蹂躪，日本的罪過並不比西方為多，拿他國的罪過來平衡本國的罪過，只是徒然顯示其全無正義感可言，就此而言，對受害人再行逞暴的行為者，在道德上乃是更為低下的。

有關日本學者在國際間散佈的類此觀點，似無必要急於視之為「陰謀」，無寧是日本民族性在學術界自然呈現的企圖。中國受日本之害最深最久最廣，學術界針對日方的企圖，必須奮起應戰，以學術對學術，此其時矣。

——《世界日報》，一九九五年十二月十日

保釣冷語

　　對成長於一九六〇年代末期的中國知識分子而言，尤其是臺灣、香港和美國地區的人，保衛釣魚臺運動實在是一段刻骨銘心的記憶。

　　個人未能及身趕上這股風潮，來到美國的時期，也已經是一九七一年九月密西根大學「國是大會」後五年，當時高潮雖已過去，但釣運的一些要角絕對沒有老到變成「出土文物」，釣運刊物如芝加哥大學林孝信先生主編的《釣魚臺快訊》，以及與之對抗的《留學生評論》，尚能見到，刊物的外形相當質樸，那時還沒出現中文電腦印刷，大都以手寫的方式出版，但內容可是相當具有「戰鬥性」。文學作品如張系國的《昨日之怒》，劉大任的《浮遊群落》，對這一段海外學生運動的發展與演變，都有局內人的描摹與追述。

　　事後再回頭觀察，保釣運動對中華民國政府爭取海外知識分子的努力，實在是非常沉重的打擊。從臺灣、香港來美國留學就業的華人知識分子，有人從此開始向中共政權「回歸」與「認同」，加上當時也正是季辛吉、尼克森訪問大陸前後，整個的大環境正在轉變，旅美華人的民族主義情緒高漲。前新聞局長邵玉銘，在憶及密西根「國是大會」時，提到當時的迫人氣氛似乎可以說是「反對中共即是反華，反華即漢奸」。多年之後猶忍不住慨歎：「知識分子民族主義情緒發揮到此等極致，已不只使人氣結，而是令人感到悲從中來。」後來，支持國民政府的留學生成立「反共愛國聯盟」，大體上就是悲憤之後的結晶。

　　其實，中國近代的群眾運動或愛國運動，非常容易落入類似的結局。在一股強烈而全不帶容忍精神的民族主義情緒下，在只能順之而不能逆之的愛國情操下，要維持人格的獨立與思考的清醒，不僅要承

受難以承受的心理壓力，而且往往被視為是精神上的「犯罪」。抗戰期間，梁實秋先生主編重慶《中央日報・平明副刊》，徵文中說：「於抗戰有關的材料，我們最為歡迎；與抗戰無關的材料，只要真實流暢，也是好的。」後面一句話，被左派和中共攻擊了幾十年，無止無休！任誰都看得出來，梁實秋的基本態度才是健康合理的選稿標準，但直到今天，大陸出版的文學史還在誣蔑他，說他攻擊抗戰文學，鼓吹撰寫「與抗戰無關」的作品！這是活生生的例證，殷鑒未遠。

文藝方面都已然如此，至於政治方面那就更不用提了。蔣介石在還沒有正式宣佈對日抗戰以前，不是一再被人指責對日本軟弱、賣國媚日嗎？許多對日本政經軍事有所瞭解的人，不是一再被封為「知日派」而屢為各界譏評嗎？如今分析往史，以當時中國與日本之間軍事實力的差別，第二次中日戰爭越早發生對中國越不利，若非以種種方式——包括推托敷衍，有時甚且是相當屈辱的——爭取到十年左右的建設時間，中國七七抗戰以後所遭受的損傷只有更加不可收拾。蔣委員長及其所領導的政權，誠可謂忍辱負重，但處當時激昂且愛唱高調的氛圍下，「忍辱」與「漢奸」又有什麼明顯的差別？至於主事者之「負重」，其間除了敵方的壓力與威脅，以及國際間的不利局勢外，本國內部許多政治勢力不負責任的言行，從而造成的不切實際的群眾心理及情緒，可能也不比敵人與外界為少。

蔣廷黻先生有感於此，曾經慨乎言之的表示過：中國的知識分子，常以氣節自許，不像實際從政的人必須負起政治上的責任，因此往往愛唱高調，言論越是激烈，越是顯得比負責任的人更愛國。蔣先生的見地實在令人欽服。個人還想進一步指出，愛國的言論與作為，也是必須講求實效的，與各種實際的政策一樣，結果總是比動機更重要。愛國的主張越是慷慨，提出的辦法越是高調，誠然於群眾運動中越能打動人心製造高潮，但促致的結果若適得其反，請國人平心靜氣

的想一想，這樣的「愛國」事實上與「害國」或「賣國」無異，且又更增添一份虛矯。

今年七月，日本右翼組織「日本青年社」再度登陸釣魚臺，想藉裝設燈塔以顯示日本對該島的「主權」，日本政府縱容右翼團體的策略，重新激起廿餘年前的主權爭議，臺北與北京的主政當局雖然均一再聲明主權為其所有，似尚無法滿足民間的保釣需求，香港、臺灣、大陸以及海外的中國人，再度掀起保衛釣魚臺的群眾愛國保土運動，頗有風起雲湧之勢。個人其於前述的體認，甘冒不諱提出下述的保釣冷語，作為前車之鑒。

一、抗議的對象是而且只是日本政府與右翼團體。臺北或北京政權的措施若不符保釣運動組織的要求，尚不足以逕行指責其為「賣國」。保釣運動所罵的「漢奸」愈多，愈是便宜了日本。語調的高亢，與問題的解決無正相關。

二、愛國不是只求合我條件的獨佔。指斥別人不愛國，對愛國運動本身並無幫助。有我無你的愛國不健康。

三、「自古為中國所有」並非主張主權的充分條件。「古」的認定難求客觀，且未必有法理意義。現代的主權爭議，無需太早把己方逼入「零和」的死角。

其實個人幾點「冷語」，說穿了還是一顆「熱心」的自然流露。

——《美中新聞》，一九九六年九月廿日

文明薄如衛生紙

美藉華裔青年女作家張純如（Iris Chang）所著《南京大屠殺》（*The Rape of Nanking*），於去年底——配合南京大屠殺六十週年——由「基本叢書」（Basic Books）出版後，受到各界的重視，登上《紐約時報》暢銷書榜，作者本人更是出現在許多電視訪談節目中，各地社團與大學的邀訪不斷，國人自必樂於見到這麼大的影響。筆者終於在最近把英文版從頭到尾仔細閱讀一遍，讀後真是感慨萬千。

只要稍稍涉獵中國現代史的國人，對於日軍於一九三七年十二月十二日攻陷南京以後，日本皇軍泯滅人性的禽獸暴行，其令人髮指的程度，多少都會有所知，有關第二次中日戰爭的教科書和專著，總會提及，令人不忍卒睹的照片，更是讓華夏子民無從忘懷。除了官方文書外，臺北傳記文學雜誌，也出版了為數不少的資料，包括一部分目擊者的回憶。遺憾的是這些訊息大都只流通於華文世界，國際間早就忘了六十年前驚動全球的大新聞。相形之下，日本政府與民間卻有計畫地推動他們的宣傳，一再申說廣島與長崎遭受原子彈轟炸的悲慘，塑造日本才是第二次世界大戰受害者的假象及謊言，可怕的是這種重新解釋歷史的企圖，在相當程度上業已產生效果。以美國為例，中小學生大都知道原子彈爆炸的慘狀，但對遠比廣島、長崎更加罪孽深重的南京大屠殺，又有幾名小學生知道一鱗片爪？

誠如張純如所指出的：德國人在戰後勇於自我反省，體認到犯下戰爭罪業的，非僅是個別的納粹黨徒，反而是戰時的德國政府更應該譴責；相形之下，日本政府從來就沒有勉強自己或日本社會去從事絲毫相類的反省。（參考原書頁二○○）值得大家警惕的是：最近的發展，尤其朝著擺脫日本戰爭罪行的方向在走，日本極右翼的團體以捍

衛日本神道傳統自居，右派政客如石原慎太郎等，極力鼓吹「南京大屠殺是中國人編造的虛構」的說法，連歷史學界如東京大學的藤岡信勝教授等，也附和類此說法，一再設法粉飾日本的戰時政策與行為。張純如此書一出，筆者絕對不敢樂觀地認為可以扭轉日本方面刪改歷史的用心，但應該是一項堅實有力的制衡！

個人比較看重的是張著第五章〈南京安全區〉、第十章〈被遺忘的浩劫：第二度強暴〉和全書〈結語〉部分。

有關國際人士在南京成立「國際安全區域」，可以說是張純如在史料發掘及敘述上的最大貢獻，古語所云「發潛德之幽光」，庶幾近之。書中特別彰顯德國人約翰·拉貝（John Rabe）、美國外科醫師羅伯·威爾遜（Robert Wilson）和當時有「南京活菩薩」之稱的明妮·魏特琳（Wilhelmina Vautrin，時任金陵女子文理大學教育系主任兼教務長），這些人聯同南京「國際安全區域委員會」的有限成員，解救了廿、卅萬中國人的性命，在當時那種非理性的暴亂危局中，他們挺身而出，不顧一切，超出生理與心理的極限，救苦救難，與日本皇軍的獸性對照，真乃人性光明面的體現，在《南京大屠殺》這部充滿淒慘描述的作品中，使讀者在悲憤之餘對人性稍存希望及信心者，正就是因為人間還有這樣的人和這樣的義行。

約翰·拉貝是德國西門子公司派駐南京的負責人，也是當地納粹黨的領導人，但他獲得所有其他國際人士的支持與尊敬，負起成立並護衛安全區的責任。日軍少佐質問他為何留在城內，拉貝答稱：「我在中國住了卅多年，我的子女和孫子都在此地出生，在這兒我過得既快樂又成功。中國人一向善待我，甚至在戰爭期間也依然如此。如果我在日本住卅年，我可以向你保證，在危急之際像現在中國面臨的局勢一樣，我也不會離開日本人民的身邊。」這段義正辭嚴的話，竟贏得日軍少佐的高度敬意。但他回到德國以後，設法想向希特勒匯報日

軍在南京的的暴行，反而被蓋世太保逮捕，戰後他為了除名納粹黨員，卻波折橫生，且使全家的基本生活陷入困境！威爾遜醫師在南京努力救人，造成健康嚴重受損，回美後身心俱受重創，始絡未能復原。魏特琳女士親歷日軍諸種暴行，成為心理上的夢魘與重擔，後來自殺身亡。她看到某位中國少年為了保命，手上掛著日本「旭日之昇」臂章，曾訓示他：「你何必掛這個臂章。你是中國人，你的國家還沒有滅亡，你應該記住你戴這個臂章的日子，永不忘記。」她還一再鼓舞大家，「中國絕不會亡，日本到頭來一定敗。」但南京大屠殺的記憶，事後竟成為她無法承受的沉哀！受日軍暴行之害者，又豈僅中國冤魂而已！深願國際間瞭解這點。

於總結全書時，作者標舉三點含義深遠的歷史教訓：一是「……文明薄如衛生紙。……日本在第二次世界大戰的行為，與其說是危險民族的產物，無寧說是一個危險政府的產物。」二是：「權力集中於政府最足以致命——唯有絕對而未受制衡的權力，才會造成類似南京大屠殺這種暴行。」三是：「最最令人痛心者，或許在於人心接受滅絕人群的暴行竟會如此可怕的冷漠，面對不可思議的罪業時，使我們全都成了被動的旁觀者。」

每當想起日本人直到如今還在做種種似是而非的辯解，每當想起中國人在近代承受的苦難——有些是外患，但更多的則是自殘——「文明薄如衛生紙」的慨歎，彷彿幽渺的鐘聲，迴蕩心胸。

——《美中新聞》，一九九八年五月八日

探究日皇裕仁的歷史責任

前哈佛大學教授，現任教東京一橋大學社會科學研究所的賀伯特·畢克斯（Herbert P. Bix），浸淫日本史研究卅餘年，於二〇〇〇年由哈潑·柯林斯出版公司刊行《裕仁天皇與近代日本之形成》（*Hirohito and the Making of Modern Japan*），次年得普立茲傳記獎。

這部作品足以稱之為鉅著無愧。全書正文長達六百八十八頁，不包括十六頁珍貴相片，以及以小字體印行的詳細註釋八十一頁。稱之為鉅著，不僅因為它的篇幅大，也因為此書蒐羅的日本與美國方面資料相當齊全，雖則作者仍不無遺憾，如無法取得裕仁自少年時每日登錄的日記，也無從參考第二次世界大戰後佔領日本的盟軍統帥麥克阿瑟將軍與裕仁多次會談的紀錄等。此書面世後，立刻引起許多重量級學者的重視。個人淺見以為，美國日本研究的重鎮——哈佛賴世和日本研究所所長Andrew Gordon的評語，最具代表性，他認為這是一部重要而具爭議性的專書，挑戰了一般流行的對裕仁之觀感。二次大戰後，美國的東亞研究以哈佛大學最富影響力，其兩大臺柱一為中國研究方面的費正清，另一便是曾任駐日大使的賴世和（Edwin O. Reischauer）。

此書中文譯本，已由好友名翻譯家林添貴兄主譯，今年（二〇二）二月廿五日由臺北時報文化公司出版，譯文四十萬字餘。原作極少參考中文資料，但畢克斯甚富史識，頗具正義感，對國人而言，閱讀起來能收他山之石可以攻錯的效果，用日方資料互為印證，更可探得歷史的真相，由於筆者並非以歷史研究為專業，以下的引述及申論，偏向原作者的判斷，尤其是與中國相關者，技術性的史料辨正，非個人能力所及。

誠如畢克斯教授在導論中所言，他這本書旨在「挑戰」遠在亞太戰爭前就已建立、戰後復經盟國佔領當局助長的正統觀點，照此觀點，「裕仁只是獨裁帝制架構下的虛君，也只是軍方的傀儡。」（見中譯本頁十六）但經他綿密有據的核實資料——包括裕仁近侍的日記、政要的回憶錄，卻說明了從一開始，裕仁便是活力十足的天皇，但又自相矛盾地釋出消極、被動君王的防衛形象。以致使得全世界誤以為他在決策過程中無足輕重，視其為天資不高的虛位元首，事實上他比任何人所想者更精明、慧黠和更具有活力。自一九三七年起，裕仁逐步成為實質的戰爭領導人，影響對華作戰的規劃、戰略和執行，並參與任命及晉陞海、陸軍最高將領。從一九四〇年底開始，日本出現更有效率的決策機制，他在每一階段的政策檢討評估中，都做出重大貢獻，而以一九四一年底對美英宣戰達到顛峰（頁十四～十五）。換言之，裕仁乃是積極主動參與並影響日本戰爭行為的一位天皇。

此書的探討重點，就是裕仁不能以身為元首與最高統帥的身分，對這場奉其名且由他積極指導的冗長戰爭，公開承認他負有道德、政治與法律上的責任。大難臨頭時他並未遜位，深信自己是奉有天命的君主，也是日本國家不能或缺的元素。裕仁全未覺悟到他本人應對日本侵略他國的作為負責，也從不對歷時十三年又十一個月、造成生靈塗炭的侵略戰爭承認罪愆。這種「皇道」理念，竟對日本各界——包括軍方——提供了思想與感情的出路，導使國民對日本之恣意施暴、自以為是地傷害他國，不再敏感。（作者顯然是以九一八事變為時間起算點）最後裕仁成為日本民族壓抑戰時記憶的主要象徵，只要老百姓不去追究他在戰爭中的核心角色，日本人遂不必質問自己的歷史經驗（分見導論）。國人深恨日人之不肯認錯與存心竄改史實，往往只知其然而未知其所以然，畢克斯的析論至為透徹（另見頁五二二）。

裕仁尚未登基的攝政期間，日本社會進行過熱烈而長時的「國體」

（kokutai）爭論（詳見第四、五章），其實就是在意識型態上樹立「皇道」理念。國體論影響到整個日本的社會意識，也對戰後天皇制度的保存提供了一種保護膜的作用，麥克阿瑟將軍、蔣介石委員長之並未堅持天皇退位，多少與此有關，兩面齊觀，較具解釋力。而依個人淺見，畢克斯這部大作的優點之一，正是他不只以釐清史實為自足，而能相當注意到社會思潮與民間意識的蘊造，令人對歷史的進程得有深入一層的認識和體會。

第二次中日戰爭，在國人稱之為「抗戰」，但在當時日本軍民的意識中，卻視之為拓展皇道的「聖戰」，原書第九章即以「聖戰」為標題。此所以打從戰火初燃，日本政府便一再聲稱「支那事變」乃是「聖戰」。在當時日本社會的流行認知中，「天皇仁政」與「神聖使命」等觀念，早已深入人心，竟而致於使一般人把軍方在國外的擴張視為德政，並蔑視西方社會的道德墮落，加強了日人全面勝出西方的欲求，從而建構新而更形排外的集體意識，由此又進一步以對抗歐美的前驅自居，自以為日本是替亞洲國家擺脫歐美殖民勢力的「解放者」。遺憾的是，這種狂妄念頭，至今仍盤據在當今日本右派人士的心頭。

然而，歷史事實卻無情地映現了日本「聖戰」是何等醜惡。以國人最表痛心的「南京大屠殺」為例，畢克斯在書中如實地指出：時年五十歲的朝香鳩彥是裕仁的姑丈，在松井石根麾下擔任攻城指揮官，也是暴行最熾時南京最高階指揮官；四十九歲的稔彥是良子皇后的叔輩，任陸軍航空本部長；裕仁七十一歲的皇叔載仁是陸軍參謀總長，這些皇室宗親都知道南京屠城，以及軍紀近乎全盤崩潰的情形，軍中長官、國會議員、外務省也曉得。書中並引外務東亞局局長的日記：「一封寄自上海的信詳細報告了我軍在南京的暴行，信中描述搶劫、姦淫的恐怖情狀。天啊，這就是我們皇軍的行為？」（頁二七七）

但裕仁有何反應呢？畢克斯在書中怒斥天皇：身為批准攻佔南京

的最高統帥，也身為國家精神領袖（賦予「懲罰」——日文似為暴支膺懲——中國的合法性），即使不在公開場合，他也負有最低限度的道德責任與憲法責任去關切軍紀蕩然。然而，他從未這麼做（頁二七八）。次頁進一步點明：迄今找不到任何文件證明天皇曾下令進行調查。反之，裕仁雖時刻盯緊皇軍行動，卻對佔領南京時犯下的罪行沉默不語。同樣無可否認的事實是：在慘案之前，甚至正在殘殺姦淫之際，他不僅沒有「公開」顯示不悅、生氣或懊悔，還積極鼓舞海陸軍將領獲取更偉大的勝利，好讓中國「自省」。說得對極了。筆者忍不住要添上一句：裕仁及弟弟們名號中全有一個仁字如宣仁等等，其子明仁即當今平成年代的日皇，「仁」在哪裡？

當然，書中也有一些解釋與國人習知觀點大有差別。畢克斯認為：日本軍方「忙不過來」或「被困在中國」的傳統印象，未必正確。中日戰爭的確將龐大的日本陸軍困在大陸，可是也正因為對華作戰，日本海陸軍才得以擴充軍事工業、積存武器，並於一九四一年秋冬季得到對付英美所需的鉅額經費。這是因為日軍以最少的後勤補給在中國作戰、大規模擄掠搶劫、於佔領區建立傀儡政權而非直接軍管，同時每年調用極大比例緊急軍費來增強基礎作戰力量，海陸軍因此自信能打太平洋戰爭。也可以說，對華戰爭使得日本軍費開支毫無限制。這不僅是日本提升軍事預算的合理藉口，也成了軍費的來源（頁三二六）。觀察與解釋的角度實有不同，仍不無參考價值。

在七七抗戰六十五週年前夕，讀畢內容非常豐富的《裕仁天皇與近代日本之形成》，不能無感。一九七六年夏末，個人攜家帶眷首次抵達日本，日籍親友熱誠接待，但也親身體會到日本社會對其他亞洲人的輕蔑，成為首度赴日很不愉快的回憶（畢克斯書頁二三二也提及，廿世紀日人已養成歧視其他亞洲民族的習慣，且說此種心態大約始於1894-1895年的甲午戰爭）。中日之間的糾葛情仇，有時不只是國

家與國家間的複雜關係，還不時挾帶一些私人的關係。然而，如果歷史還有任何教訓的話，則對事實與真相至少要有起碼的尊重。

　　日本部分人士之抹殺史實或曲意解釋，當然應予以譴責，但他們的經驗還是值得他國記取的。日本之走向侵略，與其長久浸沉於「列強受種族敵對意識影響，不希望日本躍昇為亞洲大國」的觀念、受「盎格魯撒克遜包圍」的危機感等等不無關係（頁二二二～二三‧），於是對外的侵犯均是出於「自衛」。人類如果無法脫開這樣的心態，則「和平」終將是難以臻達的理想，戰爭的火焰也就無從止息。

附記：《裕仁天皇與近代日本之形成》第四、五章，中文初稿係應林添貴兄所請由筆者翻譯，當時為配合作者訪問臺灣之際出版，趕而譯之，邊譯邊傳，無暇細心從事，實嫌草率。幸好出版公司有人順稿，且因添貴兄與本人均不諳日文，時報文化公司派有專人還原日文人名地名等，針對原作疏忽或失誤之處，曾加以譯注，方便讀者不少。中文版未將書首Acknowledgements及書末註釋譯出，稍有不足。惟主譯者文筆流暢，值得一讀。

　　　　　　　　　　　　　——《美中新聞》，二〇〇二年七月五日

醫生而不醫死

美國聯邦最高法院，於六月廿六日作出兩項極其重要的裁決。一是針對國會去年（一九九六）通過的《正派通訊法案》，最高法院裁定此法違憲，電腦網路上出現的色情資訊，雖然不適合兒童觀看，但予以全面或普遍的禁絕，則損及成年人的言論自由。《芝加哥論壇報》於美國國慶這一天，特別以三大頁的篇幅，檢討這方面的問題，並且以單篇社論（平常每日多為三篇社論），研討美國憲法第一條修正案的前景，警告美國人若把第一條修正案所保障的種種自由權利視為理所當然，而不加以防衛和寶愛，這些自由終有可能被拿掉。

另外一個極端重要的裁決，則是認定紐約與華盛頓州禁止醫生協助病人自殺的法律，並不違憲。這個案子，事實上是近年來大家普遍關切，而且引起多方面爭論的議題，相當複雜，不僅一般的報紙期刊一再討論，專業雜誌更不用說，《新英格蘭醫學報》就經常有嚴謹的論文出現，一九九六年十一月廿八日那一期，用極長的篇幅探討荷蘭「醫生協助自殺」（比較通俗的說法則為「安樂死」），評估其實施的程序與影響，一九九六年八月廿九日有專文談「醫生協助自殺」法律化之問題，一九九七年元月二日這期刊載談最高法院與「醫生協助自殺」的論文。事實上，這個問題牽涉到倫理思考與人的基本權利，同時也使醫生的職業行為突顯其道德性的一面，不但專業人員有切身之感，一般人也不免有所思考，畢竟人都不免一死，有誰能當個例外呢？有關這一問題的言論分歧紛雜，無寧是正常的現象。

去年故世的芝加哥天主教區紅衣大主教約瑟夫·伯納定，平生受教友崇仰，乃是美國天主教的精神領袖，在他臨終前幾天，還特別致函聯邦最高法院（簽名日期為一九九六年十一月七日，全文見十一月

213

十四日《芝加哥論壇報》第一部分頁十六），反對締造「協助自殺的
權利」。伯納定主教在信中說：

> 我現在已處於俗世生命的終點。病中這幾個月，我沉思甚多，
> 正因為自己生命在消逝中，令我尤其領受到生命這個禮物的珍
> 貴。……我們的法律與倫理傳統，一貫地認為，自殺、協助自
> 殺和安樂死，乃是不對的，因為這些牽涉到對無辜的人底生命
> 的直接侵犯。……並沒有所謂的「協助自殺的權利」這樣一種
> 東西，因為並沒有哪一種法律與道德秩序，可以容忍對無辜的
> 人底生命之殺戮……締造一項新「權利」以協助自殺，必將危
> 害社會，而且送出一種錯誤的信號，認為比「完美」稍遜的生
> 命乃是不值得活的。……

大宗教家普愛眾生，不因其有病痛殘缺而稍減的大愛精神，讀來令人
動容。

美國目前有卅五州禁止協助自殺，其中包括伊利諾、威斯康辛、
印第安納、密蘇里州等。唯一公然允許協助自殺的是西北部的奧勒岡
州，但該州有關法案也將於今年十一月間再度由選民來予以複決。密
西根州退休的病理醫生柯倭鏗，使用他設計的儀器，協助罹患不治絕
症，且身心備受苦痛煎熬的病人，經病人本身和家屬出於自主意識之
同意，而終結病人的生命。柯倭鏗從事類此的事例已達數十起，雖然
不時被警方逮捕，遭州政府檢察官起訴，但迄今為止，柯醫生均被判
無罪。從各種報導看來，這位醫生似乎懷有某種使命感，擬藉自身的
實踐，來改變一般人和整體社會對病人死亡權利的觀念。

與之相關的一個著名事件，則是年輕女子凱倫・昆蘭案件。一九
七五年四月十五日，昆蘭出於不知名原因昏迷不醒，被送入紐澤西州

某醫院。五個月後，醫院醫生拒絕了她父母的請求，不願撤除助其呼吸的氧氣管，她的父母遂採取法律行動。十一月十日，紐澤西高等法院否決她父母的請求，昆蘭仍靠人工呼吸儀器生存。她的父母上訴該州最高法院，一九七六年三月卅一日，該州最高法院裁定：昆蘭的「隱私權」現在包括她撤除維生機器的權利。這是一項歷史性的裁定。

聯邦最高法院這一次的裁決，亦就拒絕治療的權利與要求協助死亡的權利指出一個明顯的區分。讓病人死掉是可以允許的，但主動積極地加速其死亡，即使對方明白做此要求，則是不被允許的。然則其間的分際也不是沒有爭論，紐約州有一個案件*Vacco vs. Quill*，控方便認為上述區分違犯美國憲法平等保護條款，平等保護意即處於類似處境的人，在法律上應予以雷同的對待。一名神智清醒而患絕症的病人，可以要求醫生拔掉人工呼吸器的插頭；那麼一位同樣患絕症的病人，仍然能夠自行呼吸，為什麼不能要求醫生給他打一針而死亡呢？美國醫學協會候任會長南茜·狄奇則贊許最高法院的判決，她認為，「幫助某人安心地死去，和協助某個人死亡，其間還是有差別的。」她的觀點，合乎該會一貫的立場，去年美國醫學協會曾再度以壓倒性多數投票反對醫生協助病人自殺。

中文「醫生」一詞，可以解釋為「行醫以助其生」，助人自殺或死亡，或者應該屬於別的行業——也許將來會有。

——《美中新聞》，一九九七年七月十一日

壯陽劑之文化觀

　　美國大藥廠Pfizer最近由於研究上的意外發現，製造出足以治療男性性無能的藥劑Viagra，經食品藥物管理局核准以後正式上市，使得該公司的股票，在幾天之內上漲十幾美元，引起投資人的注目。筆者不懂股票，有關這方面的分析，應該留給股市高手來講解。然而，值得重視的是：Viagra的出現，對人類的社會文化可能產生很大的衝擊，敏感的輿論界，已經開始從事這方面的初步思考了。

　　新藥上市，價格不菲，這小小一顆藍色藥劑，目前頗不便宜，但全球各地的男士們趨之若鶩，或許你已收到臺灣、香港、大陸和東南亞的親友打來的電話，除了對藥品表達高度的興趣外，還不忘請你代他買這家公司的股票。為什麼遠隔重洋，竟然對Pfizer這麼有信心？其答覆往往是：這個東西在亞洲特別是東南亞地區，市場潛力無限，遠景樂觀。其實，並不是亞洲地區的男士患性無能者特別多，歐美國家的男士對這一藥劑的雀躍之情，絕不輸於炎黃子孫。

　　只是在我們成長的過程中，壯陽劑的廣告是如此泛濫而又如此明目張膽，非僅不入流的八卦刊物充斥這類廣告，連一些素負聲名的正派雜誌，也不難看到「XX神功」等廣告，長期刊登，所附圖片之不雅，有關說明之不雅，有關說明之不通與不合邏輯，稍微運用常識即可破解，但它的廣告卻能經年累月不停地登載，其存在說明了我們的社會的確有個市場支持它。壯陽劑彷彿成了日常生活的一部分，這個現象倒是西方社會比較罕見的。況且，這種現象並非只見之於下層社會，日本企業界流行過這樣一種說法，一家公司的主持人，如果早上睡醒時性器官未能勃起，則這間公司的前途堪慮。這個說法或觀察，等於認為性能力與經營能力有正相關，竟也流傳到東亞各國的上層社會。

　　醫學界指出，Viagra最主要的功能在使男性性器官勃起，臨床試驗也說明即使是老年人、患有帕金森氏症的人，服用之後大都生效，只是必須經過大約一小時之久，至於有些老人家服用後，不到一小時便已呼呼入睡，那當然沒有達成用藥的目的──即完成性行為，則係因未遵行交媾前需有的愛撫等準備動作，並非該藥對老年人無效。實際從事性醫療的執業醫師更進一步提醒大家，這個藥劑並不能保證性高潮，至於持久性尤其因人而異，且也有一些副作用，例如服用後會產生頭痛、鼻塞、臉部充血等等。照目前看來，這些警告宛若耳邊風，多數想試用該藥的男士，一心只想到它最主要的功能──勃起。

　　為什麼勃起對男性這麼重要呢？

　　最具體的解釋就是一句老話：男女有別。男女生理結構的不同，不僅影響到心理層面，也影響到傳統文化中男女角色的自我認知。乳房是女性的性徵之一，因此隆乳者幾乎全為女性，有幾個男性會千方百計的想去隆乳？不過，變性人另當別論。當然，最最基本的差異還是在於：男性性器官是外顯的，女性性器官是內隱的。也因為這樣，女性的性高潮是很容易裝出來的（用通俗英文可稱之為fake），同時更重要的是這種假裝非常容易使男士上當，恰可配合男性於性心理上的自尊或自大傾向，古往今來從事性交易的女性無不擅長此道；至於男性，可就沒有那麼容易了，勃起或無法勃起，如何fake法？

　　此外，還有許多男女有別的現象極易觀察得到。例如一群男士在一起，多愛誇談性事，甚至吹牛自身多神勇，如何令對方神魂顛倒，一天或一星期可做多少次等等，彷彿因此便提高了自尊和自信。而一群女士相聚，據個人所知，絕少會談到自己的性能力或性技巧多棒。大體上講，男性強調實際的性行為，女性則似乎更重視擁抱、愛撫等親密舉止，不像男性把性交看成這般重要。此地如此敘述，並不是說女性不愛或不願享受魚水之歡，而是在指出於男女關係上，女性的著

重點確實有別於男性。同時也反襯出何以男性這樣重視勃起，甚而至於在內心中造成某種「崇拜」，由這個角度看，壯陽劑自古及今始終是男性追求的東西，Viagra剛上市便成為國際性的大熱門，正說明了此一淵遠流長的「神話」具有何其強旺的生命力！

不能否認，Viagra的出現，乃是性無能男士的一大福音，就整個社會而言，男士可視之為一項重大的機會與希望，女士又何嘗不然，雖則女士主要是站在協助男士拾取這個機會與希望的立場，那麼長久下，對男女關係不會造成深遠的影響？新聞界在評述這件事時，已經有人問道：我們是不是瀕臨了一個新的性革命？人類的性行為是否因此而延伸到更大的年紀？男女關係會更和諧嗎？或者更虛假？化學藥劑在人類性行為上的重要性，究竟只是一項推進器呢，還是終有一天會相當程度地取代自然的性慾求？這些問題，眼前自無答案，但朝這個方向而去試做種種探討，或許會擴大我們的經驗領域。

從文化演進史的角度言，這個藥劑的意外被發現，正好印證了廿世紀大思想家卡爾‧波普的觀點：人類知識發展的本身是無從預測的。臺灣中央研究院院長李遠哲也提到，「真正創新的東西，是不可能預見的。」他舉半導體發現者諾貝爾物理獎得主布拉頓為例，剛發現半導體現象時，布氏自稱：「這個現象很好玩，但是大概沒什麼用。」正因為未來無法預知，使得我們更加有所期待。

附註：撰完本文才發現《時代週刊》本期以Viagra為主題，未及參考。

——《美中新聞》，一九九八年五月一日

世紀末，名單熱

　　世紀末的現象之一就是回顧多。

　　現在廿一世紀，只剩一年多，於是新聞、文化界，紛紛針對即將逝去的廿世紀，提出種種檢討和回顧，此所以近來出現了不少名單。其中比較受到大家重視的是：《時代週刊》自一九九八年四月十三日這一期開始，將推出六次專刊，選出過去一百年來，最具有影響力的人物，計分為領袖人物與革命家、藝術家與娛樂界名人、建設者與巨人、科學家與思想家、英雄與足資矜式的人物。第一類已於四月十三日當期選出，第二類見於六月八日那一期。可以想見，名單一問世，必然引起許許多多的議論，總是有人會就自己認為重要者未被列入，提出異議。以領袖人物與革命家為例，南美洲無人入選，非洲只有南非黑人領袖曼德拉，亞洲方面有印度的甘地、以色列的本古里安、中國的毛澤東、越南的胡志明和六四天安門事件中的無名反叛者（以個人肉身抵擋坦克車的王維林為其象徵）。對華人而言，恐怕有不少人會認為，論影響力的宏遠，孫中山怎麼弱於毛澤東？

　　美國電影研究中心，為了慶祝電影百年紀念，在六月十六日列出百年來美國最偉大的影片一百部，名單一出籠，立刻造成廣大的迴響。由於期間限定以電影百年為準，因此一九九六年以後的名片，比如賣座破歷史紀錄的《鐵達尼號》就不在考慮之列；同時早期的影片，因為技術水準及藝術成就尚屬草創階段，一九三〇年代以前製作的影片，幾乎完全沒有中選。此外，入選影片中由女性導演或以女影星為主要人物，連同以女性命運和處境為主題者，實在寥寥可數，這一現象引來知名女性電影明星如梅莉・史翠普等人的強烈抗議。

　　在美國出版業具有舉足輕重地位的藍登書屋，則於七月十九日透

露：由該公司所屬現代文庫，選出百年來以英文出版的最佳小說一百部（書名及作者，見《紐約時報》七月廿日頁B1、B4）。這份名單一面世，不僅主要報紙有所報導，而且還用社論進一步評述之。隨後各報所屬專欄作家，更是不忘予以品頭論足一番，熱鬧得很。當然，專欄作家全是知識人，書籍非祇是他們的精神食糧，也是謀生的工具，不讀書的專欄作家大概是沒有的。不過，專欄作家們是否這麼熱衷於讀小說，倒是值得存疑。

這份最佳百部英文小說名單，是由現代文庫董事會成員挑選出來的，董事會主席由藍登書屋創辦人的哲嗣擔任，另設九名董事，其中有藝術評論家一位，傳記作家一名，歷史學家則有四位，小說家三位——其中一位是英國籍女士，也是唯一的女性成員。平均年齡高達六十九歲。選出來的小說，五十八部係美國作家所寫，英國作為卅九部：女作家入圍者只得九位；過去廿五年出版的小說，獲選者僅六本；入選小說由現代文庫出版者多達五十九部。

從前段所述的基本資料，已經可以解釋，何以比較晚近出版的小說，比例偏低，因為挑選者的年齡偏高。至於作者幾乎全部屬於英、美兩國，當然也跟挑選者全係兩國人士有關。現代文庫本身的出版品佔約五分之三，連藍登書屋的主事者亦不諱言，多少有點生意經的味道在內，具體講，便是有助於促銷自己的出版品。百部最佳影片的名單公佈以後，錄影帶出租店的生意增加不少——特別是那些列入名單的老片子，不啻是一大啟示與鼓勵。然而令人好奇的是：如果由另一家出版文學書籍的公司Scribners來主持，很可能挑出來的小說也以本身的出版品為主！

最引起物議的應該說是女性作者未免太過於偏低。《芝加哥論壇報》女專欄作家瑪麗·史密希，迅即作出不平之鳴，舉出洋洋灑灑的十點理由說明此事（分見該報七月廿二、廿九日第二部分頁一），主

要歸咎於挑選者當中僅有一名女性，女性作家出版機會少於男性等等，但她也舉出一些頗為好笑的理由，比如「男性喜歡不易接近的書，就像女性喜歡不易接近的男士一樣。」列為榜首的喬伊斯小說《尤利西斯》，便是這樣一種作品。其實從稍微宏觀的視野來看，這正代表了女性自覺意識的高漲，因此才會對女作家列名如此之少反應這般強烈！

跟人的口味一樣，品味小說總是見仁見智難有定論。學院派的文學批評家，或許覺得，把史考特‧費茲傑羅的《大亨小傳》列第二名，高過弗克納（所撰《聲音與憤怒》列為第六名）等名家，未盡公允，然而筆者卻又認為，把史坦貝克的《憤怒的葡萄》排為第十名，似乎高估了。至於遺珠之憾，更是令人扼腕！名氣很大的約翰‧厄普代克連一百名都算不進去，恐怕也跌破許多人的眼鏡。其他如非白人作家僅約四、五位，似亦有待商榷。不過話說回來，藍登書屋的百部最佳英文小說，並不以讓讀者滿意、銷路佳等當作品評標準，而注重小說的文學性，畢竟有所堅持。而且，這份名單的公佈，多少有助於使世人關切文學。

世紀末、名單熱的現象，可能還會流行一陣子。誠如《紐約時報》七月廿一日社論所說，事過境遷，這些名單很可能被人掃進垃圾堆，不久大家也就把它忘了。任何皇皇的書單，全都比不上你手頭現有的書冊，更能把你引入文學的殿堂。

──《美中新聞》，一九九八年八月七日

世紀末零縑

　　今年的年尾，由於是廿世紀的最後一年，而且在一般大眾的錯誤認知中，又視之為第二個千禧年的結束，於是各種應景的活動紛紛出籠。除了各類迎接新世紀、新千禧年的派對而外，媒體則是大量推出各項回顧報導，甚至鼓勵傳播受眾挑選世紀之人、千年之人等等。雖然也有少數認真並且講求精確的人士，再三指出西元（也許更應該說成耶穌基督紀元，至於耶穌正確的生年，宗教學術界仍有爭論）二〇〇〇年，事實上是第二個千禧年的最末一年，二〇〇一年才是第二個千禧年的開始，但這個正確的說法，言者諄諄，聽者藐藐，早就淹沒在慶祝的熱潮中了。

　　這次的歲尾年初，竟然變成全球性的慶祝浪潮，說明了西方作為強勢文化的勁道是多麼地強而有力，基督信仰的普世性何其廣泛。不論是把新的千禧年看作是項祝福，或如某些狂熱小教派視之為世界末日，全世界絕大部分地方都受到感染，這當然是拜現代傳播技術之所賜，從而使西方媒體掌控國際的主流地位益見突出。盛行於全球的曆法是耶穌紀年，全世界的每一臺電腦顯現出來的年月日也是如此，否則也就無所謂Y2K危機了。潮流固然如此，筆者還是不能不提醒大家，西元二〇〇〇年，乃是黃曆——黃帝紀元四六九七年（耶魯大學出名的中國史專家史景遷〔Jonathan Spence〕在《新聞週刊》撰文，則說是四七〇七年——見該刊二〇〇〇年元月一日頁卅八，整整多了十年。個人根據的是臺灣的官方文書，應較正確），佛曆——佛祖紀元第二五四四年（《新共和週刊》載有達賴喇嘛漫畫，說是佛曆二五四二年，不正確，理由同上）。西方人知有黃曆、佛曆者已屬鳳毛麟角，可惜又未必正確，文化上的強弱之分，委實令我們東方人無可奈

何！不過，我們至少要有一份自覺，人間除了耶穌紀元以外，有別的更淵源久長的曆法。

《時代週刊》往年例有「年度之人」的選擇，一九九九年的年度之人係近年崛起之網路商業大亨亞馬遜公司的傑夫·貝佐斯。但該刊繼又選中大科學家愛因斯坦為「世紀之人」，小羅斯福總統和印度聖雄甘地分居二、三名。其實，該刊自兩年前開始，已分別選出五類共一百名廿世紀最有影響力的人物。《新聞週刊》和《美國新聞與世界報導》，均選美國人為廿世紀的代表人物，足見美國媒體大都認為廿世紀乃是美國世紀。當然，見仁見智，各有理由。依個人淺見，論起單獨的一個人物，共產革命的霸才列寧，也夠格當世紀之人；如以某一群體為例，則廿世紀是人類歷史上婦女地位產生絕大變化的一個時代，稱她們為世紀之人應無不妥。

至於「千年之人」，截至本文撰稿時為止，迄未見到知名刊物的人選，但較常被人提到的名字，則有英國大文學家莎士比亞、活版印刷發明者谷騰堡、義大利科學家伽利略、發現美洲大陸的哥倫布等等，然而誠如前述，這多少反映了西方人以自身文化為主的偏見。中國的宋朝為第二個千禧年初期文物鼎盛的時代；橫跨歐亞兩個大陸、版圖之大迄今無人能及的元朝，其始祖成吉思汗，最低程度也有資格被列入候選人吧！其他文明自亦有不同觀點。

其他像廿世紀最偉大的一百部小說、電影、書籍等等，多已有名單出爐。風雲人物的選擇，差別尤其大，哥倫比亞廣播公司挑選的人物，可能就與其他電視網不同。最有影響力的世紀工業家，商業雜誌挑的是首創以生產線方式大量廉價製造汽車之亨利·福特。以北美地區為範圍，選出芝加哥公牛隊籃球巨星麥可·喬丹為廿世紀最偉大的運動員。如以全球為範圍，南美洲人恐怕會以巴西足球名將黑珍珠比利為第一。

　　美國聯邦政府所屬統計局，也來湊熱鬧。幾天以前，該局循例發布年度統計摘要，但卻附增了一些百年對照的統計數字，讀來頗富啟發，真足以說明百年來的美國社會有常有變。一九〇〇年男性平均成婚年齡為廿六歲，一九九九年仍為廿七歲不到。女性方面變化較大，百年前頭次當新娘的平均年紀為廿二，現在增為廿五。一百年來，美國人口成長四倍，目前已達兩億七千四百萬人。一九〇〇年，十三至十七歲的青少年，只有十分之一入學高中，今天美國若還維持這個比率，則比全世界最落後的國家還不如！男女平均壽命過去是四六／四八，目前增為七四／七九，雖然輸給日本，但改善不少，不過女性還是較男性長壽，而且差距擴大。令人意外的是，大家總以為現在美國社會移民越來越多，統計數字顯示的情況則不然，目前在外國出生者佔人口百分之九點五，一九〇〇年代外國出生的人竟高達百分之十三點五。

　　事實上，無論是挑選世紀之人或千年之人，都有它內在的限制，也不很公平，因為都是世紀末後死者之所為，那些曾經活在這個世紀和這個千年但已經逝世的人，他們根本喪失了表達的機會，誰能否認他們確曾在這個世紀和這個千年生息過？或許宗教家豁達的襟懷足供師法：日日是好日，年年是新年。新的世紀和新的千禧年，實在不必太強調數字的意義，It is only a number game。

　　　　　　　　——《美中新聞》，一九九九年十二月卅一日

英雄莫提當年勇，
只緣今日已惘然

　　人類的精神現象非常複雜而不易理解，其中回憶即屬精神現象的
一個重要部分。

　　二〇〇〇年六月一日，美國《兒童與青少年精神醫學報》，刊佈
了西北大學所從事的一份研究報告，頗富啟發意義。一九六二年，當
時年僅卅一歲的丹尼爾・歐弗，係芝加哥麥可瑞斯醫院的精神科住院
醫師，他徵得西北大學的同意，分向芝城北部湖區及南效兩所高中的
一年級學生做調查，這些學生全屬男性，均為中上階層家庭出身，共
計七十三人。經過卅餘年後，大家各奔前程，歐弗主持的研究小組，
自一九九五至一九九八年，再向散居於廿四州的同一批人進行調查訪
問，由於該小組鍥而不捨的努力，意然訪得六十七人，難得的是受訪
者非常願意配合，使得這一時間跨度幾近四十年的研究，順利完成。

　　必須指出一點，這研究所問的主題，並不是受訪者十四歲時對問
題的感受如何，而是要求他們回憶：他們十四歲時接受第一次調查訪
問，他們對那些問題是怎樣答覆的。這點很具關鍵性，因為如此一
來，便使這項研究成為關涉到人的記憶，而非經過卅多年時間的嬗
遞，他們的態度有什麼變化或如何改動。換句話說，就是四十八歲的
人，回憶他們十四歲時的反應，透過兩個時期答案的差距，來進一步
理解人類回憶的現象。

茲將主要調查結果略述如次：

父母影響力：你師法的對象是父親還是母親？

十四歲時：父親佔百分之七一，母親二九

四八歲時：父親佔百分之四九，母親五一

紀律方面：你被體罰過嗎？

大四歲時：被體罰者百分之八二，無——十八

四八歲時：被體罰者百分之三三，無——六七

父母偏愛情形：誰是母親最鍾愛的子女？

十四歲時：自己——百分之十四，其他兄弟姊妹八六

四八歲時：自己——百分之三〇，其他兄弟姊妹七〇

女性吸引力：女孩子喜歡你嗎？

十四歲時：喜歡——九八，不喜歡一二

四八歲時：喜歡——八六，不喜歡——一四

家庭生活：你的家庭生活：你的家庭生活中最差勁的是什麼？

物質上的舒適：十四歲時——四十，四八歲時——一五

情緒上的安妥：十四歲時——一一，四八歲時——五〇

家人衝突：十四歲時——一三，四八歲時——三三

兄弟姊妹間的競爭：十四歲時——一六，四八歲時——二

自尊心的降低：十四歲時——二〇，四八歲時——〇

（家庭生活五個項目合計為一百）

四十八歲時回憶十四歲時所做的回答，與當年實際的情況，差距甚大。除了女性吸引力方面前後相當一致外，其他項目均頗為不同，尤其是父母影響力和紀律方面，根本呈現顛倒的情形。這樣的結果，連研究小組都有意外之感。（見《芝加哥論壇報》六月一日第一部分長篇報導）

其實，大家從本身的生活經驗中，多少可以觀察到一些情況，令人對人類的回憶精確與否表示懷疑。成功的企業家追述早年創業的經過，總是不免誇大當年的艱辛困苦，而對自己應付環境的能耐、意志力和手法等，也往往講得神勇無比。同時，對青春年代的回憶，常常附麗一些浪漫的色彩。外省籍的長輩提起對日抗戰期間的日子，除了痛恨日本的侵略暴行外，於述及遷徙流離的艱苦中，卻夾藏著某種自豪的心理，對自身青年時代的理想主義，老覺得比當今的年輕後輩高超而瑰麗！臺灣籍的長輩，憶述本身的青春年華，也是添油加彩，後輩聽來彷彿他們是在歌頌日本統治臺灣的「盛世」，似已忘卻臺灣人被殖民的冷酷現實！

何況，社會的變遷包括價值觀念的更改，顯然會影響一般人的記憶。西北大學的這項研究也指出，四十八歲時的受訪者，百分之四十四認為他們當年認可在高中時期即可發生性行為，而於實際上，當年才十四歲的同一批人，其實只有百分之十五如此答覆。有時人的個性也有關係，有些人追憶往事，歡樂多而憂愁少，有的人想及過去，腦海中全是一連串不愉快的事件。大家都有更改過去的傾向，而這幅已被改動的過去畫面，則與實際發生的過去，並不相符。沒有紀錄、文獻、實物為憑據的回憶錄，即英文所謂undocumented，實在很不可靠，難以充當信史的材料。

當然，一項研究延展長達卅八年，並不容易，這次的有效樣本雖只六十七人，規模不夠大，但已經是原受訪者的九成二，在精神醫學

的領域，有它的意義。尤其多年來的心理治療，花了相當多時間和精力，以追索病人的過去。參照學理，作為治療之所本，這項研究恐怕會帶來不少衝擊。名流巨星如歐普拉・溫芙瑞、羅姍・巴爾等，都曾作證少年時期受到雙親之虐待，她們成年後的回憶是否精確，法律上如何決定回憶可否採用，都是值得進一步深入探討的。

看來，英雄莫提當年勇，只緣今日已惘然，並不是雅不可耐的文藝腔，而是多少具有科學價值的實話。

——《美中新聞》，二○○○年六月九日

暢銷現象與終極關懷

　　歷史悠久的美國廣播公司「夜線」新聞節目，曾經在九月三日宣佈，將以連續三個星期一晚間該節目的時段，重播主持人泰德·卡波爾於一九九五年，訪問摩利·史瓦茲教授的紀錄。後來由於九月十一日發生震驚寰宇的紐約世界貿易中心被撞毀倒塌慘案，所有的新聞報導均聚焦於這件大事，因此重播一事未能順利完成。

　　事實上，這三次訪問的重播，早已不只一次。「夜線」製作單位表示，多年來他們不知播出了多少單元的各類節目，其中有少部分也重播過，但像史瓦茲受訪問錄，三番兩次引起極多觀眾的興趣，強烈要求予以重播，則是前所未有的盛況。電視節目很容易看後就忘了，能讓觀眾渴望去一再回味，在電視史上，恐怕已經變成一個得探討的現象。

　　筆者便不只看過一次，而且與之相關的訪談，為數不少，也隨緣看過一些。摩利·史瓦茲是布朗黛斯大學退休的社會學教授，接受訪問時他已罹患肌肉硬化症，隨著病情的惡化，健康愈來愈差，正逐步走向死亡之旅。訪問的重心，正是透過和摩利的交談，把他面臨生命消逝的心靈轉折與成長，由憤怒、自憐到承認事實並與之共處，然後善加運用，來使人生的最後階段充滿溫馨及薄暮的餘輝。這位教授在螢光幕上垂垂老矣，行動不便，絕大部分時光躺於特設的病床上，但他口齒還算清晰，腦子依舊相當敏銳，他的達觀，他的業已不受理論拘束之了脫生死的智慧，便在與主持人交光互映的侃侃言談中，平實又感人的流露出來。

　　關心出版業的人，當然也都知道，史瓦茲教授的魅力，不僅見之於電視上。以他談話為主由米契·阿兒本選寫的《星期二與摩利談人

生》一書，其受歡迎的程度，比他的電視訪談猶有過之。這本書於一九九七年十月關始列入《紐約時報書評》週刊非小說類暢銷書，到今年（二○○一）九月，被列入名單已經超過兩百週，而且依個人所知，大部分時間該書位於前三名，這種情形，固然難以百分之百肯定會是「絕後」，但屬於「空前」則的確是不必懷疑的。一部作品列入暢銷榜的前茅長達四年，這種情形實在罕見先例。

此外，該書不但在美國長銷又暢銷，國外出版界亦紛紛轉譯，臺灣的中文本早就面世。比較有趣的是，巴西版的葡萄牙文譯本，也列入當地的暢銷書榜上，但卻將它歸類為「小說」，原作者不得不去函要求從小說類搬走。據作者推測，巴西人或許不明白摩利是何方神聖，以致誤認為書中所述必屬虛構，經過一番說明解釋，他們知道摩利是真人實事，也就從善如流把它改列非小說類著作。

照個人所知，近年來，頗有一些大學的醫學院和社會工作科系，把這本書當作向學生推薦閱讀的參考書，重點似乎是放在病人臨終照顧這一方向上。像摩利‧史瓦茲這樣的病人並不多見，而他在生命消逝前所做的種種思考，所表達的心境和觀點，對處於相似情況的病人或有示範作用，對日後從事臨終照顧的在學學生而言，可能自書中獲得啟示。這樣說來，該書除了暢銷兼長銷之外，也對真實的社會與人生發揮了改變的功用。

美國文壇上有一個值得注意的現象，那便是頗有一些知名的大作家原係運動體育記者出身。米契‧阿兒本曾受教於史瓦茲，所學以音樂為主，但出校門後從事的職業則為體育記者，目前仍為《底特律自由新聞》的運動專欄作家，也不時出現於電視上的運動講談節目，在寫這部已經賣出五百餘萬本的書之前，早就出版過好幾部甚獲好評的運動書籍。他最近接受《作家文摘》月刊（見今年九月份頁卅八～卅九）訪問，透露了撰述此書的經過。

其實，阿兒本也是看到「夜線」的專訪，才又與史瓦茲重續原本中斷了十多年的師生緣，乘服務報社罷工糾紛，利用每星期二去見大學恩師，並把兩人間的談話錄音下來。過了三週，他問摩利最害怕的是什麼，摩利答說「就怕我身故以後留給家人治病的債。」他清楚恩師一向儉樸節省，此一回答出乎他意料，後來發現摩利選擇在家終老，既無收入，而健康保險所能支付者極為有限。於是米契‧阿兒本便起念想替老師籌募醫療費用，「我自己沒錢，而且我知道送錢他也不會接受。因此我所能想到的唯一募款方法，便是寫書。」隔週，米契向摩利提起「併肩進行一項計畫」，摩利同意，並且說「就像上回我們一道做畢業論文一樣。」在摩利去世前三星期，知名的雙日出版社同意出書，米契把好消息告訴他說，「足夠支付你所有的醫療費用」，摩利開始哭了起來。

而今，這部師生合作的「論文」，已成了出版界的異數。阿兒本回顧往事，認為該書如此暢銷，主要是因為採取了讓故事單純的取徑，「這對許許多多的人具有極大的吸引力──它簡單，大家非常容易懂，不會讓他們有被人擺佈的感受。」原本的動機只是想付醫療費用，又豈能預料到後來竟然破紀錄的如此暢銷？

摩利‧史瓦茲的臨終事跡，不論是錄成電視畫面，或筆之於書，全都這麼受歡迎，其實也說明了：了脫生死，還是人類最簡單而普遍的終極關懷。

──《美中新聞》，二○○一年九月廿八日

信仰與治療

　　最近十年，另類醫學或替代醫療（英文alternative medicine有不同中譯），逐漸成為世人關切的話題，不僅一般人甚表興趣，連醫學界、科學界、心理學界涉及它的文獻與研究，也越來越多。從最寬廣的角度來說，另類醫療的範圍大得很，凡與西方科學性醫學傳統有別的觀點及治療方式，便往往被籠統地歸類其中，彷彿是醫學的大雜燴。在這種情形下，把年代悠遠的中國針灸列入，固不待言，甚至一些乏具體可靠成效的手法，例如食療、水療，密宗林雲大師的民俗療法，印度與日本的喝尿自療法等等，五花八門千奇百怪的玩意，都有人視之為另類醫療。但自比較狹義的觀點言，依個人粗淺的認識，另類醫療的兩大主流實為食物療法和信仰治療（宗教界人士亦作信心治療）。食物雖以草藥植物為主，但在西方則又包括乳酪等日用品。當然，精神與物質雙方兼顧者亦所在多有，舉個例講，出身哈佛醫學院，現為亞利桑納大學內科教授的安德魯・威爾醫師，除主持該校整合醫學計畫外，另又每月發行通訊，叫《自我治療——為你的身心締造自然健康》，社區圖書館多予陳列。本文所談只限於信仰方面。但事先必須聲明，筆者絕非專家，也沒有足夠的醫學知識，完全是基於普通人的好奇心，加上年歲漸增，親朋間交談常常環繞身體健康為主題，對這一領域稍生興趣而已。

　　今年（二〇〇三）九月廿日，美國臺福神學院假芝加哥西郊中華基督徒國語教會，舉辦「從聖經與精神醫學探討基督教全人醫治」研討會，發表論文的是臺福現任院長劉富理牧師，以及芝加哥地區的蔡茂堂牧師（原為精神科醫生），講評者為三一神學院保羅・希伯特教授、西北大學臨床心理治療教授黃維仁與懷恩堂主任牧師何福田，俱屬一時之選，口才與表達能力均佳，當天不僅座無虛席，且需加添椅

座供聽眾使用，誠為一大盛會，相信與會教友獲益良多。如以嚴謹的科學研究的標準來衡量，兩篇論文（蔡牧師乃係就劉牧師從事信心醫治案例之分析）所根據的案例不夠多，統計上的數據價值自然多少有些失色，但「全人醫學」的觀念，在聽眾腦海裡一定存留印象。

追溯信仰與治療之間的互動關係，恐怕不能不提到《基督科學箴言報》的創辦人瑪麗・貝克・愛迪女士。早在一八七五年，她便出版了《科學與健康——開啟聖經之鑰》一書，至今將近一百卅年，影響深遠。（筆者有這本書，但沒有通篇讀過，實無資格評析。今年十月中旬，乘赴波士頓之便，親往參觀該報總部及旁邊宏偉的教堂，號稱美國東岸僅次於華府國家大教堂，可惜的是在展示的本書各種外文譯本中，有日文版，卻獨缺中文版，不無怏怏。）

本年十一月十日的《新聞週刊》，則以「上帝和健康」為本期主題，針對信仰與治療有長達十頁的報導，內容豐富，涵蓋範圍相當完整，值得向大家介紹。以下所談，尤其是統計數據，全部出自該刊。

美國醫學界對這一主題表現出來的關切，可以拿開設「精神與醫學」課程當作衡量標準。全美共有一百廿五間醫學院，十年前開設此一課程者只有三家，現在則高達七十家，已經超過一半。另外一個明顯現象是，這方面的研究愈來愈多，連國家衛生院也不得不提撥經費來研討「心／身」醫學。哈佛大學醫學院近日召開大規模學術會議，探究精神與健康間的關係，特別著重寬恕（饒恕）之治療效果。近年來這方面的研究，所依據的案例數目相當大，多少已具備統計意義。

芝加哥若許醫學中心（Rush University Medical Center）傳染病學家琳達・鮑爾女士，曾就一百五十篇相關論文加以評估，她的發現殊無意外可言：人在生病的時侯，（宗教）信仰的確給人提供安慰，但對癌症的生長並未能予以實質的克制，對罹患急性病症者的康復，亦少改善。但有一項發現卻令她印象深刻，此即凡是定期上教堂的人，

其死亡率降低百分之廿五，也就是說他們比不上教堂的人長壽。《新聞週刊》根據四種資料列出如下的平均死亡年紀：不上教堂者——七十五歲，每週上教堂不到一次者——八十歲，每週一次者——八十二歲，每週超過一次者——八十三歲。

研究人員利用腦波掃描，發現冥想改變腦的活動，提高免疫反應。其他研究也顯示，它可以降低心跳次數及血壓，而這兩項皆可減輕身體的緊張反應。密西根大學公共衛生學院研究員尼爾‧克勞茲，向一千五百人調查，發現到易於寬恕別人的人，比起吝於原諒他人者，享有更佳的心理健康，抑鬱情形減少。哈佛醫學院的赫伯特‧班森醫師表示：寬恕有它生理上的一面。你不原諒別人，它便咬住你。

當然，正反意見皆有。反對派以哥倫比亞大學教授理查‧史隆為代表，他在一九九九年便在醫學刊物為文攻擊信仰與治療的種種研究，認為這些研究在方法學上很弱，多為一廂情願的想法。次年他又在著名的《新英格蘭醫學學報》發表批評文章，引起很大的反彈。史隆認為，宗教在醫學領域無立身之處，導引病人走向精神（心靈）操作，害多益少。相對的，杜克大學研究信仰與醫療的先驅哈羅‧柯尼格醫師則持相反意見，他相信，越來越多證據指出，宗教對健康具有良性效果，把精神性從治療中嚴予排斥，乃是不負責任的做法。在他看來，有三分之二的調查顯示，宗教信念及健康之間有重要連繫：這以生命的滿足、希望、宗旨、意義、減低抑鬱、降低焦慮、減少自殺較明顯，但在生理健康方面，則其證據沒有這麼堅實。

依常識性的理解來說，屬於精神或心靈面的信仰，對病患的心理會產生正面及良性的效益，有助於治療；但生理上的症狀，純靠信仰恐怕難以為功，甚至可能產生反效果（如罪惡感），主從之間莫加混淆，或許是一般人應循的軌則。

——《美中新聞》，二○○三年十一月十四日

願憂心化作祝禱　上
—— 香港的工具價值

　　中華民國總統李登輝先生，於五月廿七日接見薩爾瓦多新聞界時，針對香港問題，發表了如下的談話：

　　　　就中國人的立場，香港由英國轉移給中國大陸是令人感到高興的。但轉移到共產制度下，「本人對香港未來的發展，是否仍能維持高度的成長，其前景令人感到疑慮與擔心。」他又指出，「香港在移交過程中，不會有什麼問題，但移交以後的發展，比移交的過程更重要，也更值得關注。」

由於近幾年來臺灣的政局發展，每有出人意料的轉折與演變，對於旅居北美洲地區的華人而言，「批判李登輝」的議論有日漸高漲的情勢，在言論市場上，「批李」業已成為一種產業。然而，前述有關香港問題的談話，持平以論，則是相當公允而有見地的，足以彰顯李氏作為政治家的水平。

　　香港的回歸自然是現代史上的大事，且少有可供類比的其他實例。中共政權慎重其事，也是負責任的表現。但有些心理與措施，坦白講則沒有根據也毫無必要。比如對鄰近香港的廣東省區，採取超乎平常的保安手段，深恐有人破壞香港的平穩過渡。至於對外方面，一再疑慮英國和港英當局，及美國和歐洲共同市場等西方國家，再加上所謂敵對勢力主要指臺灣等，疑心他們不願看到香港順利地回歸中國，而想伺機上下其手，製造事端，這類顧忌其實是多餘的，北京當

局花費精神在這方面純屬浪費。誠然世界各國政府、環球媒體、國際政治經濟界，大家都凝神注視香港的移轉，也提出諸種觀察與批評，即使是視中共政權如寇讎者，大概也不會以破壞移交為得計。當然，中共政權取回香港，主觀上也絕對不會有危害香港的心眼。真正值得關切的並不是三兩年內短期的漲跌，而是長期觀點下香港的前景榮枯。

香港《明報》創辦人查良鏞，也是武俠小說大家金庸，曾經擔任過《香港基本法》的起草委員，他對香港回歸之後的命運，持樂觀的態度。金氏的觀點有它的代表性，也曾經多次見諸於各種媒體的報導，已經成為多年來他對這個問題的根本信念。（金庸在這方面的解說闡明，次數不少，晚近者可參考《明報月刊》一九九七年二月及四月份，金氏與日本創價學會領袖人物池田大作的長篇對談錄，以及臺北《新新聞週刊》一九九七年三月二日至八日這一期）金庸認為香港回歸中國以後的前景之所以不致變得太壞，乃是因為對中國而言，香港扮演了一個利益性工具的角色，因此即使中共政權自英國手中取回香港主權，基於中共本身的種種利害權衡，讓香港保持現狀而不作劇烈的遷動，才是符合中共利益的最高原則。所謂香港五十年不變，不啻就是此一原則的通俗性講法。

換句話說，香港的「工具價值」，正是香港不致於衰化的安全瓣。金庸的說法頗能言之成理，也在相當程度上被不少人接受。為了免除夾纏，當然不必把它刻意狹隘化，認為他只重視香港的工具性。一九七二年聯合國提出一長串殖民地名單，準備予以「非殖民地化」——實即獨立，如像肯亞、馬拉威、千里達等，當年英國在中共政權的強大壓力下，暗中竟把香港自名單中刪除，而這種大事向來沒有跟香港人磋商過，也盡量不讓港人知道。香港人即使存有自主意識，面對這樣的處境，香港的「工具價值」反而是比較實際的依託。（中共官方始終不以殖民地稱呼香港，緣由與此有關）

　　然而即使大體上視香港為一利益性工具的角色，金庸的說法也有一些漏洞，值得大家提高警覺。香港對中國大陸之所以變成極富價值甚至難以取代的工具，主要是特殊歷史情境促成的，更添上國際政治的角力與國際金融貿易的特別安排，才使這顆東方明珠不斷在重重難民湧入的情況下依然閃爍生輝。其中一個非常關鍵的事實便是：香港的主權並不屬於中共，香港實行的是資本主義體制，其文官與法律系統襲自英國。如今香港的主權回歸中國，在北京的主觀認知上，固仍有可能照顧或重視它的工具價值，但已缺少了一份對他國主權和行政管理權的尊重，則於實際作為的有意無意之間，政治心理產生了相當微妙的變化，既已為我所有，工具逕自取來使用便是，何勞尊重？

　　其次，香港的工具價值並不是單方面的，香港的繁榮也是因為世界各國的政府與商人，同樣把香港視為利益性的工具所使然。曾任上海市長的汪道涵，據報目前仍為中共江澤民主席最重要的臺港問題顧問，汪氏近日一再強調，香港與上海經驗不同，結構有別，發展各異，上海至少在幾十年內無從取代香港。或許汪道涵已敏感察覺關鍵之所在，所以會有這麼強勁的措詞。但對早已成為「老香港」的外籍商人而言，他們「逐工具而移徙」的功夫，早已於香港練就。《紐約客》週刊五月十二日刊載〈鬼佬故事〉長文談香港，文末問一位外國商人對香港前途的觀感，他說：「如果香港捲了鋪蓋，總還有個上海。鬼佬們會首途前往上海。上海現在搞得不錯。」

　　工具也是可以用完丟掉的。

附記：芝加哥港澳之友協會董事長譚志曾先生，邀筆者參加香港問題座談會，以先有前約，未能應命為憾，遂草此文以副前輩雅意。

——《美中新聞》，一九九七年六月十三日

願憂心化作祝禱　下

—— 新聞自由是香港的最後防線

　　即使把香港人可能會有或隱而不顯的自主意識予以漠視，純粹只重視它的「工具價值」，那麼，還是不能不問：香港的工具價值表現在什麼地方呢？更重要的是：到底是什麼東西使它得以發揮這些價值呢？一般人大都會提到，近乎完全自由的市場，國際化的金融運作，相對先進的經營管理知識及從而累積的經驗，法治的精神，而在背後支撐上述各項優點者，不容否認，乃是新聞與資訊自由和迅速流通。自此一角度觀察，則新聞自由其實正是香港之所以能夠扮演利益性工具角色的必要條件，有之未必然，無之必不然。全球各地均關切一九九七年回歸以後香港的新聞自由，並不是大家都各自有他的「陰謀」，或是見不得中共「強大」，而是因為這幾乎是最後防線，香港如果喪失了這方面的優點，光輝與效用唯有衰頹而已。不幸的是，無論是香港本地學術機構的民意調查，或是新聞界從業人員自身的感受和對出路的安排，傳播媒體包括報紙、雜誌、廣播、電視等隨環境變遷而做的種種「調整」與「適應」，形形色色的自律措施，凡此等等現象，總的指向令人無法樂觀。

　　香港浸會大學傳理學院院長，著名的傳播學者朱立，五月初，在一項「九七前後香港的新聞自由」研討會中（詳見《中央日報‧國際版》一九九七年五月廿二、廿三日第五版），有過極其精闢的分析和探討。

　　朱教授認為，世人多半以為香港沒有民主卻有自由，其實這是表象，經不起深層分析。事實上港人所享的自由是消極的，乃是與殖民地政府「不對抗」的結果，港人從未運用這個自由去挑戰殖民地政府。

他稱此為英式的「一國兩制」。英式的弔詭為本來不該有自由，卻有了自由；中式「一國兩制」的弔詭是該有自由，卻可能失去自由，該有民主，卻可能沒有民主。英式為已知之實際，中式則為有待檢驗的理論。目前香港新聞業的大形勢，可以說是「親共沒市場，反共沒前途」。至於回歸以後的情況，朱立提到：和中國大陸的傳媒比，香港的傳媒七月一日之後所享有的自由，肯定會多些，如果說大陸的傳媒只能有「鳥籠的自由」，那香港所能享受的則是「野生動物園裡的自由」，而這個園裡還有不少「管理員」。參加此一研討會其他專家學者，如《九十年代》月刊創辦人李怡，直指香港傳媒基於現實因素，已進行新聞的自我審查。政治大學新聞系彭家發教授，也舉出各項實例，說明新聞自由被侵蝕的情形，雖則剛開始幾年，他預期中共為求穩定，在彼此的忍讓中，還會有幾年的有限新聞自由光景。明尼蘇達大學李金銓教授，則提到一個有趣的推測，今後香港新聞界如果牽涉到臺灣海峽兩岸的糾紛，那一定是罵臺灣的，因為罵臺灣是不需要代價的，但是罵大陸，你罵罵看，我就先給你記一筆，然後秋後算帳。

香港回歸以後，新聞界如果僅能享有「罵臺灣的自由」，那是何等淒涼的景象！淒涼的不是臺灣，一個不斷被批評的臺灣，多年來承受著國內外的監督，事實上反而較有機會改善自身。可慮的是全然封滅各方的批評責罵，在自滿自大之中，反而可能走上自絕之路！香港的新聞界非振作不可，否則連香港工具價值的根本都會爛掉，涉及的非僅是業界本身的存滅而已！朱立院長引用大陸新聞學者甘惜分教授的話：「一個不爭取傳播自由的民族是沒有出息的。」但望美國地區的華文媒體，務必設法當作香港新聞界的後盾，千萬不能自己去找一座鳥籠搬進去住，還洋洋自得地以為這才是愛國！

鄧小平提出「一國兩制」的原則處理香港問題，不管其動機或誠意如何，總是對問題的癥結有所見，否則宗主國收復失土把它納入自

239

己的體制下本是正軌，國民政府光復臺灣何嘗想到一丁點「兩制」？然而史無前例的「一國兩制」施行起來，摩擦衝突在所難免，香港金融界人士秉其豐富的國際經驗，總是認為「該變的是中國，而非香港」甚至不無「照香港的方法辦事，否則行不通」的自豪，若更進一步把這種心態概括化，其實就是小香港當作大中國的腦子！香港末任英國派駐的總督彭定康，對侯任香港特區首長董建華有如下的忠言（見《世界日報》六月一日頁A7），希望「他作為香港在北京的代表人，而不是北京派來駐在香港的人。」其言有深意焉。

一九八四年十二月，中英即將簽署「聯合聲明」，李怡訪晤新加坡國立大學任教友人，席間某學者表示，如果港人站在民族主義立場的話，就不應該對中國收回香港的決策作出抗拒性的反應。另一位哲學研究所的學者立即表示：「如果過去卅多年中國搞得比香港好，那麼香港的中國收回。如果香港的老百姓今天對中國收回香港很難接受，那麼香港的老百姓不應該感到這種想法有民族主義的罪咎，相反的是中國領導人應該感到有民族主義的罪咎。如果我們自己不願接受共產政權的直接間接統治，卻用一些堂皇的理由去指責別人對共產政權的抗拒，那就是『以理殺人』。你有權『以理殺自己』，但無權『以理殺人』。」此話一出，使所有爭論一下沉寂下來。（見一九八五年三月香港出版李怡著《香港前途與中國政治》一書序言）「一國兩制」不是對香港人的恩賜，而是北京當局必須感到「慚愧」而務必認真執行的。（外交部長錢其琛有容乃大、從寬說即為好跡象）

如果謳歌回歸的偉大有助於香港今後的發展，自當加入愛國合唱團的行列，以「唱旺」之。惜乎人間豈有這般便宜的事。其實，憂心才是對香港虔誠的祝禱。

——《美中新聞》，一九九七年六月廿日

達賴喇嘛的信息

　　近年來，在西方流行文化、大眾文化的領域中，西藏已經成為重要的課題，最近更是如此。

　　去年（一九九七）十月底，江澤民訪問美國以後，好萊塢巨星理查‧吉爾主演的電影《紅色角落》乘勢推出，大家都知道，理查‧吉爾與哈里遜‧福特等大明星，支持達賴喇嘛不遺餘力，不過這部片子在影評和票房方面，表現平平。接著不久，《西藏七年》影片上市，這部電影的風評便很不錯。隨後上映的《昆敦》，表現更是不俗，雖則影評家大都認為，就表達西藏佛教的和平理念而言，《西藏七年》更勝一籌。（名影評家席斯科便如此認為）但就畫面的優美，整個故事的史詩氣氛，表達西藏文物風習之異國色彩，則《昆敦》顯然吸引力更大，不論在風評、氣勢和票房收入上，這部影片表現均頗不俗。

　　前述三部影片，個人只觀賞過《昆敦》。這是演員出身的導演馬丁‧史柯西斯的力作，他導過不少出名的暴力動作片，如 *Mean Streets, Taxi Driver, GoodFellas, Casino*，都曾轟動一時，但他也有能力執導改編自美國早期名小說家愛迪絲‧華頓的《無知的年代》，這次史柯西斯更由文藝片拓入史詩片的境界。事實上，《昆敦》（原為第五世達賴喇嘛的名字）只敘述第十四世達賴喇嘛的幼年與青年時代，到逃抵印度邊境為止，劇本出自哈里遜‧福特的妻子瑪莉莎‧梅溪遜。整部影片的畫面非常優美，有人認為直追《阿拉伯的勞倫斯》，可惜的是外景大半取自非洲的摩洛哥，而非西藏實景，原因何在，國人不難明瞭。影片中高大威武的毛澤東，籠罩著弱小而缺乏經驗的達賴，臨別還諄諄警告「宗教是人民的鴉片」，當然是戲劇性的誇張手法，但中國與西藏之間的矛盾衝突，則已意在言外矣。印度邊境士兵問達賴

「您是否即為佛陀？」，達賴「水中月」的簡要回答，充滿禪意。（筆者無法妥為譯成中文，大體是指佛性宛如水中月，千江有水千江月）這是一部令人觀後低徊不已的影片。

　　然而，或許國人還不很熟悉，在流行音樂界，年輕一輩的新興演唱團體，支持西藏者大有人在，他們的努力及成果，可能不僅不輸電影界，甚至有過之而無不及。Beastie Boys的靈魂人物亞當・姚克，於一九九四年春組成「米拉雷巴基金會」（Milarepa，係十一世達賴喇嘛），一九九六年六月在舊金山舉辦首次「西藏自由音樂會」，一九九七年六月七、八日在紐約再度舉行，今年六月將於華盛頓三度舉辦。「西藏自由音樂會」邀請的團體並非無名之輩，而是在青年人當中甚具號召力的樂團。音樂會的實況錄音，已於去年秋天製成CD，一般電器行、音樂唱碟店均可買到。同時附有相當詳盡的說明書，以及致柯林頓總統的郵卡，呼籲年輕人簽名投遞白宮，以爭取西藏的自由。其中達賴喇嘛的信函，頗得青年人的好感，現轉引如次：

　　　青年是人生中一段特別的時光，我們有能力照顧自己，而又沒有多少責任可言。因此，不論在思想上或行動上，我們都有一些自由和彈性。由於未來是如此開闊，我們便覺得可以自由地去做自己喜歡的事。重要的是要好好利用這個機會，以免來日後悔。遲早，大家都會有許多責任，從而限制了我們的自由。

　　　當我問年輕人，他們對未來抱什麼希望，很少人會答說他們只想快樂，令我不勝訝異。然則，我們所有的計畫，不全都是奠基於快樂與滿足這個根本祈求嗎？不管我們用多麼不同的方式來表達，既為具有生命的存在，自我們存在的深處，我們共同具有快樂的祈求。因此，勢須找出一種方式，以創造一顆平安

而喜樂的心靈，這才是快樂的根源。

依我自有限的經驗，一切快樂的本源乃是愛與慈悲，待人有一種仁慈與暖心之感。如果能對別人友善，相信他人，你就變得越平安越自在，恐懼感與疑心，從而消失。我們對別人或出於不夠瞭解，或覺得他人對我們有所威脅，或為我們的競爭者，便會生懼疑之心。你平安而自在，就能善用你的心智能力，可以使你思想得更清明，無論做什麼事，都將更稱心如意。

另一方面，一個人生氣時，我們說他「瘋了」，這是真的。因為我們生氣的時候，理智便被矇蔽。於是，我們愈傾向暴力。使用武力或暴力，可以快速地解決問題，有時看來的確如此。但暴力難測，而且它通常具備破壞性，到頭來還是害多益少。同理，也許你認為毒品使你感到快樂，但當你得不到它，或藥效褪去時，你比服毒以前更苦。就如同不當的情緒一樣，毒品矇混我們的理智，歪曲我們天賦的知覺。

依佛教傳統，為了使我們對生命價值始終保持清明，我們經常思想到死亡。自然，絕大多數人都想有個和平的死，但很明顯地，如果我們的生命充滿貪欲與暴力，如果我們的心靈大部分受到生氣、迷戀或恐懼等情緒的激擾，你是無從希望和平地死的。所以，如果我們祈求善死，首先必須學習如何善生——我們務須在心靈與生活方式上耕耘和平。

這與非暴力之實踐有關聯。僅只是暴力的不存在，尚不足以道盡非暴力的含義。非暴力意指：如果你有能力幫助和服務他

人，便該當如此做去。如果你無此能力，那麼你至少應該不去傷害他人。更且，非暴力非僅限於其他人類而已。它也與生態、環境以及我們與之共享這個星球的一切有生相關。諸如和善、友好、關懷他人等積極的態度，這些並不是奢侈品，而是健康與快樂的條件。（下略）

有些大漢中心主義者誣蔑達賴喇嘛為「妖僧」。為了漢、藏兩族的福祉，請大家仔細閱讀達賴言簡意深的信息。請問：達賴是「妖僧」嗎？

補記：此文刊出後數天，筆者於元月廿八日去看《西藏七年》。

——《美中新聞》，一九九八年元月廿三日

印度地位的提升與面臨的挑戰

美國總統柯林頓於今年二月初，正式宣佈將在三月間訪問印度與孟加拉。這是柯林頓卸任前最重要的外交之旅，被視為他想在歷史留名的一項努力。

消息公佈後，引起各方的重視及討論。其中柯林頓是否應該也把巴基斯坦列入行程之內，以資平衡，引起極大注意，甚至有喧賓奪主之嫌。中共方面的反應，尤其直接而坦率。據《華盛頓郵報》專欄作家吉姆·何格蘭二月十一日專文所述，中共駐美公使劉曉明曾親口向他表示：中共方面頗表關切，深怕美方為了使此行看來更為成功，會對印度有所妥協。中共認為絕不可把標準降低，應該確定印度不會使用核子武器，印度必須簽署核子禁試條約，並保證不再從事核子試爆。不過，國務卿歐布萊特女士則以為：柯林頓此行有意傳遞的信息非祇一端，核子禁試不是唯一的焦點，雖則這一議題確實很重要，但總統此行的成敗不宜以單一議題而為論斷。

針對上述微妙的局面，何格蘭的建議是：立刻拋棄加訪巴基斯坦一事，免得徒增困擾。對中共出於利己動機而提出對印度的要求，稍予承認但禮貌地加以忽視。以現實可行的目標做為訪印重點，不必強求法律上的讓步。白宮與國務院是否接受何格蘭的建議，或接受到什麼程度，當有待訪印之行完成以後才能檢驗。

一九九八年五月間，印度曾於短期內連續進行核子試爆，引起全球的嚴重關切，牽動整個國際戰略，對亞洲尤其南亞局勢產生不容輕忽的影響。筆者於當年五月廿二日在本欄發表〈印度核子試爆〉一文，提醒世人：依美國向來的外交手法，亞洲既已有了兩個（不久之後巴基斯坦也成功試爆，應改稱三個）核武國家，美國完全偏袒一國的可

能性並不大，採用以甲制乙，以乙剋甲的政策，似乎更合「美國精神」。美國官方對既成事實稍經時日多會形成「現實」反應。印度號稱全世界最龐大的民主政體，以民主守護者自居的美國，長期無總統訪問印度，其實已經不正常，如今添上戰略方面的更動。印度經濟的茁長包括電腦軟體業的可觀實力，美方正視印度地位的提升，無寧是必然趨勢。前任伊利諾州州長吉姆‧艾德格在離任前，即曾公開呼籲美國各界不應只把眼光放在中國大陸，理應重視印度的地位與商機。

印度地位的提升，對國人而言感受是複雜的。中華與印度都是人類社會淵源悠久的文明體，而同樣在十九、廿世紀飽受西方帝國主義與殖民勢力的巨大挑戰。論起對人類文明的影響，印度比起中國不遑多讓。源起印度的佛教，對中華民族宗教、思想、文學與藝術等方面的影響，事實上勝過華夏文明對印度的影響。唐朝玄奘法師取經西域（也即印度）便是一個具體象徵。降及近代，國人多已無暇或無能去重視這個國家，而中、印之間卻又利害交錯，這種忽失令人為之扼腕。

國人如能脫開自大的身段，恐怕也不得不承認，同樣是積弱的古國，印度在廿世紀對人類文明的貢獻，似也超越中國，特別是在人文領域。同胞對華族迄未獲得諾貝爾文學獎，多表憤憤不平，而印度詩哲泰戈爾，早於廿世紀初期便已取得該桂冠。到了世紀末，一九九八年諾貝爾經濟獎得主，乃是印度經濟學家Amartya Sen，華人學者未嘗在這一領域得到同樣的肯定。《時代週刊》世紀末挑選大科學家愛因斯坦為「世紀人傑」，踵接其後的則是美國總統富蘭克林‧羅斯福和印度聖雄甘地。（甘地部分，詳見該刊一九九九年十二月卅一日頁一一八～一二八）甘地所體現的個人自由、政治自由、社會公義、非暴力抗議、消極反抗、宗教寬容等精神，即使他的本國印度未能充分實現之，顯然還會是新世紀人類文明的指標。中國的孫逸仙、蔣介石、毛澤東、鄧小平等，相形之下，實在是小了一號。

　　印度以不到中國三分之一的領土面積，供養六分之五中國大的人口，資源又較貧乏，其艱難困苦視中國尤有過之。第二次世界大戰脫離英國統治後，一方面甘地的身教不無反現代物質文明的地方，他被殺之後繼起的執政者又大多採行社會主義經濟路線，民生狀況數十年未見起色。直到一九九一年才真正改採偏向資本主義的經濟體制，比中國大陸的改革開放晚了十二年。不過近十年來成績卻相當可觀。話雖如此，印度面臨的問題仍既多且大，今年元月廿六日國慶時，印度現任總統納拉延南（K. R. Narayanan）很老實地提出警告：印度最可憂慮的不是與巴基斯坦的敵對形勢，而是社會最底層人民的不滿，「請大家留心雖具耐心但長久以來受苦受難者的震怒。我們固然擁有世界上最龐大的技術人員儲備，但也有全球最大量的文盲；有全球最大的中產階級，但也有最多的人活在貧窮線之下，有最多營養不良的兒童。」印度傳統的階級制度依然妨害著該國的現代化發展，納拉延南是頭一位出身賤民階級而擔任國家元首的人，他的話彷彿暮鼓晨鐘。

　　類似中國大陸的處境，印度的經濟發展雖然叫人刮目相看，但過去社會主義經濟體制遺留下來的國營企業，隨著經濟的發展，不僅變成極大的包袱，而且可能造成社會不安。何況既屬民主政體，工人罷工的規模與頻率，比中國大陸當然嚴重得多。過去將近十年，迄未針對公有部門開刀，但事到如今已經刻不容緩，自由化非推行不可，公營企業工人的失業危機，迫使他們走向罷工一途。元月廿二日剛結束的八萬七千名電力廠工人罷工，竟使北部大省烏搭布拉狄希全面癱瘓長達十一天。自由化意味權力下放到各省，但各省財庫幾乎已枯竭，連發薪都難，遑論其他？

　　地位的提升，卻伴隨著巨大無比的挑戰，考驗著印度政府與民眾的智慧。對於印度這個旁鄰大國，國人自應關切。

247

——《美中新聞》，二〇〇〇年二月十八日

再見！大家的好芳鄰

　　一九六〇年代末期的美國小孩，以及隨後卅多年陸續誕生到這個國家的兒童，相當多的伴著「羅傑士先生的芳鄰」電視節目而成長的。即使像筆者這樣，年紀早就超過上面的範圍，但陪著稚齡子女甚至是孫兒輩收看這個著名的幼兒節目的人，為數當不在少。Mister Rogers在一代又一代養兒育女的家庭中，已經成為近乎人盡皆知的形象代名詞。得知佛瑞德・麥克菲里・羅傑士已於二〇〇三年二月廿七日逝世，享年七十四歲，心中一陣悵惘。

　　自從下一代長大成人以後，收看「芳鄰」的機會自然大幅減少，但每一憶起，腦海中就會浮現那近永恆的鏡頭：羅傑士打開門進來，換掉西裝，改穿中間扣上或拉上拉鏈的毛衣，脫掉皮鞋，換穿輕鬆的球鞋，慈祥的面孔，稍嫌瘦削卻頗挺拔的身軀，一面動作，一面以平和而不誇張的聲調，唱著It's a beautiful day in this neighbourhood........Won't you be my neighbour？然後節目正式開始。日復一日，年復一年，這個等於是儀式的開場，讓千千萬萬的小孩有所期待，有所學習，而更重要的是這樣固定的模式，讓小孩子們自小對生命有一項保障感（reassuring）。

　　羅傑士先生不僅受人歡迎，也備獲各界敬重。他一去世，不只電子媒體立刻廣泛報導，隔天各主要印刷媒體，無不以相當長的篇幅記述他一生的業績，遠勝過許多政治人物、企業家、社會名流的辭世；而報紙投書欄刊出的感恩信件之多，也超過很多熱門的新聞；至於以社論或專欄來紀念他，更是不計其數。美國社會之多元化，個人生命得以做出巨大貢獻的界域之廣，在此展露無遺。

　　一九二八年三月廿日，羅傑士生於賓夕凡尼亞州家境小康的家庭，由於是獨子，缺少玩伴，於是時常操弄玩偶，或自彈鋼琴寄託心

曲，排解孤寂。據他後來自稱，他可以透過手指頭尖端，藉操控玩偶來表達他的開懷大笑、痛哭流涕、甚至是極端的憤怒。大學時代學音樂，主修作曲，其夫人同屬音樂系，主修鋼琴。羅傑士一生寫過兩百餘首歌曲，節目中唱的歌，大多數是他自行創作的。雖然不是什麼大聲樂家，音色也談不上有多優美，但歌詞簡單易懂，含義又頗不俗，孩子們很容易吸收，這種潛移默化之功，對兒童心智的發展，實在幫助很多。

就電視兒童節目言，羅傑士的確是一位先驅人物。當電視剛發展不久，他對機器本身都還模不清楚的時候，便深刻體認到這一傳播工具可能產生的重大影響，於是決心進入電視界工作。一九五四年賓州的地方電視節目，是他踏入兒童節目的肇始。一九六八年起，公共電視臺全美聯播他製作及主持的「羅傑士先生的芳鄰」，不出幾年全國知名，成為公共電視網播放最久的一個節目，最後一個原始節目（即非重播而是首度出現者），製作於二〇〇〇年，而於次年八月播出。也就是說，「芳鄰」節目長達卅二年。

從一九七九至一九九九年，他榮獲四次艾美獎。一九九七年，得國家電視藝術與科學院終身成就獎。二〇〇二年，更從布希總統手中領取「總統自由獎章」，這是美國平民所得到的最高榮譽。羅傑士固是電視界名人，但他從不以大明星自居，「我總認為自己只是順便來拜訪的鄰居。」他製作節目的「任務說明」（mission statement，這是後來才有的名詞，此處借用）乃是：鼓舞觀眾之自我尊重、自我控制、想像力、創造力、好奇心、欣賞歧異不同、合作、容忍等待、堅毅。

當然，羅傑士有他的基本信念。他說過：「你能送給任何人的最了不起的禮物，就是你那誠實的自我。……無論我做了什麼，我必當是我本人，因為我相信這正是引起兒童反應的地方。……能被兒童信賴乃是一項殊榮，而我對這點可是不敢輕忽。」他節目的對象以二至

六歲的小孩為主，節目內容不時出現幻想性的部分，但卻安排得讓觀眾明確知道何為「真實」及何為「想像」，兩者不容混淆。某次，他曾在節目中鄭重其事的向小觀眾保證，他們不會被沖進浴缸的漏水孔裡頭而消失，大人們聽來未免可笑，但對去除小孩的想像性恐懼，則是一語中的。

在他看來，「我們的世界可不是一個永遠和善的地方。這是所有兒童他們自己得學到的東西，不管我們要不要他們這麼做，但這也正是他們實在需要我們幫助去了解的地方。」他深深相信，即使是最可怕的恐懼，也是可以提到可以妥為處理的，所以對於人生與社會的醜惡、無奈、不公等，並不向孩童隱瞞，戰爭、死亡、貧窮、殘障等話題，也不刻意迴避，甚至邀請殘障兒童上節目吐心聲。現代社會離婚現象越來越常見，對兒童影響頗大，甚至造成自責心理，羅傑士則向小觀眾們說，父母離婚，「當然，錯不在你們。」

依個人記憶，羅傑士在節目中最常講的句子，大約是：You are special. You are the only one like you in this world. I like you the way you are. （句子都很簡單，但要譯成適切的中文也不太容易，只好原句照錄）經年累月地傳達類似這樣的信息，對兒童自我意識的建立，效果難以估計，有時還是克服困厄的良方。羅傑士退休後，應美國廣播公司「夜線」節目專訪，提到某位女士寫給他的信，這位女士小時候被虐待且遭強暴，她以進入擺著電視的小房間而多少獲得慰藉，她寫道：「當你說人們會照我的模樣喜歡我，我真的這麼相信，因為起先我實在不喜歡自己。但後來我真的相信你。」羅傑士補充說：電視機與小女孩之間的空間變成了「神聖空間」，她相信有人看到她，有人關心她。

大多數兒童心理學家都盛讚羅傑士的貢獻，透過電視以處理兒童的感情發展，少有人比他更高明更有效。繼他之後有許多新興兒童電

視節目，但基本理念仍常常師法他。而羅傑士平生一以貫之的精神，連逝世後都還不折不扣地表現出來。一離開世間，他的網站就貼出：

> 兒童們始終知道羅傑士先生是他們的「電視好朋友」，而這份關係不因他的死亡而更改。務請記得，佛瑞德・羅傑士一向幫助兒童們明白，人有種種感受是自然並且正常的，快樂時光和悲哀時光都是每個人生命中的一部分。

——《美中新聞》，二○○三年三月十四日

被俘虜的心態

先簡略敘述一下近幾天相當轟動的一則社會新聞：

去年（二○○二）六月五日，猶他州鹽湖城的一個富裕家庭，被一名持槍者破窗而入，劫走臥室中的一個女兒，九歲的妹妹眼睜睜地目擊此事。當地警方循各種線索偵辦這個社區極表關心的案件，過程中還犯了頗大錯失，誤抓一名曾替該家庭整修房子的男士，此君不幸於無罪釋放後突然生病而去世。天幸的是，九個多月後，三月十二日警方終於在鹽湖城郊區，找到這名十五歲少女，陪同她的一對男女——事實上男士即是擄走少女的嫌犯，據警方描述，這名男子自稱「以馬內利」，乃是街頭傳道的流浪漢之流亞，被捕後堅稱絕未傷害少女。而從警察人員與少女初遇時的對話、打扮及神態來判斷，被擄少女似有遭洗腦而替這對男女辯護之跡象，引起輿論界和學術界的好奇暨討論。少女生還且與家人團圓，父母親友欣喜感恩，自不在話下。三月十八日，少女的雙親向警方提出呼籲，為了少女今後的福祉，希望治安機構無需起訴那對男女。

前段的簡述，完全省略人名。此處只把這則社會新聞當作引子，本文要談的無寧是被俘虜者的心境轉化及其影響，同時將這種被俘虜心態適用到集體現象上，或許會有另一層體會。筆者絕非這方面的專家，但即使只是常識性的理解與分析，多少還可開開眼界增進認識。

當然，過去也不是沒有類似實例。一九七三年，瑞典首都斯德哥爾摩發生一起嚴重的銀行搶劫及強留人質案，經過一段時間以後，人質們不僅認同留置他們的人，甚至支持這些人或團體。後來學界稱被俘虜者的此等心態為「斯德哥爾摩症狀」（Stockholm syndrome）。就美國來說，比較廣為人知的，應屬一九七四年派翠西亞・赫斯特女士

案。這位女士是赫斯特報系老板的女兒，遭當時左派激進團體「共生解放軍」綁架，有好幾個月的時間，她被蒙上雙眼，剝光衣服赤身裸體被放進小櫥子內，屢受性侵害，不給她足夠的食物，不讓她有充分的睡眠。當赫斯特小姐被釋放時，共生解放軍對她表達了同情之心，這些人對她說：妳在這個世界上，乃是無人同情無可依靠孤零零的一個人，必需加入他們。出來以後，赫斯特居然選釋加入該極端激進團體，共同參與犯案。

廿餘年來，心理學家和治安官員對類此現象，做了不少觀察、分析和研究。用較為通俗的方式來講，綁架者或強行留置人質者，不論是意識型態方面的激進組織，或是邪教教派，控制人心的手段很多，例如讓被虜者孤立、無法成眠、饑餓、極端不舒服、灌輸教條、仁慈與殘酷交互運用等等。其中軟硬兼施、賞罰並用的方式，恐怕最為普遍。先是對被綁架者威脅要殺死他，這是在樹立恐懼及威權；然後綁架者改變主意，略示和善，此時受害者便有向對方表示感激的傾向。透過一段時間的重覆使用，受害人的意志頗易動搖、從而進入一項新現實，忘掉了自己是誰。更進一步，則是把外頭的世界，看成比自己身處的環境還更具威脅性、更不友好。

就實際的處境來說，受害人必須與綁架者共處一室或共同生活，也都瞭解務須與對方處得來方可活下去，因此自然會設法不去激怒綁架者，甚至產生討好對方的心理。在通常狀況下，與綁架者相處一久，往往便開始認同他們，本身的思考開始產生歪曲，站在綁架者一邊，而與警方或官方為敵。綁架者既然操著你的死生大權，則當他們對你故示慈悲時，洗腦便有可能。人的自我會隨環境而調整，在被俘的情形下，便得重新安排你的知覺，你相信自己喜歡這些人，所以也就不必隱瞞而後為對方發現，繼而相信自己跟他們具有積極的關係。

上面所提到的觀察及描述，根據的基本素材主要是範圍很小的人

甚至是個別受害者的案例。要把它適用到整個世代或整個國家的人群，在社會科學的研究標準上當然要受到許多限定，不宜任意推廣應用之。不過鑒於人類的行為於某一程度上具有共性，何況近代現代國家的統治技術，尤其是極權專制體制，對群眾的控制手段與前述相近者，實有其例，而這種被俘虜心態一旦以集體方式表現，文明所受到的惡劣影響，實在不容忽視。出於這份關懷，本文不免有些聯想。

立即聯想到的兩個現象是：一為部分年歲已高的臺灣人，對日本統治臺灣人的懷念與推崇；二為毛澤東統治中國幾近卅年，大陸民眾包括知識分子的特殊心態。（未提中國國民黨，主要是它在大陸時的統治權力沒有達到這種高度，來臺初期的二二八事變及所謂「白色恐怖」，確實有此跡象，但為時較短，後來的實際作為有所改善，不如這兩個例子突出，並非獨厚該黨，何況多年來即使在臺灣本地批評攻擊國民黨，尋常之至）筆者並不認為臺灣人有「媚日」心態，但直到目前，確仍有部分老輩人士，無視於日本鐵腕治臺的殘酷事實，刻意不提日據時代臺灣的發展主要係充當日本的工具，主觀上偏頗地美化日本統治，有意無意間與華夏文化對立。當然，這些人也受到很多批判，但如能從被俘虜者的心態加以剖析，或許會更切題。

毛澤東及其共產體制，加諸於中國文化和中國人民的迫害與破壞，論範圍之廣，論程度之烈，不只在中國歷史上，恐怕在世界史上也是罕有其匹的，即使改革開放卅餘年了，那被束縛的心靈真的解放了嗎？真的自由而獨立了嗎？情況依然不容樂觀，而實例也多到不勝枚舉。以被迫害最稱淒慘的知識分子來說，名義上稍加「平反」一下，感恩戴德的形狀之不堪入目，真是罄竹難書。當然，有許多情形是不得不爾，但恐怕也有不少人是真心誠意的吧！拿來與前述被俘心態的轉折相映照，則集體被俘虜心態便若合符節地顯現出來，有如樣板。舉國人心受政治勢力的綁架，要待何時方能真正而完全地脫身？

　　更可悲者，目前不論是大陸、臺灣或海外，有不少人之痛斥上述
「臺灣式」的心態，所依恃的心理基礎竟是對「中國式」心態的認同，
從被俘虜心態的標準來衡量，實在是五十步笑百步，至於說誰是五十
步，誰又是一百步，可還有待得商量呢！

　　　　　　　　　　——《美中新聞》，二○○三年三月廿一日

紀念蔣夫人宋美齡

—— 比美麗與權勢更可寶貴的另一面

　　屢被臺灣新聞界尊稱為「永遠的第一夫人」的宋美齡女士，於美國時間十月廿三日深夜在紐約曼哈頓寓所自然辭世，依中國算法享壽一〇六歲，西洋算法則為一〇五歲。消息傳出，可謂舉世悼念。美國各類媒體均有即時報導，以《紐約時報》為例，十月廿五日用近乎全版的篇幅刊出長文，並配上四張相片，這種大手筆確實與身為廿世紀重要而富影響力的偉大女性的蔣夫人，地位相稱。（這篇長文有褒有貶，但似有錯誤之處，如說蔣介石第二任妻子陳潔如取得哥倫比亞大學博士學位，筆者讀過陳潔如回憶錄，知道她被蔣先生送來美國讀書，卻無印象她得過博士學位。文中又稱宋美齡英文名Mei-ling，偶作May-ling，其實蔣夫人向來用Mayling。求歷史真相，真是難矣哉！）

　　個人只在紀錄片中見過蔣夫人的風采，以及她發表演講的神情。倒是從師長口中，聽過一些有關她的憶述。當研究所學生時，臺大傅啟學教授談到他首次目睹宋美齡女士的實況：國民黨某次召開大會，傅教授為與會代表之一，忽然，有位女士進入現場，立刻引起全場注意，頃刻間大家鴉雀無聲，其氣質之高雅，難以形容。當時年事尚輕的傅教授，趕緊悄悄問旁人，才知道這位女士便是蔣夫人。言罷，傅教授依然對這份特殊氣質神往不已！筆者事後回想，權勢、地位、名望、固然會在旁人特別是追隨者和崇拜者心目中，形成強烈的氣勢，但氣質恐怕別有所出。傅老師當時臨場所感受者，或許正是蔣夫人的個性魅力。

　　由於十歲即被家人送來美國受教育，蔣夫人的英文程度應當說還

勝過中文。中外各界也常常稱頌她的英文典雅流暢，辯才無礙，且擅長西式幽默。筆者大三英文受教於政大鈕李琳教授，鈕老師據云出身衛斯理（為蔣夫人校友），風聞擔任過蔣夫人英文秘書，但她要求非常嚴格，同學根本不敢去問她以資求證。此外，個人也聽說蔣夫人凡遇重要英文文稿，時或央請曾約農（曾國藩嫡孫）、寶蓀兄妹、吳經熊等碩學通儒事先過目。最近，陸以正大使還談到論英文講演腔調之優美、辭藻之動人、蔣夫人無人可及。但筆者卻也親自聽到吳炳鐘教授批評謂：夫人英文太老派，與流行用法有距離，宣傳效果為之大打折扣。個人的水平當然不足以去評斷，但閱讀蔣夫人英文講辭，生字遠比一般英文雜誌文章多，而且有時她不只使用英文，連題目都不容易懂。（大家不妨一試蔣夫人晚年講演的題目——We do beschrei it, pledge of Resurgam, Sursum Corda，查英文字典絕對不夠）

　　華文報章對蔣夫人一生功業的報導非常詳盡，此處不需再事重複。謹就個人深感興趣的兩點，提出補白，敬表紀念之意。

一　蔣夫人深通人情的一面

　　蔣夫人去世後，報導提及一些很有人情味的軼事。某回她訪美告一段落，專機引擎起動滑向跑道，突然又折回，原來她忘了向幾天來護衛她的保安人員親自道謝。可想而知，此舉自然使這批守衛感激不已。又有報導談到，她所創辦的華興育幼院（後擴充成小學和中學），逢外賓來訪，校方以某些幼童衣衫較不齊整，於是把他們藏起來，事後得知此情，她大表不滿，認為這種作法傷害小孩的自尊心。這兩件小事，充分說明蔣夫人的觀念與作風，乃是十足的現代化女性。筆者另舉一例充實之。

　　蔣夫人訪美，最風光的當然是一九四三年二月十八日，向美國聯

257

邦參眾兩院聯席會發表演說。中華民國政府撤退到臺灣以後，曾於一
九五八至一九五九年間，訪問美國各地，發表一系列演講。復於一九
六五至一九六六年，再度訪美和巡迴演說。就後者言，一九六五年九
月廿二日向參議院外交委員會致辭——〈人間絕無廉價可得的自由〉
（For Nowhere-But Nowhere Does Freedom Come Cheap），雖然相當簡
短，但實在是鏗鏘有力，擲地聞聲。更富人情味的，則是同年十月廿
日在喬治亞州梅康鎮衛斯理學院的愉悅談話。

　　該校是蔣夫人少女時代的母校，也是美國人認為她說英語略帶南
方口音的由來。以世界名人老校友的身分，向小學妹談話，輕鬆自
在。當然，事隔多年，人事已非，不免感慨萬端。她憶起每天早上搖
鈴趕她們起床的女舍監，緊接著則是那位「永遠笑瞇瞇、隨時隨地出
現的」校工「湯姆叔叔」。並談到每天早晨教堂內的十五分鐘訓話，
當時不無單調乏味之感，但耳提面命要學生舉止「宛若淑女」，卻成
了塑造人格的寶石。她當時和廿位同學自行組成俱樂部，夢想著有朝
一日她們會被邀請而加入某一「姊妹會」。

　　長期享有權位以及榮華富貴的人，不免令人產生高高在上不食人
間煙火的幻覺。然而，一個人的偉大與否，不能光靠這些，更可貴的
是在於對平凡眾生甚至是渺小人物能否理解並關懷，蔣宋美齡女士合
乎這一標準。

二　蔣夫人可佩的知識力

　　第二次世界大戰後期，派駐中國戰區的美軍總司令史迪威上將，
因種種緣故和蔣介石處不來，且對蔣迭發惡評，結果在蔣抗議下被羅
斯福總統調走。史迪威將軍基本上對蔣氏夫婦不會有美言，但他依然
評宋美齡乃是一位Clever brainy lady。蔣夫人性格特徵中知識力強的一

面，足以當之而無愧。

依個人看，蔣夫人針對世局所發表過的論著，從她的基本理念和文中引用的資料來分析，她相當接近二次大戰後美國反共的保守派見解。在這方面，一九七六年她刊佈的一本中文小書（僅六十三頁），即《與鮑羅廷談話的回憶》，實在值得重視。

鮑羅廷是蘇俄派來中國的政治指導員，為孫中山先生的首席顧問，孫中山逝世後，續任廣州國民政府首席顧問，在民國十幾年，乃是國共之間最具有實際影響力的外國人。他之與宋美齡多次談話，也許還夾帶「教育」這位青年女士的任務。晚年早已堅決反共的蔣夫人，追憶昔日光景，並沒有把這名共產國際的高官描述成青面獠牙的人物。在她筆下，鮑羅廷儀表堂皇，面貌剛毅端正。書中寫他不斷吸煙，技巧地讓煙灰長到幾乎要掉到地板上，才及時彈入他踱步途中的煙灰缸內，藉此而呈現一位慣於在秘密集會壓力下工作的「革命者」的神態，說話技巧高明，極盡煽動之能事，卻又可以冷酷無情。宋美齡當時不到卅歲，而其觀察之入微，也頗不同凡響。

廿餘年前初讀此作，最難忘的一段是：鮑羅廷具體列出人性的許多弱點，共達十四項之多，要實現共產主義的天堂，就必須糾正人性的弱點。鮑羅廷認為：在這些弱點中，知識分子患得最深。然而，從更廣大的意義言，必須談到知識分子，「他們一經委身於我們（按指共產黨），百分之九十九就有充分的理由一直委身於我們」，那是因為他們心理上太自傲而又恐懼，以致不敢自省及承認他們要中途退卻，或者是他們在精神上已被共產主義所收買。在知識分子的許多其他特質中，最明顯者為其帶有濃厚的自我色彩。一個知識分子公開了他擁護一種錯誤的觀念之事實——且不談像馬克思主義乃是如此有力的理論——若要他承認當時並未經過深思遠慮，就等於譴責他是一名罪大惡極的騙子、傻瓜或精神錯亂、微不足道的人。若要他爽爽快快地承

認他的錯誤，這幾乎像酷刑他至死一樣痛苦。

　　這段解析知識分子的話，從當時握有實權的共產黨首腦口中坦然說出，真是痛快之至，但也反映出在權力者眼中，知識分子無非只是僅供利用的可憐蟲。而廿世紀初期直到八十年代初，共產主義竟虜掠了全球多少知識分子的心，委實是人世一大悲劇。如今意識型態的鬥爭落幕了，回顧上一世紀思想交戰的往史，蔣夫人的精要著作，為世人留下一頁珍貴的紀錄與教訓。

附註：廿世紀南美洲最出名的女性，阿根廷總統夫人艾娃·培隆（Eva Perón），在年輕時於當時剛風行的廣播劇中，曾扮演多名全球著名女性，其中第一個被提到的就是Mme. Chiang Kai-Shek，即蔣夫人（其他還包括當時英國女皇伊利莎白一世，俄國凱撒琳大帝，舞蹈家鄧肯，法國女演員莎拉·伯恩哈特等），時間在一九四三年六月四日阿根廷革命那幾年。培隆夫人只活了卅三歲（1919-1952），但根據她的生平所製作的歌劇與電影（*Evita*），則在廿世紀的末廿五年，風行全球。

——《美中新聞》，二○○三年十月卅一日

文化生活叢書・藝文采風・廖中和作品集　1306A04

腳踏中西，依稀猶學術續編

作　　者　廖中和

責任編輯　張宗斌

校　　稿　張宗斌

發 行 人　林慶彰

總 經 理　梁錦興

總 編 輯　張晏瑞

編 輯 所　萬卷樓圖書股份有限公司

　　臺北市羅斯福路二段 41 號 6 樓之 3

　　電話　(02)23216565

　　傳真　(02)23218698

發　　行　萬卷樓圖書股份有限公司

　　臺北市羅斯福路二段 41 號 6 樓之 3

　　電話　(02)23216565

　　傳真　(02)23218698

　　電郵　SERVICE@WANJUAN.COM.TW

香港經銷　香港聯合書刊物流有限公司

　　電話　(852)21502100

　　傳真　(852)23560735

ISBN 978-986-478-842-2

2023 年 7 月初版

定價：新臺幣 380 元

如何購買本書：

1. 劃撥購書，請透過以下郵政劃撥帳號：

　帳號：15624015

　戶名：萬卷樓圖書股份有限公司

2. 轉帳購書，請透過以下帳戶

　合作金庫銀行　古亭分行

　戶名：萬卷樓圖書股份有限公司

　帳號：0877717092596

3. 網路購書，請透過萬卷樓網站

　網址　WWW.WANJUAN.COM.TW

大量購書，請直接聯繫我們，將有專人為

您服務。客服：(02)23216565 分機 610

如有缺頁、破損或裝訂錯誤，請寄回更換

版權所有・翻印必究

Copyright©2023 by WanJuanLou Books CO., Ltd.

All Rights Reserved　　Printed in Taiwan

國家圖書館出版品預行編目資料

腳踏中西,依稀猶學術續編 / 廖中和著. -- 初

版. -- 臺北市：萬卷樓圖書股份有限公司,

2023.07

　面；　公分. -- (文化生活叢書. 藝文采風)

ISBN 978-986-478-842-2(平裝)

1.CST: 時事評論　2.CST: 言論集

078　　　　　　　　　　　　　112006259